U0057994

創造力、智慧與信賴
——教育可以做什麼

Creativity, Wisdom, and Trusteeship:
Exploring the Role of Education

Anna Craft, Howard Gardner & Guy Claxton　主編
呂金燮、吳毓瑩、吳麗君、林偉文、柯秋雪、
徐式寬、袁汝儀、蔡敏玲　合譯

Anna Craft | Howard Gardner | Guy Claxton
Editors

Creativity, Wisdom, and Trusteeship

Exploring the Role of Education

關於編者

Anna Craft 爲英國艾克斯特大學（University of Exeter, UK）教育領域之教授。她在此大學設立並領導 CREATE 研究群。Anna 也是英國空中大學（The Open University）教育領域教授，亦爲空大創造力中心（The Open Creativity Centre）之創建者與主任。Anna 且爲《思考技巧與創造力》期刊（*Thinking Skills and Creativity*, Elsevier）之創始者與共同編輯，亦爲英國教育研究協會的教育創造力研究興趣小組（British Educational Research Association Special Interest Group, Creativity in Education）之設立者與召集人。撰寫此書之際，Anna 正於哈佛大學（Harvard University）的四年訪問期間，亦曾爲香港教育學院（Hong Kong Institute of Education）之訪問學者。最近出版的書籍包括《3 到 11 歲創意學習》（*Creative Learning 3-11 and How We Document It*; Trentham Books 2007）、《反省性的實踐》（*Reflective Practice in Early Years Education*; Open University Press 2007）、《學校裡的創意：張力與矛盾》（*Creativity in Schools: Tensions and Dilemmas*; Routledge 2005）、《創造力與幼兒教育》（*Creativity and Early Years Education*; Continuum 2002），以及《小學課程中的創造力》（*Creativity Across the Primary Curriculum*; RoutledgeFalmer 2000）。她的實徵研究作品受到學

習建構論者以及學習之社會文化觀點所啓發，並進而企圖影響教育的
實務、政策以及理論。

Howard Gardner 爲哈佛大學教育研究所（Harv-
ard Graduate School of Education）認知與教育領域的
Hobbs Professor（譯註1）。Howard 爲教育與人類發展
學術領域之先驅思想者，曾深入研究並撰寫關於智
能、創造力、領導以及專業倫理等作品。新近出版
的著作包括《善事》（*Good Work*; Harvard Business
School Press 2004）、《心智改變》（*Changing Minds*; Harvard Busi-
ness School Press 2004）、《心智的發展與教育》（*The Development
and Education of the Mind*; Psychology Press 2005）以及《多元智能：
新視野》（*Multiple Intelligences: New Horizons*; Basic Books 2006），
最近的作品則爲《爲未來準備的五種心智》（*Five Minds for the
Future*; Harvard Business School Press），於 2007 年 4 月出版。

譯註1　Hobbs 夫婦（Elisabeth and John Hobbs）以終身義工的角色支援哈佛大學教
　　　育學院，前後累積了五百萬美金之捐款，包括十萬美金鼓勵教育與認知的
　　　研究。Howard Gardner 爲第一任教育與認知主席（John H. and Elisabeth A.
　　　Hobbs Chair of Education and Cognition），或稱 Hobbs Professor。John Hob-
　　　bs 於 2010 年 1 月 3 日辭世。

Guy Claxton 為布里斯托大學教育研究所（University of Bristol Graduate School of Education）之學習科學教授，於此他開啟了「文化、學習、認同與組織」（Culture, Learning, Identity, and Organizations, CLIO）之研究。Guy 的著作有《難捉摸的心智：關於潛意識歷史的深究》（*The Wayward Mind: An Intimate History of the Unconscious*; Little Brown 2005）、《為了二十一世紀生活而學習：教育之未來的社會文化觀點》（*Learning for Life in the 21st Century: Sociocultural Perspectives on the Future of Education*; Blackwell Publishing 2002，與 Gordon Wells 共同主編）、《智慧起來：學習過學習的生活》（*Wise Up: Learning to Live the Learning Life*; Bloomsbury / Network Press 1999），以及暢銷書《野兔腦、烏龜心：為什麼想得少卻更聰明》（*Hare Brain, Tortoise Mind: Why Intelligence Increases When You Think Less*; Fourth Estate 1997）。Guy 最近之研究聚焦於學校如何發展融入式方法以培養正向終身學習的氣質。研究所得之方法——建立學習力（Building Learning Power），影響遍及英國、澳洲與紐西蘭學校實務。

關於討論者

Christopher Bannerman 為舞蹈教授及 ResCen 領導人，ResCen 即米道賽克斯大學（Middlesex University）表演藝術創造研究中心（Center for Research into Creation in the Performing Arts）。他從事表演藝術創作的研究，在舞蹈專業領域中歷任舞者、編舞以及藝術教育工作者，也曾擔任過兩項高等教育研究評量活動（Higher Education Research Assessment Exercises）的小組成員和品質保證部門（Quality Assurance Agency）的專家評審。曾任英格蘭藝術委員會舞蹈諮詢小組主席，最近被聘為北倫敦創意伙伴主席，且為英國文化、媒體與體育部（Department for Culture, Media and Sport, DCMS）舞蹈論壇的成員。他在 ResCen 的工作中反映出他對藝術家創意力量和不同藝術形式的連結及交流活動之深刻興趣。2006 年，他和研究中心同事進行《領航未知》（*Navigating the Unknown*; Middlesex University Press）一書的編撰。

Patrick Dillon 擁有生物科學、經濟歷史以及教育方面的學位。目前是英國艾克斯特大學（University of Exeter）的榮譽教授，也是芬蘭的尤安蘇大學（University of Joensuu）及赫爾辛基大學（University of Helsinki）的客座教授及講師。他於大學任教二十五年，在此之前，教過小學、中學，也曾在業界工作過。他的興趣橫跨教育、文化以及

科技，且涵蓋文化遺產傳承教育、創造力、設計教育以及數位學習，其研究與著作亦包括景觀及環境領域。從這些研究中，他逐漸體認到生態學融入教育的價值。近年來他提出聯繫教學法（pedagogy of connection），嘗試將不同領域中或領域間的創見結合起來。

David Henry Feldman　美國塔夫達大學（Tufts University）兒童發展學系（Eliot-Pearson Department of Child Development）教授，先後在羅徹斯特（Rochester）大學、哈佛（Harvard）大學和史丹佛（Stanford）大學接受訓練，過去也曾經在明尼蘇達大學（University of Minnesota）和耶魯大學（Yale University）任職，並曾在美國加州大學聖地牙哥分校（University of California at San Diego）和以色列的特拉維（Tel Aviv）大學擔任訪問教授。他的學術領域主要在認知發展，出版了將近 200 種書、文章和評論，所主編的書籍也包含創造力主題。2003 年牛津大學出版社所出的《創造力與發展》（*Creativity and Development*）一書，David Henry Feldman 既是作者也是編者。上述有關創造力的研究，企圖找尋所有兒童經驗中認知發展和創造觀念之間可能具有的深度共通性。

Helen Haste　巴斯大學（University of Bath）心理系教授，同時也是哈佛大學教育研究所的訪問教授。長期以來的研究和著作涉及的層面包括：道德、社會和政治價值，以及科學和文化的連結，特別是性別與科學的議題；研究主題包括文化和隱喻、科學的公眾意象（特別是在媒體上的），以及倫理和公民教育。她也是經濟合作與發展組織（Organisation for Economic Co-operation and Development）中一個探

尋未來所需能力與其教育意涵計畫的顧問。她是英國心理學會（British Psychological Society）、藝術皇家學會（Royal Society of Arts）會員，也是社會科學學院（Academy of Social Sciences）院士，曾是國際政治心理學學會（International Society for Political Psychology）2002 年的主席。2005 年，她獲得該學會所頒贈的 Nevitt Sanford 獎，表彰她對政治心理學的終身貢獻。

Hans Henrik Knoop 是位於哥本哈根之丹麥教育大學（Danish University of Education）的心理系副教授，廣泛出版許多關於學習、創造力、遊戲與道德的著作。在丹麥，他經常被邀請演講，同時也在很多國家如中國、芬蘭、德國、挪威、菲律賓、英國和美國發表作品。身為學術界的專家，他被邀請參與丹麥重要教育議題之委員會如：普通心理學、跨課程能力、電腦在教育中的應用以及教育評量的倫理。國際上，他參與了東歐主要教育發展計畫，同時也是歐盟的學術專家，他的工作得到政府與私人的贊助，曾與來自哈佛大學、史丹佛大學和克雷蒙研究大學（Claremont Graduate University）的學者一起合作研究計畫，其合作對象也包括私人企業如樂高學習機構（LEGO Learning Institute）和丹佛思世界主題樂園（Danfoss Universe）。

Jonathan Rowson 擁有牛津大學哲學、政治學和經濟學領域最高等級學士學位（first-class degree），以及哈佛大學心智、腦和教育領域的教育碩士學位。目前就讀於布里斯托教育研究所，其「經濟與社會研究委員會」（Economic and Social Research Council）資助的博士研究，乃為 Guy Claxton 所指導。他的研究檢視智慧行動涉及之如何培

養智慧相關傾向（disposition）的議題。學術生活以外，他是半職業的西洋棋士，曾是 2004、2005 和 2006 年英國西洋棋賽冠軍。身為西洋棋高手的實際經驗經常啓發他的學術研究，而在棋藝書寫裡，他也常引用認知科學的知識。他最近的著作《下西洋棋的七種禁忌》（*The Seven Deadly Chess Sins*; Gambit Publications 2001）和《西洋棋另類思考》（*Chess for Zebras*; Gambit Publications 2005），已經被翻譯成數國語言。

Dean Keith Simonton 擁有哈佛大學社會心理學博士，是加州大學傑出心理學教授（Distinguished Professor of Psychology）。他的研究計畫共發表了 320 餘篇出版品。例如《天才、創造力和領導》（*Genius, Creativity, and Leadership*; Harvard University Press 1984）、《爲何總裁成功》（*Why Presidents Succeed*; Yale University Press 1987）、《科學天才》（*Scientific Genius*; Cambridge University Press 1988）、《心理學、科學和歷史》（*Psychology, Science, and History*; Yale University Press 1990）、《天才和創造力》（*Genius and Creativity*; Ablex 1997）、《天才的源起》（*Origins of Genius*; Oxford University Press 1999）、《偉大的心理學家及其時代》（*Great Psychologists and Their Times*; APA Books 2002）和《科學中的創造力》（*Creativity in Science*; Cambridge University Press 2004）。Simonton 曾獲許多榮譽獎項，例如：William James 書籍獎、George A. Miller 傑出文章獎、Rudolf Arnheim 心理學和藝術傑出貢獻獎、人格和社會心理學理論創新傑出貢獻獎、Sir Francis Galton 創造力研究傑出貢獻獎、Mensa 教育研究基金傑出研究獎和 Robert S. Daniel 四年制大學教學獎。

Robert J. Sternberg 塔夫達大學（Tufts University）藝術與科學學院院長，也是該校心理學教授，曾任 IBM 心理學與教育學講座教授，以及耶魯大學管理學教授。他的博士學位是在史丹佛大學獲得，同時擁有八個榮譽博士，一直是美國心理學會（American Psychological Association）及其四個部門（division）的會長，現在也是東方心理學會會長。曾編輯兩個期刊——《心理學學報》（*Psychological Bulletin*）及《APA 書評：當代心理學》（*APA Review of Books: Contemporary Psychology*）。他是超過 1,100 冊書籍與文章的作者，也是超過二十個獎項的得獎者。他的主要興趣在智能、創造力、智慧及領袖性。

Dave Trotman 英國伯明罕（Birmingham）紐曼高等教育學院（Newman College of Higher Education）教育與專業研究（education and professional studies）講師，曾任中學與小學教師，專長藝術教育，研究興趣涵括創造力與想像力、改變歷程的管理，以及專業合作的學習文化。他的研究廣及初階師資培育與在職訓練方案的小學階段實務者，教授教育政策、課程設計以及組織改變歷程。他的博士研究探討教師對小學階段兒童想像經驗的詮釋（此研究後來延伸至中學階段），這些研究結果已經在全國性與國際性的期刊發表，涵括課程、師資培育、教育哲學以及質性研究方法。目前的研究聚焦在實務者之研究取向的發展，乃是整體學校質性評估之一部分，同時也是創造力、想像力和情意領域之質性研究的代表。

譯者簡介

（依姓氏筆畫排序）

呂金燮（國立台北教育大學・特殊教育學系）

翻譯 Trotman 簡介、第 13 章、第 14 章，審閱第 1 章、第 8 章。

吳毓瑩（國立台北教育大學・心理與諮商學系）

翻譯謝誌、關於編者、Howard Gardner 中文版序、第 1 章、第 2 章，審閱第 7 章、第 14 章、關於討論者。

吳麗君（國立台北教育大學・教育學系）

翻譯 Feldman 和 Simonton 簡介、第 5 章、第 6 章，審閱第 9 章、第 12 章。

林偉文（國立台北教育大學・教育學系）

翻譯 Bannerman 和 Knoop 簡介、第 10 章、第 11 章，審閱第 3 章、第 4 章。

柯秋雪（國立台北教育大學・特殊教育學系）

翻譯第 3 章，審閱第 11 章。

徐式寬（國立台灣大學・師資培育中心）

翻譯 Dillon 簡介、第 4 章、第 9 章，審閱第 5 章、第 10 章。

袁汝儀（國立台北教育大學・藝術與造型設計學系）

翻譯 Sternberg 簡介、第 12 章，審閱第 6 章。

蔡敏玲（國立台北教育大學・幼兒與家庭教育學系）

翻譯 Haste 和 Rowson 簡介、第 7 章、第 8 章，審閱第 2 章、第 13 章。

目　次

第三部分　融合創造力、智慧與信賴

（正文側邊頁碼為原書頁碼，供索引檢索之用）

謝　誌

　　關於這本書的出版以及書中很多想法之貢獻，我們要感謝許多人。首先要感謝英國教育研究協會（British Educational Research Association）教育創造力研究興趣小組（Creativity in Education Special Interest Group）之成員，其所組織的討論會，啓發了這本書的誕生。同時我們也要感謝經濟與社會研究委員會（Economic and Social Research Council）對於討論會的支持。兩百多位同好參與討論，是我們成書最關鍵的貢獻。當時大家分享的許多珍貴想法形塑了我們初始的構想，亦即對二十一世紀之教育相當關鍵的三個重要議題：智慧、創造力與信賴，我們寫出三篇刺激討論的標靶論文並集合本書其他作者對此議題的回應。我們與各篇章的作者展開論辯，他們的作品亦都在本書中，我們致上誠摯之謝意。我們也感謝在世界各地與我們相互聯繫的教育者與學生，他們的努力一直提醒著我們，在培育下一代學習者投入瞬息萬變世界之時，關注此間歷程的挑戰與機會。另外，我們亦感謝考溫出版社（Corwin Press）的編輯，尤其是 Faye Zucker，他看到了我們此書寫計畫的潛力，也看到了我們最初幾個月時草稿的發展。我們亦要感謝考溫出版社之 Gem Rabanera、Carol Collins、Cassandra Seibel 以及 Sarah Duffy，他們接下這案子，一直努力到最後。同時，我們也要感謝審查者對於我們初稿的評論。最後我們要把我們

的謝意呈給我們最親密的人，他們見證了這本書的孕育，他們的支持
與鼓勵，我們永誌不忘。

Anna Craft、Howard Gardner
和 Guy Claxton
2007 年 4 月

中文版 —— 為之序

　　任一社會只要冀望永續生存，便需要有創造力且能革新的人、有智慧的人、與值得信賴的人，他們爲社會中最重大的需要與機構扛起責任。社會科學素來罕見論及如何以最好的方式培育、滋養與傳承創造力、智慧、與信賴。在這本獨一無二的集體著作中，來自不同領域的學者與實務工作者嚴肅認眞地探究教育在其間的角色，期能爲我們以及下一代帶來大家都希望生活於中的社會。

　　期待見到我們這本書的中文版問世。

Howard Gardner
July, 2010

Preface for the Chinese translation of the book

　　Any society that wants to survive over the long run needs to have individuals who are creative and innovative; individuals who are wise; and individuals who are trustees, who assume responsibility for the most important needs and institutions in the society. Social science has had remarkably little to say about how best to cultivate, nurture, and transmit creativity, wisdom, and trusteeship. In this unique collection, scholars and practitioners from diverse fields engage seriously with the role of education in bringing about the kind of society in which we — and those who come after us — hope to live.

　　I look forward to seeing the published Chinese translation of our book.

Howard Gardner
July, 2010

譯者序

　　話說我們這一群，號稱「若水工作室」，前年（2008）寫作了《華人教養之道——若水》。寫書作研究之餘，怎會想到翻譯《創造力、智慧與信賴》這本書呢？說實話，乃是衝著 Howard Gardner 來的。我們在 2006 年夏天與 Gardner 一家三口交談相處了約莫三天，但在之前，從 2005 年開始，我們閱讀討論 Gardner 所寫的以及其他與心智、文化相關的書，一直延續到現今。因此，當偉文把 Gardner 這本新書帶來時，大伙兒便想，既然要一讀，何不聯手翻譯？讓更多有興趣的人一起來思索這書中我們最愛的詞——信賴（trusteeship）。因此我們一行九人又登場了，鴻中此次未參與翻譯，是我們的歷史諮詢兼文意釐清的隨隊顧問。原書是協作的型態，我們的聯手翻譯，可以讓讀者意會到一本協作之書，章章筆風不同，各自成姿的趣味。

　　怎麼說協作呢？這本書的形式很有趣，作者多達十二位。第一章乃是開場的總論，之後第二、三、四章為三位編者的三篇標靶論文，第五章到十三章則是其他作者的迴響與評論。或有人覺得，這很簡單嘛，不就是個研討會的形式——有發表者與評論人；再擴大一點講，類似專題座談（symposium），三、五篇相關文章之發表，加上討論人進一步的評論。是的，大致上結構是這樣，然而這本書又經營得更細緻，總論以及三篇標靶論文彼此主題相繫，又各有重點：第一章總論之後，三篇標靶論文依序上場；第二章討論創造力與教育之間的張

力如何可由智慧與信賴調和之；第三章著重智慧的心靈如何滋養創造；第四章關注信賴如何作為創造之終極倫理。專題座談所在多有，然而能進一步將之結構成繽紛交織的寫作對話，便不容易了。況且這本協作之論述，除了探究最近十年非常熱門的「創造力」主題外，且前瞻地將「智慧」與「信賴」這兩種非常關鍵卻不容易研究的心靈狀態與行動實踐清楚提點出來，同時也伴隨困惑與質疑。其形式與內容，值得我們若水工作室除了閱讀討論之外，更要動手翻譯，也值得讀者細細咀嚼。成書過程中，感謝蔡振州先生對於本書英文索引的翻譯整理與協調工作進度，以及心理出版社同仁尤其編輯陳文玲小姐從封面到封底之間的頁頁叮嚀。

劉紹銘先生在香港蘋果副刊（2009 年 6 月 14 日）上提到，梁實秋翻譯《咆哮山莊》時，把「Pure, bracing ventilation」翻成「純潔興奮的空氣」。劉紹銘這麼說：「『雅』可遇不可求。『信』倒不難，抱著『來是 come 去是 go』的法則可無大錯。……雅舍主人如果不『搞』翻譯，空氣只會『清新』，不會『興奮』。」他的暗諷警醒著我們，翻譯時候求雅困難，求信至少是基本功夫。把這故事放在這兒，其實是在給自己找下台階，關於翻譯，我們有梁實秋先生在前，但不知道我們翻譯出來的文字，是否還藏著一些自己以及審閱伙伴沒發現到的狀況──頗為汗顏。

自 2009 年春天始，我們就分工翻譯，一直到 2010 年暑假，怎地手上還有修改在進行？自己的翻譯與審閱伙伴的意見，總有不同之處，例如我在第一章第一句話，就碰到情況，原文是「this volume has three points of departure: the concept of creativity, the concept of wisdom, and the notion of trusteeship.」我翻譯成「本書有三個出發點：創造力

概念、智慧概念、以及信賴見解。」而金變覺得概念一詞重複了，建議改成較為簡潔的「創造力、智慧、以及信賴概念」，這也無妨。而又如 tensions 是張力還是緊張關係（何張力之有呢，應該是一種關係狀態，而不是力的強度吧）？dilemma 是兩難還是為難（怎會只有「兩」難呢，說不定三、四難，那就是為難囉）？很多詞在在都需要斟酌。正巧此時我們也在閱讀 Highmore（2002）著的 *Everyday Life and Cultural Theory: An Introduction*，楊麗中教授來和我們分享班雅明的垃圾美學，她開宗明義便提出翻譯的問題，從班雅明的原文德文、到英文翻譯、到中文翻譯，所有的理解都與翻譯過程相關聯，麗中提醒我們閱讀班雅明在〈譯者天職〉文章中對於翻譯的看法。我透過胡功澤（2009）的作品查看英文譯文，再將班雅明對於原文與譯文之關係，翻譯如下：

> 語意對於原文與譯文之關係的重要，可以用下面的比喻來說明。如同切線只在一點上輕輕切過圓，但不是這切點，而是這碰觸，由此展開了切線的律則，直線延伸向無限；翻譯也是如此，輕輕碰觸原文，而且只在這無限小的語意之點上，由此根據忠實的律則追尋屬於它自己的路程。

切線與圓以及切線的軌道，交織成出點、線、面與無限延伸的圖像，感受著切線延伸的美，如今我們將翻譯出來的這本書交到讀者手中，共享語意的旅程。其中或有疏忽錯誤之處，請與我們聯絡。藉著人類偉大的「創造」發明，我們的聯絡方式就在摸不到的雲端網路中，希望讀者賦予我們「信賴」，所有文本上的語意問題以及脈絡中

的現實議題，我們當能以「智慧」來面對處理。

2010 初暑

參考文獻

Highmore, B. (2002). *Everyday life and cultural theory: An introduction.* London: Routledge.

胡功澤（2009）。班雅明〈譯者天職〉中文譯文比較研究。**編譯論叢**，**2**（1），189-247。

1. 在教育中涵養創造力、智慧與信賴 ── 共同協作之論辯

Anna Craft、Howard Gardner 和 Guy Claxton 著

吳毓瑩 譯

正如本章標題所揭示，本書有三個出發點：創造力（creativity）概念、智慧（wisdom）概念、以及信賴（trusteeship）見解，我們將此三者置於教育環境中討論之。本書三位編者咸相信在此歷史之一刻，如我們所知道的、亦如我們所期待的，為了世界的生存，我們企盼能夠於教育領域中交錯複合創造力與智慧，並再探信賴。

邀請同儕共同參與紙上討論

首先，我們準備了三篇一系列反思性文章 ── 我們稱之為標靶論文（target chapters），聚焦於創造力、智慧、信賴與教育四者間不甚平順的連結上。接著，我們將這三章內容傳閱給本書其他篇章的作者，他們皆是學術領域與教育實務界的代表人物。接下來的篇章內容乃是協作討論者對於我們三人標靶論文之評論，以及他們對於創造力與智慧二者之本質與關係的看法。本章作為本書第一章引介性質的論述，我們摘述創造力、智慧以及信賴在心理學研究中的重要成果；同

時評論當今的教育環境；也陳述以下各章之貢獻以及本書之結構。

創造力

近幾世紀以來，已有學者開始研究*創造力*（creativity）概念。在希臘、猶太、基督與伊斯蘭傳統中，創造力剛開始時被視爲一種神聖的啓發（Rhyammar and Brolin 1999）。但自啓蒙年代（the Enlightment）以降，尤其是浪漫時期（Romantic era）之後，創造力逐漸被視爲人類的一種能力（capacity），具有洞見、原創性與情感的主體性。直到十九世紀末，心理學的探索開始了，例如開路先鋒 Galton（1869）的研究。二十世紀時，數個重要的學術傳統開始討論創造力議題。心理分析取向（Freud 1908/1959, 1910/1957, 1916/1971; Jung 1973; Winnicott 1971）強調創造力乃爲人類沒有意識到的動機與歷程。行爲取向（Skinner 1953, 1968, 1971, 1974）關注原創性反應與成果的正向回饋條件。人格取向則描繪創造力充沛的個人性情與特質（Barron 1969; Eysenck 1952; MacKinnon 1962）。人文傳統則關注個人生命表達與創新發明（invention）的關鍵角色（Maslow 1954/1987, 1971; Rogers 1970）。

對於教室中的創造力較有興趣的研究者與實務者，引介了其他研究傳統，較明確清楚的是認知取向（參見 Wallas 1926）。初始時，具有影響性的努力多在於利用量化擴散性思考測量創造力特質（Guilford 1950, 1967; Mednick 1962; Torrance 1962, 1974; Wallach 1971），之後導出腦力激盪與提問技術以培養創造力（De Bono

1995）。第二個認知方向的研究則注重創意思考的特質 —— 心智模式，其中計算型（computational）的認知模式較被看好（Bruner 1962; Johnson-Laird 1988; Simon 1988）。第三個認知方向則注重卓越創意者的個案研究（Csikszentmihalyi 1996; Gardner 1993; Gruber 1974/1981; John-Steiner 1997）。最後，終因學者開始注意更大脈絡中的創造力，而得以補足個人中心的導向。許多權威學者已經聚焦於組織氣氛／文化，以及合作的各種形式（Amabile 1988; Csikszentmihalyi 1988; Feldman, Csikszentmihalyi, and Gardner 1994; John-Steiner 2000; Sternberg and Lubart 1991, 1995）。總而言之，大體上可以看得出來研究派典已從測量與預測，慢慢轉移到促進與培養家庭或工作職場等日常生活中的創造力（Craft 2005）。

上述各式取向皆反映出創造力的**價值中立性**（value-neutrality）；創造的目的性並不被看重 —— 確實世界各國教育政策中創造力的**普世化**（universalization）現象（Jeffrey and Craft 2001）都支持此立場。但我們認為，尤其應用在教育中時，創造力本身這種「一點問題也沒有、價值中立」的立場，更需要被質疑。本書提出一可能性，創造力應該置於其與人類各種美德（human virtues）的關係中來理解，尤其是與智慧的關係（參見 Sternberg 2003）。

智慧

儘管社會科學領域開發智慧的見解已有二十五年，但目前對於智慧的定義仍未達成共識，亦沒有智慧研究的堅實傳統。關於智慧的說

法與理解，實乃置於多元的領域與觀點中，從社會文化（Takahashi and Overton 2005）、哲學（Osbeck and Robinson 2005）到心理學（Kunzmann and Baltes 2005），這些分歧與多樣或可導因於缺乏共識的基礎。

在心理學文獻中，正如同創造力一樣，主導的是認知取向（Bassett 2005）。另外，柏林學派（Berlin School）（由 Baltes 領導）與 Sternberg 取向皆強調對於生活實務性與實用性的後設認知。第三個取向則與皮亞傑的發展階段論有關（Piaget 1932; Piaget and Inhelder 1969），取向中認為智慧乃是一種後形式（postformal）的發展——一種特殊的自我發展——不把自我與能力置於中心，而是反過來透過自我與能力的去中心狀態（decentering）來進行辯證思考，並認知到另有真理與既存的衝突（例如 Cook-Greuter 2000; Kitchener and Brenner 1990）。

也許目前為止最豐富的觀點，也是在教室應用中最有潛力的，是由前述馬克思普朗克研究所（Max Planck Institute）研究群所發展的。這群研究團隊將智慧概念化為知識、心智能力與美德之特質的聚合（Baltes and Kunzmann 2004; Baltes and Staudinger 2000）。智慧乃是「一套關於生活方式與意義之基本問題的專家知識系統」（Baltes and Stange 2005, 196），此專家系統考量多元觀點而促成了恰當的行動方向。

柏林學派認為只要是標定為**智慧**（wise）的行動，則定義上必須包含五個準則（Baltes and Staudinger 2000），其中兩個**基本**（basic）要項是：

• 對於人性本質與人類生活進程具有豐富的事實性知識（factual

knowledge）。

- 對於生活問題之解決與投入參與之可能性具有豐富的程序性知識（procedural knowledge）。

其餘三項則屬於**後設準則**（metacriteria），且此三項乃「智慧獨有」（Baltes and Stange 2005, 196），分別是：

- 終身脈絡觀點（亦即此時此刻與終其一生，了解生活的多元脈絡以及彼此間的交互關係）。
- 價值容忍與相對觀點（亦即了解個人、群體、更廣大的社會／文化價值與優先權益間的不同）。
- 處理不確定性的知識（包括知識的有限 —— 就更廣義的世界而言，乃指個人自我的以及集體的知識；Baltes and Stange 2005）。

對於正在尋找如何在學校中促進學生智慧發展、且具有反思力的教育者而言，以上觀點尤其重要。然而，也有學者憂心如此則將智慧簡化為純粹的**認知**（cognitivist）理路了。任何對於智慧的充分解釋都應該包含動機與脈絡的影響因素。動機與脈絡因素會產生智慧想法與行動，而有時，亦可能會阻撓之。

信賴

每個文化都仰賴智者。一般而言，在傳統社會中，長者涵養了智慧之庫，較近代之後，則是心胸廣大的宗教領袖與專家。我們亦感受

到當代不走宗教取向的世俗社會中，宗教領袖並非自然而然就得到尊敬，反而專家較容易因他們的技術才華被欣賞，而非其知識的廣博。相同地，社會中仍有很少數的人，自然就成爲大家認可的**智者**（wise person）。

然而，最難得珍貴的，是我們所尊稱的**值得信賴者**（trustees）。他們的角色我們都知道，他們不偏袒，也不受利益影響，因而廣泛得到尊敬。大部分值得信賴者亦在某一特定領域內工作；最讓人稱許的是他們跨越社會之各領域都被珍視與尊重。雖然大致上任何「值得信賴者」都會引起一些爭議，但在美國最近歷史中，我們認爲以下長者值得我們在此提出：科學家 Jonas Salk、記者 Walter Cronkite、民權領導者 John Gardner；在英國，以下幾位也會被提及：思想史家 Isaiah Berlin、英國國家廣播公司（BBC）執行長 Lord Reith 或企業家 Anita Roddick。他們是年輕一代仰望與仿效的楷模。

如果社會中沒有這些值得我們信賴的人，也許年輕人會把他們欣賞的對象轉向到名人身上，甚或對於良善行爲與成就嗤之以鼻。

創造力與智慧間的張力

在我們對於創造力有了以上共同的詮釋之後，隨著而來的便是一組前提假定，其鼓勵、強調並重視個人的投入與成功，但也不免與智慧的行動背道而馳。如同 Sternberg（2003）所論：

> 智慧不僅是尋求個人或是其他人的自我利益之最大化，

更在促使來自各方面的利益間之平衡：包括自我（個人內在的）利益、他者（人際間的）利益、個人所生存的脈絡（個人以外的）利益 —— 例如居住的城市、州郡、環境甚或上帝。智慧也牽涉到創造力：對於問題，一個有智慧的解決方案絕不是我們所以為的那麼明顯可見。（頁 152）

Sternberg 從成功平衡各方利益之角度來描述智慧的**平衡理論**（balance theory）。此理論並認可「有智慧的解決方案往往很有創造力」，且主張智慧與「有創意的洞察力思維」有關（頁 158）。

無論如何，Sternberg（2003）這麼說過：「雖然我們認為有智慧的思維多多少少一定有創意，然而有創意的思維……不一定有智慧」（頁 158）。從政策的角度言，教室中老師與學校所要培養的創造力看起來價值中立、缺少道德與倫理的框架，因此，在教育範圍中，對於創造力的鼓勵也引發了基本的問題與兩難困境。我們清楚論辯：沒有智慧的創造力並不是為孩子而設，也不是為他們所來自的家庭、社區以及更廣義的社會與文化群體而設，是以，未經審慎批判遽而鼓勵創造力，更值得我們質疑。

今日與明日的教育環境

傳統上，世界各地的教育追求三個目標：基本讀寫能力的精熟、主要學科基礎的學習（古早時候是數學、邏輯與音樂；當今則是歷史、生物與心理），以及宗教觀點的公民與道德之教導。這些目標仍

適用於今日，即使許多地區之社會已去除宗教之影響，但這又使得教育者的任務變得更加困難而複雜（Gardner 1991, 1999, 2007）。

舉例而言，教育者如何回應全球化的力量：貨幣、點子想法、文化模式與人口，在全世界快速流通，以很大的數量在文化之間轉移甚而又回到了原發地（Suarez-Orozco and Qin-Hilliard 2004）？第二個討論之議題便是通訊技術強大而新穎的形式——不只是收音機與電視，還有數位媒體，包括職場中的電腦、電腦遊戲、社交網路、虛擬實境等等。這些媒體可以正向運用，可是它們同時也有負向力量將學生帶引到反社會行為上（Jenkins 2006）。更普遍來說，電腦所能執行的人類功能已大量增加，但是仍有其尚未能自動化處理的能力，例如就我們所知的，智慧，便是教育界所要積極鼓勵的能力。第三個議題乃是關於教師所應該知曉的有關地球的重要緊急問題——例如全球暖化、生態災難、國家與宗教間的敵意、愛滋與瘧疾等重大疾病，以及更重要的，人類已經具有史無前例之能力，得以利用核武或其他生化毒物對世界造成傷害。

即使教育工作者清楚聚焦於三個傳統目標上，亦無法忽視上述這些更具影響的力量——這些力量往往由學生帶進學校，為課程蒙上一層陰影，甚而主宰了父母、老師與廣大民眾的目標。年輕人也許有時候天真無知，而對於這些議題，他們仍相當關注但又非常理想化。是以，重新思考教育目標以及教育的方法，是二十一世紀非常關鍵重大的問題。人類特性（human characteristics）的發展，例如創造力與智慧，在這些議題的爭論上，已開始明顯浮現。

正如我們在前面簡短的文獻探討中已討論的，在教室中，創造力比智慧更早一步受到關注——前面已提，有時候也導致人類迫切的優

6

先權益受到了傷害。當然，在這麼變動不定的廣大脈絡中，創造力也可以被理解為生存與奮鬥歷程中之重要角色。但是更多時候，我們發現在國際上關於創造力如何在教育中培育有生產力的公民之爭論，以市場經濟所餵養的西方個人主義為基礎，透過一特殊的投入（engagement）模式，將其周邊的價值都染上了個人主義色彩。同樣道理，在教育中與在職場中所用到的創造力，其實對於各種形式的「盲目」，亦相當脆弱。這些盲目的狀況包括：未考慮到文化與價值的多樣性，缺乏深思智慧培養之問題，減低信任以致阻礙了善事（good work）的發展，並導致對社會的改進猶豫其可承擔的責任。

關於所謂的**有智慧的創造力**（wise creativity），或是**優質創造力**（good creativity），以及如何發展信賴以培育之的討論，我們覺得來得太遲了。特別是在教育中創造力如何回應這個快速變動的世界，我們企圖利用**機率性思考**（possibility thinking）（Burnard et al. 2006; Craft 2001; Cremin, Burnard, and Craft 2006）來思索我們如何概念化優質的創造力。作為本書的編者，我們希望能滋養實務者、研究者、政策制定者之間的論辯，討論我們如何更新方法以教育兒童以及年輕一代。本書的其他協作者亦提出如何將創造力架構於成果以及過程兩方面上的問題，其中責任與個人的自我實現同等重要。具體而言，創造力在教育中滋養，是否更需要智慧？如果是的話，這代表什麼意思？接下來會有什麼實踐上的啟示？

例如，將教室實踐視為具有反思性、需要大量心智的努力，這代表何意？本書中，我們企圖催化反思性實踐的論辯，反思性實踐來自與學生相處的實務工作者身上，他們存在於教室中，存在於課程、教學與評量發展中，是以反思性實踐可以促成結合創造力與智慧的學習 7

歷程。此狀況的急迫需要性，寫於哈佛大學的「善事方案」（Good-Work Project）之研究發現中，提及一些有企圖心的年輕人越來越看輕人類共同福祉（common good）的優先性（Fischman et al. 2004）。那些被研究的年輕人常常為了加大自我利益而破壞規則抄走捷徑。他們幾乎很少視自己為社群的一份子，社群包括了可共同提供行為參考點之同儕與長者。此研究結果特別強調，教育者在培育智慧萌發時所面臨的挑戰（亦即，所謂適切行動，必須考量到理解與知識具有多樣型態，同時知曉某些可能無法並存的需要與觀點）。

本書的形式與貢獻

我們集體合作共同努力來鼓勵上述的反思，本書的第一部分以三篇標靶論文來起頭，主題為創造力、智慧與信賴。第二部分為一系列九篇同儕伙伴的回應。第三部分則是三篇標靶論文之作者，亦即本書的編者所寫的對於第二部分九篇文章的綜合回應。

第一部分的標靶論文乃是起源於 2005 年 4 月在劍橋大學（University of Cambridge）舉辦的論壇（symposium）中所發表的文章，約有二百位左右的研究者、實務工作者以及政策制定者參與其中。本書導源於劍橋論壇中的論辯，並從那時開始，論辯一直持續交流在參與或是沒參加論壇的同事伙伴之中。有些伙伴即使沒參與此論壇，我們亦預期他們能夠給予我們創造力、智慧與信賴在教育上的寶貴啟示。

在劍橋論壇中，本書之三位編者從不同的取向來探究教育中的創造力與智慧，我們企圖在許多主題上擴展思維與實務：包括創造力與

智慧在用詞上、概念上以及實徵資料上的不同；創造力會發生的即時脈絡以及更廣義的脈絡；發展創造力更廣泛形式的方法；這些考量對於教師以及學校的啓示；最後，社會如何滋養並榮耀值得信賴的人——他們是胸懷全球生存的智者。

第二章中，Anna Craft 將討論有關教育的創造力之政策與實務中，所顯現的文化飽和（cultural saturation）現象，同時揭示全球所流行的創造力之普世化傾向其實大有問題。在經濟走向全球化的驅使下，創造力與諸多價值相互關聯，她將討論此種走向的目的。在現今充滿挑戰的價值脈絡中，挑戰往往存在於如何培育有智慧的創造力，且在此歷程中珍視值得信賴者的角色，教育工作者的問題便是要如何在這樣的環境中鼓勵有創意學生之靈感。第二章將同時討論學校所面臨的兩難與限制，以及上述教育工作者所關切的問題。

在第三章中，Guy Claxton 直接正面處理智慧概念。他主張我們並不是要嘗試去定義智慧（wisdom）是個抽象的、單一的實質，而是要去發現一些性情傾向的集合體（collection of dispositions），這些傾向可在智慧的行動（wise action）中發揮出一致性的具體實例。在分析一系列智慧行動的可能實例中，Claxton 列出這些傾向的候選名單，包含洞察（perspicacity）、無私（disinterestedness）、同理（empathy），以及創造力（creativity）。因此他總結智慧通常需要創造力，但是創造力卻常常可能缺乏（某些）智慧的基本性質。Claxton 也提供一些建議，像是如何在教育環境中培養有助於智慧的傾向。

在第四章中，Howard Gardner 問到，有創造力的個人，是否能夠，並且如何能夠，將他們的才能轉到對社會有建設性的目標上。他曾對許多各行各業受人尊敬的專業工作者進行大型調查，並據此提出

8

主張。Gardner認為，善事（good work）或人類創造力（humane creativity）是指工作本身傑出、吸引人投入（engaging）、且以合乎倫理的方式實踐出來之事。但是在市場勢力擴張、有魅力的楷模〔或他稱為值得信賴者（trustees）〕逐漸凋零的年代裡，要成就如此高品質的工作變得日漸困難。即便如此，當我們與年輕一代一起工作時，仍然應該設法為未來的人才與領袖揭示創造力與智慧的重要性。

接下來的篇章來自我們所邀請的作者根據標靶論文之議題所作的回應，我們一起投入論辯當中。Dean Keith Simonton在第五章中，從脈絡及覺知的主題來考量有智慧地運用創造力具有什麼意義，並詢問學校的教育工作者應該如何回應此主題，以及為什麼如是回應的背後理據。他強調創造力和智慧二者間的異同，並探究如何使這兩項人類特殊的資產可以整合運用在教育上。Simonton建議：我們需要讓有智慧的創造力得以採行調適的方式（adaptive way）運作，此外也需要將創造的成果與錯綜複雜的社會及倫理意念整合起來。他建議原創性和功能性的平衡，有利於創造者活出心理平衡的生活，同時其行動也比較容易和寬廣開闊的價值產生關聯。

在第六章中，David Henry Feldman考量動機的議題——我們運用創造力去做什麼，以及智慧地運用創造力的意義為何。他採取比較懷疑的姿態來看待創造力和智慧這兩者，他在文章中質問創造力和智慧二者是否根本上就不相容。Feldman認為這個答案要視我們如何看待創造和智慧而定，他認為在社會、政治、宗教和精神的領域中，創造和智慧可以攜手合作，在這個脈絡下，缺乏智慧的創造力是無意義的。Feldman看到在某些脈絡下創造力可能顛覆常規，而非尊重常規，惟其顛覆之程度視脈絡而定。這個觀察讓他對創造力的描述有不

9

同的看法,他在文中建議採用一種「轉化衝動」(transformational impulse) 的視野來理解創造力和智慧。

第七章中,Jonathan Rowson 的論述焦點在於有智慧地運用創造力究竟意味著什麼。他思考的是創造力和智慧的傾向會帶來什麼;他也提出警告,認為如果心懷教育,就要提防把創造力和智慧平庸化成僅是變成產品的危險,就像他所說的,被「塞進一張已經爆滿的時間表」。他的主張是:我們應該將創造力和智慧理解成能說明動機和傾向的概念,這樣的概念也能捕捉動機、價值、習慣和自由之關係的複雜狀態。他的論點接著導向學校教育如何回應,而他也預見其間可能引發的緊張狀態和兩難處境。依據這些論述,他考量教學取向以及其對於實務工作者的啟示 —— 強調透過經驗和示例的學習,如何培養創造力和智慧的傾向。在投入創造過程中如何智慧地行動之學習歷程裡,創塑意義仍是最重要的。

第八章中,Helen Haste 首先把焦點放在下列三個領域:對創造力展現之情境的覺知、關於創造力用途的動機議題,以及關於何謂有智慧地運用創造力的問題。她問道,究竟要將三位先導作者所探究的三個觀點 —— 創造力、智慧和倫理,調和到何種程度,她的回應企圖整合這三個觀點。在我們的集體與個人生活中既要掌握連續性、衍生性,同時又必須因應變化,如能認清其間存有張力,則此張力可作為整合三個觀點的方式。論及教育者如何回應此種張力,她提出五個「關鍵能力」作為教育的焦點,認為應該將這些能力視為培育兒童進行有創造力的轉化之基礎能力。她指出每項能力都有認知創造力以及倫理創造力的面向。此主張亦對教育者帶來以下挑戰:對付學校裡經常不知不覺散播的焦慮文化、培養如何透過對話來發展與認識多元觀

點，以及鼓勵一理性觀點，認可主體性之影響力。

於第九章中，Patrick Dillon 討論了幾個主題，包括創造力的情境、靈活運用創造力的意涵，以及學校內的教育人員如何培養有智慧的創造力。他主張，創造力、智慧與信賴是來自個人與其環境交互作用下所產生的文化模式（cultural patterns），而我們不斷地在塑造這些模式。他認爲在有利於某種文化模式或是文化利基（niches）下，教育乃是對於個體行爲與思維的一種介入，此介入涉及文化及環境彼此之間密切的互動（rich engagement）。在 Dillon 的論點中，相當重要的是他認爲創造力、智慧與信賴均是場地特定，同時也依賴脈絡以及時間。他強調因地制宜的特性，凸顯出了解上述概念時所存在的一般性與特殊性間的緊張，是以他也強調地方與其周遭環境相互聯繫的重要。

10　　第十章中，Hans Henrik Knoop 分析了智慧地運用創造力的意涵，將之置於更廣大的社會、政治與經濟脈絡來看創造力如何被運用。他透過探究「群眾智慧」來強調集體的貢獻，並且認爲智慧與創造力如一枚硬幣的兩面。他分析經濟的加速成長與變動的政治價值，造成了整體結果的沉淪（環境和其他層面），探究其映射在文化與生物上的反應。因此，他亦討論了個人與其周遭環境間錯綜複雜又密切的關係。

創造力和智慧如何在表演藝術領域中被了解？這是 Christopher Bannerman 在第十一章所提出的問題。他檢驗了創造力展現時的脈絡，並且進一步逼近如何智慧地運用創造力。他舉出一個觀點，強調創造者間的相互聯繫，以及個人與團體平衡的存在，共同整合知識與技能，迸發出創發性的頓悟。Bannerman 對創造力與智慧的調和，如

同 Knoop 和 Dillon 以及某種程度 Haste 的觀點，都肯定團體可能同時含括集體和個體的創造歷程，而此一歷程將成為建構「情境智慧」（situated wisdom）的媒介。

最後兩章關切領袖性的不同道路，尤其與教育者的角色有關。第十二章探討智慧地運用創造力的意義，作者 Robert J. Sternberg 探索智慧（Wisdom）、智能（Intelligence）、創造力（Creativity）融合的（Synthesized）領袖性模式（WICS）。他先分別陳述智慧、智能、創造力這三個要項，再提出如何將它們有利地融合起來。他認為學校最主要的目標，應該是培育（produce）能體現這些特質的領袖，而不是那種缺乏生氣只會複製知識的機器。

在第十三章中，Dave Trotman 聚焦在老師身上，探究創造力顯現的相關情境問題，特別是專業教育者的智慧調度（deployment）。標靶論文促發他深思「什麼是該學的、該教的、該教育的、以及真正有創造力的，其中之神秘與情操。」專業判斷是培育學習者創造力、智慧與信賴的中樞。關於以智慧來發展創造力，Trotman 探討哪些專業教育判斷面向是重要的，他同時指出實踐創意教育而值得我們信賴的教師社群，乃是具有高水準技能的實踐者，同時也是深具啟發性的形塑者。專業判斷的恢復，當能解放且帶動其他的教育者，以類似通達的方式從事他們的工作。

很自然的，本書之目的就是在促發論辯；書寫時編者與各章協同討論者相互分享觀點。在結論的第十四章中，三位先導作者回應論辯過程中激發出的某些關鍵議題，並就我們在教育中的努力，進一步解構與再建構創造力、智慧與信賴。

再平衡引爆點？

11

　　整體而言，本書反映了「教育工作者即為實務的反思者」之觀點
——透過在實踐中以及對於實踐的反思，教育工作者考量其行動與意
圖（Schon 1987）。雖然目前全球之焦點聚集在績效責任（accounta-
bility）上（Ball 2003），教師與機構皆欲有一番表現要提高標準，且
要從顯然已經僵化的課程、標準、樣板（templates）中做出點什麼
來，從他們身上的壓力便可得知績效責任之影響，但可喜的是實務的
反思存活下來了。對於保留專業藝術性以及整全性的堅持，有效地平
衡了教室實踐者簡化為技術員的缺失，並且將關於教育中的價值之論
辯導引出來。如果我們能夠探究生態上、政治上或是文化事務上正在
警鈴大作的引爆點（tipping points），那麼在此全球歷史之一刻，我
們進而論辯如何激發教育與認知的方法與目的，並希冀在此論辯上作
出一番貢獻。我們希望我們得以將創造力本身問題化，將創造力與智
慧統合，並提出方法使得信賴（trusteeship）可以在二十一世紀有意
義地發展或復甦。

參考文獻

Amabile, T. 1988. A model of creativity and innovation in organizations. In *Research in organizational behavior*, Vol. 10, ed. B. M. Staw and L. L. Cunnings, 123–67. Greenwich, CT: JAL.

Ball, S. J. 2003. The teacher's soul and the terrors of performativity. *Journal of Education Policy* 18:215–28.

Baltes, P. B., and U. Kunzmann. 2004. Two faces of wisdom: Wisdom as a general theory of knowledge and judgement about excellence in mind and virtue vs. wisdom as everyday realization in people and products. *Human Development* 47:290–99.

Baltes, P. B., and A. Stange. 2005. *Research project 6. Wisdom: The integration of mind and virtue.* Center for Lifespan Psychology. http://www.mpib-berlin.mpg.de/en/ forschung/lip/pdfs/research_project_6.pdf.

Baltes, P. B., and U. M. Staudinger. 2000. Wisdom: A metaheuristic (pragmatic) to orchestrate mind and virtue toward excellence. *American Psychologist* 55:122–36.

Barron, F. X. 1969. *Creative person and creative process.* New York: Holt, Rinehart, and Winston.

Bassett, C. L. (2005). Laughing at gilded butterflies: Integrating wisdom, development, and learning. In *Handbook of adult development and learning*, ed. C. Hoare, 281–306. New York: Oxford University Press.

Bruner, J. S. 1962. *On knowing: Essays for the left hand.* Cambridge, MA: Harvard University Press.

Burnard, P., A. Craft, T. Cremin, with B. Duffy, R. Hanson, J. Keene, L. Haynes, and D. Burns. 2006. Documenting "possibility thinking": A journey of collaborative enquiry. *International Journal of Early Years Education* 14:243–62.

Cook-Greuter, S. R. 2000. Mature ego development: A gateway to ego transcendence? *Journal of Adult Development* 7:227–40.

Craft, A. 2001. Little c creativity. In *Creativity in education*, ed. A. Craft, B. Jeffrey, and M. Leibling, 45–61. London: Continuum.

———. 2005. *Creativity in schools: Tensions and dilemmas.* Abingdon, England: Routledge.

Cremin, T., P. Burnard, and A. Craft. 2006. Pedagogy and possibility thinking in the early years. *Thinking Skills and Creativity* 1:108–19.

Csikszentmihalyi, M. 1988. Society, culture and person: A systems view of creativity. In *The nature of creativity*, ed. R. J. Sternberg, 325–39. Cambridge, UK: Cambridge University Press.

———. 1996. *Creativity: Flow and the psychology of discovery and invention.* New York: HarperCollins.

De Bono, E. 1995. *Serious creativity.* New York: HarperCollins.

Eysenck, H. J. 1952. *The scientific study of personality.* London: Routledge and Kegan Paul.

Feldman, D. H., M. Csikszentmihalyi, and H. Gardner. 1994. *Changing the world: A framework for the study of creativity* Westport, CT: Praeger.

Fischman, W., B. Solomon, D. Greenspan, and H. Gardner. 2004. *Making good: How young people cope with moral dilemmas at work.* Cambridge, MA: Harvard University Press.

Freud, S. 1908/1959. Creative writers and day-dreaming. In *The standard edition of the complete psychological works of Sigmund Freud*, Vol. 9, ed. J. Strachey, 141–54. London: Hogarth Press.

———. 1910/1957. Leonardo da Vinci and a memory of his childhood. In *The standard edition of the complete psychological works of Sigmund Freud*, Vol. 11, ed. J. Strachey, 59–137. London: Hogarth Press.

————. 1916/1971. *The complete introductory lectures on psychoanalysis*. London: Macmillan.

Galton, F. 1869. *Hereditary genius: An enquiry into its laws and consequences*. London: Macmillan.

Gardner, H. 1991. *The unschooled mind*. New York: Basic Books.

————. 1993. *Creating minds*. New York: Basic Books.

————. 1999. *The disciplined mind: What all students should understand*. New York: Simon & Schuster.

————. 2007. *Five minds for the future*. Boston: Harvard Business School Press.

Gruber, H. 1974/1981. *Darwin on man: A psychological study of scientific creativity*. 2nd. ed. Chicago: University of Chicago Press.

Guilford, J. P. 1950. Creativity. *American Psychologist* 5:444–54.

————. 1967. *The nature of human intelligence*. New York: McGraw-Hill.

Jeffrey, B., and A. Craft. 2001. The universalization of creativity. In *Creativity in education*, ed. A. Craft, B. Jeffrey, and M. Leibling, 1–13. London: Continuum.

Jenkins, H. 2006. *Confronting the challenge of participatory culture in media education for the 21st century*. Occasional paper on digital media and learning. http://www.digital learning.macfound.org/atf/cf/%7B7E45C7E0-A3E0-4B89-AC9C-E807E1B0AE 4E%7D/JENKINS_WHITE_PAPER.PDF.

John-Steiner, V. 1997. *Notebooks of the mind: Explorations of thinking*. 2nd ed. New York: Oxford University Press.

————. 2000. *Creative collaboration*. New York: Oxford University Press.

Johnson-Laird, P. N. 1988. Freedom and constraint in creativity. In *The nature of creativity*, ed. R. J. Sternberg, 202–19. New York: Cambridge University Press.

Jung, C. 1973. *Memories, dreams, and reflections*. New York: Pantheon.

Kitchener, K. S., and H. G. Brenner. 1990. Wisdom and reflective judgment: Knowing in the face of uncertainty. In *Wisdom: Its nature, origins and development*, ed. R. J. Sternberg, 212–29. New York: Cambridge University Press.

Kunzmann, U., and P. Baltes. 2005. The psychology of wisdom: Theoretical and empirical challenges. In *A handbook of wisdom: Psychological perspectives*, ed. R. J. Sternberg and J. Jordan, 110–35. New York: Cambridge University Press.

MacKinnon, D. 1962. The nature and nurture of creative talent. *American Psychologist* 20:484–95.

Maslow, A. H. 1954/1987. *Motivation and personality*. New York: Harper & Row.

————. 1971. *The farther reaches of human nature*. Harmondsworth, England: Penguin.

Mednick, S. A. 1962. The associative basis of the creative process. *Psychological Review* 60:220–32.

Osbeck, L. M., and D. M. Robinson. 2005. Philosophical theories of wisdom. In *The mind's best work*, ed. D. N. Perkins, 61–83. Cambridge, MA: Harvard University Press.

Piaget, J. 1932. *The moral judgment of the child*. London: Routledge & Kegan Paul.

Piaget, J., and B. Inhelder. 1969. *The psychology of the child*. London: Routledge & Kegan Paul.

Rhyammar, L., and C. Brolin. 1999. Creativity research: Historical considerations and main lines of development. *Scandinavian Journal of Educational Research* 43:259–73.

Rogers, C. R. 1970. Towards a theory of creativity. In *Creativity*, ed. P. E. Vernon, 137–51. Harmondsworth, England: Penguin.

Schon, D. 1987. *Educating the reflective practitioner*. San Francisco: Jossey-Bass.

Simon, H. A. 1988. Creativity and motivation: A response to Csikszentmihalyi. *New Ideas in Psychology* 6:177–81.

Skinner, B. F. 1953. *The science of behavior*. New York: Macmillan.

————. 1968. *The technology of teaching*. New York: Meredith.

————. 1971. *Beyond freedom and dignity*. London: Jonathan Cape.

————. 1974. *About behaviourism*. London: Jonathan Cape.

Sternberg, R. J. 2003. *Wisdom, intelligence, and creativity synthesized*. Cambridge, UK: Cambridge University Press.

Sternberg, R. J., and T. I. Lubart. 1991. An investment theory of creativity and its development. *Human Development* 34:1–31.

————. 1995. *Defying the crowd: Cultivating creativity in a culture of conformity*. New York: Free Press.

Suarez-Orozco, M., and D. Qin-Hilliard. 2004. *Globalization: Culture and education in the new millennium*. Berkeley: University of California Press.

Takahashi, M., and W. F. Overton. 2005. Cultural foundations of wisdom: An integrated developmental approach. In *A handbook of wisdom: Psychological perspectives*, ed. R. J. Sternberg and J. Jordan, 32–60. New York: Cambridge University Press.

Torrance, H. 1962. *Guiding creative talent*. Englewood Cliffs, NJ: Prentice Hall.

————. 1974. *Torrance tests of creative thinking*. Lexington, MA: Ginn and Company (Xerox Corporation).

Wallach, M. A. 1971. *The intelligence-creativity distinction*. Morristown, NJ: General Learning Press.

Wallas, G. 1926. *The art of thought*. New York: Harcourt Brace.

Winnicott, D. W. 1971. *Playing and reality*. New York: Routledge.

第一部分

標靶論文——創造力、智慧與信賴

2. 創造力與教育之間的張力 ——啓動智慧與信賴？

Anna Craft 著

吳毓瑩 譯

在教育中培育創造力，可以說是對於生活的狀況、步調以及全球 16
市場經濟的回應。創造力的政治呼求往往把創造力看成一種普世的特
質，其論點乃是人類需要更有創意以利於二十一世紀的生存與奮鬥
（A. Craft 2004; Seltzer and Bentley 1999），這說法在世界各地的政策
文件中都可見到。在英格蘭，政策白皮書《優質學校》（*Excellence
in Schools*; Department for Education and Employment 1997）提及了解
國民之不同才華以協助年輕人生存於二十一世紀中。此白皮書由創造
力與文化教育國家諮詢委員會（National Advisory Committee on Cre-
ative and Cultural Education, NACCCE 1999）之報告所促成。該報告
宣揚公司用人時所需要的、以及教育應該給年輕人配備好的技能與方
法。此報告清楚說出公司在找人時，與其尋求學業成就之高標準，不
如尋求「能夠適應、看出關聯、創新、溝通、與人合作的人」（NA-
CCCE 1999, 13）。不少人論及此觀點確實提供了最近英格蘭地區政
策論述的基礎。

其他國家也有類似的故事。蘇格蘭行政部（Scottish Executive 17
2004）網站上有蘇格蘭觀光文化與遊憩（Scottish tourism, culture and

sport）局長 Frank McAveety 關於創造力的一段敘述：「蘇格蘭人的創意──從教室到會議室──都是我們在此競爭世界中需要觸及的範圍。不論在藝術、科學、商業或是工業領域中，行政執行者的任務就是要去開創如何讓創造力茂盛發展的條件。創造力正如同其在文化之中的價值一樣，在零售業、教育界、健康部門、政府部門或是商業部門裡，都一樣有其價值。文化部門應該變成國家的創意動力機構，造福其他領域」（頁 5）。2004 年 6 月，蘇格蘭建立獨立的文化委員會（Cultural Commission），乃是世界之先驅，其部門包含來自文化各領域的代表，由 James Boyle 擔任主席，目的在更細膩地處理蘇格蘭之文化與創意策略。文化委員會（Cultural Commission 2005）的報告中有一章與教育有關，建議 3～18 歲學習者的課程應該提供機會幫助年輕人在藝術與文化中學習，或是藉由藝術與文化來學習，以促進年輕一代的創造力。蘇格蘭行政部的回應發表於 2006 年 1 月，建議在 3～18 歲各層級課程中連結創造力與文化──此潮流與其他先發趨勢同步進行，發展學校事業以及教學與學習，以培育年輕一代更大更好的創造力。其中教學與學習取向更是強調創意、文化與超越教室組織間的伙伴關係。

　　類似之論辯、觀點與政策建議自 1990 年代初期以降，已發生於世界各地，從加拿大教育部（Canadian Ministry of Education）文件中之一段話可見一斑：「從新的社會與經濟實況來看，先不論學生們自學校畢業之後有何打算，他們都需要發展彈性與變通力，這是過去所不曾想到過的。……[另外,]還需運用批判與創意思考技巧以解決問題或是進行決策」（引自 Woods 2002, 79）。此潮流仍然持續著，隨著藝術與文化領域更進一步發展，反映在一些先驅活動之中，例如加

拿大於 2007 年 5 月設置藝術與人文科學學院（Academies for Arts, Humanities and Sciences in Canada），便是爲了進一步發展其潛力與可能性。在美國，很早就倡導職場中之創新、調整、溝通與連結的需要（Secretary's Commission on Achieving Necessary Skills 1991）。2005 年時，關於創造、教育與經濟之國家級探究計畫業已發布（Cultural Commission 2005）。遠東地區亦開始發展教育中的創造力。Ng 與 Smith（2004a, 2004b）報告新加坡地區學生在進入高等教育以前，都需要具備「企業家的、創意的心靈」（Ministry of Education 2004, n.p.）。Richardson（2001）提及，要達成此目標之核心要素便是藝術及文化與教育相整合。

政策脈絡與全球化

18

　　由於創造力在經濟與教育中的角色越來越明顯，教育政策脈絡因而有了大轉變。除此之外，尤其在最近十年，我們也看到了評論家與研究者皆在此全球經濟之中，開發各種方式使創造力與經濟交相作用以促成更多與更好的方式來增進生產力與經濟的競爭。對某些研究者而言，例如 Sternberg 與 Lubart（1995），這些現象表示市場此隱喻可用來解釋與探究創造力，他們所開發的創造力模式包含了買低賣高之意涵。如 Sternberg 與 Lubart 所說，「**買低**（buying low）意味著主動尋找人們仍未知或是不被喜歡的點子，但此點子有成長潛力；同樣的，如果點子或產品有價值，或是能夠得到顯著的回報，**賣高**（selling high）便指將此點子導向新產品」（頁 538）。Sternberg（2003）

之後又強調創造力亦牽涉到選擇，他描述投資理論其實就是「有創意的選擇」（頁206），強調買低與賣高之間決策的重要性。

對其他人而言，市場作為創造力的背景是件好事。例如在討論創造力與公共政策時，Nagel（2000）建議「有競爭力的公司」與「國家生產力的提高」（頁15）是促進創造力之公共政策的核心要素。這相當適切而且值得追求。

在此觀點下，基本想法就是市場中的表現本身即是創造力的指標。Florida（2002, 2006）提出在經濟發展上頗具爭議性的評論，他的論點乃是創造力的培育橫跨全球，越來越被重視。他聲稱已看到北美洲有越來越多**創意課程**（creative class）（亦即，工程師、建築師、科學家、藝術家、教育者以及娛樂界人士等），這些課程的經濟功能就是創造新的技術、創意的內容，尤其更重要的，要有新點子。Florida論辯說這一群越來越多也越來越有影響力的人士，具有自我導向與追求高成就的人格特質，對於職場與生活型態有很深的影響。他認為成功的都市經濟發展，需仰賴族群多元性的鼓勵（例如同性戀者、波西米亞人、少數民族等），而其基礎是創意工作者願意留在當地。此觀點在美國的都市重劃區與更新區很有影響力，雖然他的論文亦受到一些評論，例如 Malangi（2004）便質疑創意工作者是否會受到包容、創造力開放以及多元狀態所吸引而到城市來。Malangi 提及 Florida 所提出來的創意城市成功案例，其實表現並不夠好，而其他相當有創意的城市看起來很有吸引力，但卻留不住原來的居民。他認為 Florida 過於強調高科技工業對於創意課程的貢獻，他進一步質疑為何有些城市在其他經濟成長指標上快速擴張（如底特律），卻又忽然間一起消失，可是另有些城市（如紐約，亦即 Florida 所說最有吸引力的城

市），其快速成長公司的比率其實不到其他城市的一半。不過，Flori-da 的論文最終仍有影響力，而市場與創造力之間的連結仍舊明顯可見，且一般而言也未受到質疑。

盲點？

本章意圖提出上述創造力論述之兩個盲點，首先是文化。我認為某些以普世型態鼓勵創造力的政策，事實上未曾考慮也沒有關注到巨觀文化以及局部文化的價值系統與生活方式。這叫做**文化視盲**（cul-ture blind; Ng 2003），也就是創造力在自由個人主義的脈絡中與市場經濟結合，似乎這就是唯一的文化脈絡。這種創造力論述相當看重個人性，且鼓勵有生產力的思維挑戰社會以及其他的常態性。此論述非常強調人們作為消費者或是生產者，投入於經濟活動的創新當中。

第二個盲點則與倫理和環境有關，此點來自於將創造力定錨於去除文化狀況下的市場中。這麼強調點子和產品製造與買賣之價值，會有什麼後果呢？在這麼強調市場導向的創新價值與獲致報償的文化中，進一步創新的驅力本身竟變成了目的，甚至於覺得古老人類器物與想法之再使用，永遠比不上可以創造利益的閃亮新發明。我曾說過（A. Craft 2006），很多證據都支持這其中有危險存在。是以我們發現我們自己生活在一個因我們的創作而獨特且一直在變的世界中，這是一個相信**新奇**（new）遠遠比**整理與修補**（make do and mend）來得更好的世界。確實，為了要維持需求與利益，許多產品與服務都設計成在貨架上的時間特別短，一陣子之後也不堪使用了；設計成可隨

用隨丟的產品，方便被取代，勝過於修理與保存；再不然就是透過廣告來塑造一種這產品過時了的印象。

本章要問的是，全球經濟所要求的創新發明常態，究竟有多麼令人滿意與想望？所鼓勵與維持的這種隨用隨丟之文化，到底想到達什麼程度？這種文化使得消費商品本身在設計階段時，便把退化的結果設計進去了，也使得流行與時髦不斷指揮著求新與求變。現在讓我們回到視盲之第一點，也許是最基本的部分，來進一步思考。

創造力與文化脈絡

因為創造力的顯現依文化有所不同，越來越多證據指出，關於創造力的**普世化**（universalized）論述——即不考慮文化而對創造力採統一模式與取向的做法，已經不合時宜了。創造力觀點之不同，以及創造力要如何彰顯與培育，反映出更廣義的社會文化的價值。正因文化的價值仍有許多還需要我們探究，關於這些不同之處如何彰顯出來，我們看到了許多東方與西方創造力觀點的相異處。例如，Ng（2003）提及儒家社會非常強調社會群體勝過個人，在此系統中，社會緊密地組織起來，孩子的社會化聚焦在身處於社會群體的適應上。孩子與成人的行為以社會準則與規範來約束（Ng 2003）。

公民的意義是什麼？集體的觀點與西方個人主義的觀點有很強烈的對比，個人主義強調個別性，勝過集體觀點的社會性（Bellah et al. 1985）。在西方社會中，兒童與成人的社會化歷程就是發展獨特的個人；他們要去追求個人的興趣與熱情，勝過向自身所處的團體妥協。

Chao（1993）的研究便在描述這種氣氛，其發現 64%的歐裔美人媽媽認為教養孩子的重要目標是強調並滋養孩子的獨特自我。但相對的，僅有 8%的華裔美人媽媽在教養孩子的過程中強調此點。強烈的個人行為似乎是西方自由個人主義的典型。Markus 與 Kitayama（1991, 1994）也論及社會化在個人主義文化與集體主義文化間的不同，導致非常不一樣的自我建構。他們論及個人（西方）的社會化強調自我的觀點乃是獨立的，與社會團體相區隔，亦強調情感與意見的直接表達，並伴隨著個我化的（individuated）行為。相對的，集體（東方）的社會化則涉及與團體整合，以及相互關聯相互依賴的自我觀點，順服於團體，且行為與團體一致。Markus 與 Kitayama 提及有效化歷程（validation）的方向亦有文化間之不同。例如集體社會中，有效化歷程的傾向與社會群體一致；而個人化的社會中，有效化歷程的走向以及社會壓力皆導向人與人間的區別與不同。是以西方社會鼓勵行為要盡可能表現出個我化結果，在此文化框架下，有研究已發現有一股壓力促使涵化（acculturation）以文化的個人主義而不是文化的集體主義來進行（Ng 2001; Smith and Bond 1993）。Ng（2001）將東方與西方的不同整理如表 2.1。

表 2.1　東方與西方文化之比較與對照

東方	西方
緊密組織，強烈的社會規範與模範	鬆散結構，很少社會規範與模範
強調社會群體	強調個人
階級性，階層與地位的區分	平等性，很少區分長者與下者
強調社會秩序與家庭／社會的和諧	強調個人之間點子的開放交換
重視群體的社會認可	重視具有創造力的潛能之實現

資料來源：Adapted from Ng Aik Kwang, *Why Asians Are Less Creative Than Westerners*. Prentice Hall, Singapore, 2001.

Lim（2004）討論 Ng 的研究結果時，提出「傳統上亞洲觀點強調環境的控制，所以個人需要適應環境；而西方觀點強調個人，所以個人改變環境」（頁4）。Lim 注意到西方鼓勵個人成為自己，並重視慶賀其獨特性。相對的，集體性的東方模式則傾向一致性，鼓勵社會凝聚與適應社會團體。Lubart（1999）認為如此不同的世界觀似乎無法爭論。他發現研究創造力而需探索文化間的不同時，等於提供了放大鏡來檢視更廣大的文化現象。引用 Spindler 與 Spindler（1983）所述，Lubart 的結論是，美國的世界觀尤其具有「個人主義、成就的工作倫理、進步及更美好未來的信念」之特質（頁345）。美國一向強調發展與改變，相當重視創造力。相對的，文化看重傳統、尊重傳統以及與常態看齊，事實上正在壓制創造力。

有些研究探討像這樣的文化價值在創造力的教學與學習歷程中，如何被清楚展現（Martin, Craft, and Tillema 2002; Martin, Craft, and Zhang 2001; Ng 2002; Zhang et al. 2004）。他們發現東方傳統的老師比西方老師更難珍視教室中的創造力。東方老師傾向認為孩子偏離常態便是敗壞（disruptive）；他們往往把創意行為看成搗亂（Ng and Smith 2004a）。Ng 與 Smith 論及此乃來自儒家傳統（Confucian tradition）中對於道德培養的重視，而教師本身就是道德楷模，是以適切的學生反應必須透過服從來展現出尊敬。溫順學習者的儒家模式強調順從與尊奉，但創意教室鼓勵學生論辯、個人取向、懷疑好奇，正好與儒家模式反其道而行。儒家傳統中社會化的教師，在教室經營與控制上，確實引發了實際上與感受到的挑戰。

Ng（2002）認為老師對學習者的態度影響他們在培育創造力時的效果。**自由民主型**（liberal-democratic）的老師似乎界定他們的角

色乃是促使學生發揮潛力，發散性的、有創意的行為便較容易在教室中得到鼓勵與獎賞。自由民主型的老師強調挑戰、原創與差異。相對地，**保守專制型**（conservative-autocratic）的老師期待服從與尊敬，他們自己是教室中最高的權威，於是創意的行為反應多半會受到處罰，而不是得到獎賞。

Ng（2002）的發現亦在 Martin、 Craft 與 Zhang（2001）；Martin、 Craft 與 Tillema（2002）；以及 Zhang 等人（2004）的小型研究中出現過。研究指出華人教師相當遵守文化常態（Martin, Craft, and Tillema 2002; Zhang et al. 2004）。

東西方的差異亦曾在 Nisbett（2003）的研究作品中被解釋。Nisbett 論及亞洲人與西方人的價值觀有所不同。東亞的思想，較重視**整全**（holistic），聚焦於整體圖像（以白話來說，就像是注視著一幅畫），產生出二元辯證性的推理後，尋找共識，或是相對觀點的中庸狀態。相反的，西方思想聚焦於主題人或物，將之分門別類，然後運用形式邏輯以解釋或了解之。兩個群體在認知理解上有所不同，Nisbett 提出社會與經濟上的解釋，指出此差別正是中國與希臘不同形式的社會與經濟組織所導致^{（原註1）}。

我們可以這麼說，市場的具體化歷程（reification；亦即，西方的「市場即上帝」之資本模式）滲透進創造力的普世化觀點，明顯可見於西方政策與研究文獻中。在此文化狀況下，此想法很不恰當地對於其他價值過於專斷（A. Craft 2003, 2005, 2006）。我們很清楚，價值內嵌於文化中，包括看得到的、創意的成果，也一樣被重視。Lubart（1999）注意到西方概念的創造力有一個很重要的特質，就是「創造力與看得見的產品間的關係」（頁 339）。這想法與東方較內斂的概

念正好相反，東方認為「創造力乃是個人滿足的狀態，與原初的領域相連結，或是最終實在（ultimate reality）之內在本質的表達」（頁340）。Lubart確實發現到東方與西方在創造力上人文觀點之相似處，雖然大體上他認為創造力的東方觀點較走心靈表達，而不是製造出在某領域內判斷為有外在價值的產品。他比較西方模式下常被引述的創造力歷程（準備、籌畫、顯現、判斷），與東方模式如 Maduro（1976）研究一印度畫家所發現的模式，Maduro 的模式牽涉到四個相似但卻有些不同的狀態：準備（就親近個人內在自我而言）、成就個人對所及物質之認同、靈機洞見（聚焦於個人而非產品）以及將個人體現（realizations）向社會溝通。Lubart（1999）注意到東方的歷程牽涉向內觀照（looking inward）與「重新詮釋傳統想法——發現新觀點」，這與西方取向的「創造力涉及傳統的突破」（頁340）之想法相反。Lubart 的觀點亦得到 Raina（2004）的迴響，他採納了傳統印度關於「詩歌是創意的表徵，要去溝通表達創造力的各種共存的不同取向」之隱喻——一種包容性的觀點。這也在其他人的研究中得到迴響，例如 Sen 與 Sharma（2004）進一步討論 Bharati（1985）所倡導的觀點，當代印度同時包含有集體觀點與個人觀點，在多元社會、由各種次文化團體組合之下，必須清楚認識過度簡化文化差別的危險（Sen and Sharma 2004）。

創造力乃在宣揚一種持續創新與消費的生活型態，此型態產生自、亦同時貢獻於全球市場經濟之中，在其間，文化與次文化觀點間的可能差異根本不重要。當然，過於簡單歸類出亞洲／西方、自由個人／集體，亦有其困難。Nisbett（2003）與 Ng（2002）都認識到把這些族群推向兩極化的簡單分類中，不容易看到一些很微小的區別，

因爲在多元文化的世界中，國家不一定代表文化歸屬。而在全球化的世界中，涵化（acculturation）發生在國家與文化之邊界，被比較的群組本身並不是「乾淨純粹」的群體，因此簡單的比較並不是那麼清楚明瞭，且一個地方之中也會存有文化的混合現象。例如，二十一世紀初期的中國滋養了兩套相反的價值體系：一爲比較封閉，比較重視服從、扼殺創造力的傳統；另一則爲快速發展的心智系統，珍視資本主義以及發明、創造與改變的需要。Cheung 等人（2004）引述一個遠東地區關於創造力的態度之大型資料庫研究，提醒我們注意，我們並非永遠可以發現我們所以爲的價值。Berndt等人（1993）以及Cheung 等人（1992）在台灣、中國大陸以及香港所進行的研究，顯示成人對於創造力的態度，其中最不給予創造力正面肯定的乃來自香港地區——非預料中的發現。然其他研究（例如，Lau, Hui, and Ng 2004）也有類似發現。

　　無論如何，我們來到了這本書所提出問題的最前線——如果我們問如何有智慧地運用創造力，以及在二十一世紀初期，今日的全球化世界中，誰是有思想、值得我們信賴的人，則也許我們可以如同文化視盲一樣來質疑創造力培養的適切性，也就是某種程度也隱含著我們強加此文化於彼文化之上。如果我們在定義何時與如何學習才是恰好之時，同時也想到了教師與教育系統對於年輕人所擁有的權力，則我們亦承認，教育者身上背負著培育年輕人創造力的責任。早先我們提及一個小小的研究（Martin, Craft, and Zhang 2001; Zhang et al. 2004），他們的研究結果顯示，如果給老師一段關於創造力教學的短時間支持，學生的行爲與取向都相當不同，證據展現出創造力的普世化（亦即西方的）模式之涵化效果，此模式確實（也許無意中）具有

主宰性。

很明顯，要詮釋文化的問題有很多方法——從 Csikszentmihalyi（1990）的領域情境（domain-situated）想法，到文化首位的觀點，以及創意與文化之聯手，後者與英格蘭尤其相關。英格蘭受到 NACCCE（1999）報告的影響，此報告建議**藝術文化的環境與發展**（artistic cultural achievement and development），透過創意的伙伴關係，促進學生的創造力，並力辯文化與創造力的發展應該攜手並進。Roberts（2006）評鑑 NACCCE 所發展出來的先發活動後，建議此取向仍應繼續進行，以餵養**創意產業**（creative industries）。

就大創造力（large C）的文化而言，創意與文化領域相同的都置身於更廣大的政治與經濟狀況的價值系統內。一方面看，當然置身於文化中，就是在考量哪些算而哪些不算是文化，誰可以得到什麼文化，以及哪一種形式的文化表達會被重視。最近有些研究提出一些議題涉及文化疆界學說的倡導，他們探究學生於在地文化場域的參與（A. Craft, Jeffrey, and Joubert 2004），挑戰學生與老師已存之偏見、學校陳述活動與機會的方法，以及什麼才算是文化等問題。另一個研究，Harland 等人（2000）發現成功策略包括學生要主動扮演**文化導師**（cultural mentor）的角色。此研究確立了學習者亦可能在文化脈絡間與不同觀點間進行遷移，但他也強調這麼做的同時，所面臨來自文化基底的挑戰也相當巨大。

當代許多重要的社會文化建構取向之學習理論皆強調文化的重要，並強力支持（西方的）教師實務。兒童的學習在此架構下與脈絡相結合，自然而然就是天生的社會歷程，因而亦為文化歷程（Vass 2004a, 2004b）。在此歷程中，文化與社會的中介系統（Crook 1994）

扮演著核心角色。在促進兒童的創造力上，學習的建構觀點是必要的，也是需要的，此觀點將學習以各種方法置身於廣大的文化之中。

我想要談一下社會文化脈絡的另一面向：創造力與社會經濟脈絡。普世化的創造力論述也許飽含著社會階級的假定，包含了強大的個人性與自給自足、未來取向，以及對個人環境的堅定與控制等面向（A. Craft 2002, 2005; Kluckhohn and Strodtbeck 1961）。很明顯的，這取向提高了學校中的張力與難爲。上述的霸權面向相當值得質疑，因爲當所謂的創造力普世化之概念要含納全部人、關注全部人的機會時，實乃很不安地握有權力、權威以及控制，乃因其強力加諸創造力的價值體系於教室之中，而教室可能因此排除了某些學習者。另外，在多元文化教育領域中，一個類似的觀點近年來亦曾被提及（Banks 1997; M. Craft 1996），教育者與其他人身負重大責任，要將**主流**（dominant；亦即社會與經濟）文化提供給學生，否則學生將不會覺察，亦無法獲得。像這樣的觀點便建立在此假定上——對於邊緣化學生而言，能夠接觸主流文化同時也伴隨著可以接近權力與權威，否則他們將沒有機會。許多聚焦於培養創造力的教育方案，可以說是來自此觀點。例如，英格蘭政府 2002 年到 2008 年所發起與資助的「創造力伙伴關係」（Creative Partnerships）便是一例，強調高都市化地區的工作或是欠缺資源之鄉村地區的工作。另一組織，國家科學技術與藝術基金會（National Endowment for Science, Technology and the Arts），至少在最初設立時候的理由，就是要刺激並支援年輕人與成人的創造力。此機構早期支援許多活動，皆有著社會包容心[原註2]。 25
這些活動之關鍵處乃是教育者對於學生來自家裡的價值之敏銳度，此價值常常會與教室中的價值形成緊張關係，有時會在托兒所小朋友的

遊戲裡表演出來，如 Duffy 與 Stillaway（2004）曾討論過父母關注女兒在觀眾面前的舞台表演；或是孩子更大了之後，如難民青少年的經驗影響了他們的能量，以為只要有盼望就可達成（Parkes and Califano 2004）。是以，身為教育者，也許這正是我們所要思考的，如何智慧地運用我們的創造力，我們握有可能改變學生一生的創造力之權力，我們需對此權力保持警醒，切勿無意間濫用了我們的權力。

在從文化議題要往下衍申時，我想簡短說一下政治環境，我們一則在廣義的文化脈絡中鼓勵創造力，然亦不能忽略政治環境，包括和平與戰爭、聯盟與敵方、友誼感受與信任破裂，這是一股重要的影響力。本章並不打算對此多作討論，也不談文化政治脈絡如何影響人們因創造力而帶來的日常生活經驗。但除了以上所述，我仍要說在微觀層面上，相較於窄小的脈絡（例如一個小山村），可能在多元價值與多重脈絡之地區中（例如一個大城市），比較容易去追隨個人與獨特之路。如果一個人之自我認同產生於多元性的空間中，而不是基本教義（fundamentalism）觀點的個人價值，則他也比較容易偏離常態。如果認同的核心元素是基本教義信念的話，則確實創意與他個人便沒有什麼關聯、比較不被想望、比較無法成就什麼、也許更是非常不恰當。Gardner（2004）在其《改變心智》（*Changing Minds*）書中提及，基本教義論者的心智觀認為創造力違反倫理。Gardner 的基本教義觀點是廣義的：「基本教義論者決意絕不以任何方式改變心意」（頁 189），結果就是拒絕任何不一致、不服從的想法。Gardner 提及「基本教義派者自願將自己的想像力高懸不用」（頁 189）——於是，蘄傷了創造力的可能性。

在巨觀的政治層次上，我們可以這麼說，民主價值與言論自由支

持政策與實務的創意。全球市場的擴展使得人們財富增加，促使人們在生活上可以有創意地選擇，並提供人們充分的資源實現其選擇（Ng 2001; Nisbett 2003）。然而全球市場的主導地位，雖然產生了許多選擇，但也限制了選擇，因爲產品的創新本身所宣揚的價值顯然凌駕於節約資源「整理與修補」的觀點之上。此市場一則創造、一則要求持續地創新，且一再縮短產品在販售架上的壽命，決定了我們的選擇就只能限於此價值體系的框架內，而此價值體系視充沛的供給、物質的獲取與財富的累積爲當然之事。

這帶進了我們所要談的第二個盲點：連結創造力與倫理以及環境。

環境與倫理

雖然東方與西方都存有創造力的模式，但因資訊與溝通技術而快速成長的全球市場，已處處深入日常生活、家庭與文化之中。大量的廣告轟炸著個人、家庭與社區，塑造了理想也鼓勵人們獲取快速轉變的新產品與從不退流行的服務。人們一直有壓力要更新現有產品與服務，代之以最新的模式、玩具、食物、娛樂與生活風格，這些都在說明創造力的模式與市場緊密連結。隱含的訊息顯然就是普世化、全球自由市場形式的創造力是一件好事，其價值凌駕於其他社會價值之上。

雖然市場已經取得了超凡的力量，然而其中有什麼倫理與環境的啓示？我們這麼給予市場高評價，代價是什麼？越來越全球化的生活

方式鼓勵隨用隨丟與產品更新，實已點燃了環境惡化的定時炸彈。而我們還在繼續爲創造力的代價付出——作爲製造者、消費者、家長與教育者——每一次我們選擇要購買某物時，我們相信這是我們需要的，但其實這只是我們想要的。看透形象與抗拒市場壓力並不時髦；在更基本與更全球的層次上嚴肅自問我們想要過什麼樣的生活，這也不流行。累積財富的驅力以及人類可以「擁有全部」的信念越來越高漲瀰漫，然也有越來越多的證據顯示，我們的消費已經擾亂了全球生態平衡。

當然也有一些創新發明是在回應環境議題。確實有些創造力的培養，在歷程中已包含了環境衝擊的關注，例如創新的問題解決理論（Theory of Inventive Problem Solving）。加拿大一研究（Hanel 2003）探討公司引介創新產品的理由。大約每四個創新者中會有一個創新者的動機乃是相當甚或非常高度關注我們可以如何減少對環境的破壞，只是這些公司仍停留在競爭力的邊緣。

與市場連動的創造力帶起環境上的衝擊，雖然看起來心靈應該與之相伴，但其實心靈被排除在外。創造力引發的倫理問題，我們投入有多深？如同我在別處亦曾論辯過（A. Craft 2005），全球化、文化帝國主義也許要負上一部分恐怖主義的責任，因爲其排拒連續性、傳統以及樸素，恐怖主義接下來便點燃了反基本教義的立場，引發衝突。

想到教育，對於創意的投入轉譯到我們的行爲以及到外顯與潛在課程上的狀況如何，我們也許要想想，我們的反思有多遠。

學校的張力與兩難

我在前面已談過這種涉及存在與行動的西方個人觀點會框架住教育中關於創造力的論述。我也指出創造力的普世化概念暗示這模式的卓越性，然亦在許多方面隱含著文化與更廣義生態的平衡議題。

對學校而言這代表什麼？

首先，在文化上，當創造力概念中有很強的**文化飽和**（cultural saturation）元素時，西方文化的全球化，包括其市場的影響力日益增大，意指創造力作爲普世化概念的傾向越來越壯大（A. Craft 2003）。我們也許會自問，身爲教育者，我們的角色是否是要去支持普世化取向的創造力，餵養且滋養大熔爐取向，而漸漸抹去文化的、政治的以及社會經濟的各種歧異。在實務上，這大概也意味著不用做任何事，只要照單全收並執行政策加諸於我們的要求就可以了。

然而想想看，如果我們在教學中去除掉脈絡的多元性，這有**智慧**（wise）嗎？恰當嗎？我們仍舊生存在一個不論國家內與國家間都有著不同文化認同的世界中，有著不同的傳統、價值體系，是以學習與成就亦有不一樣的動機與偏愛。我們正面對著一種可能性，亦即事實上已有人感受到普世化（以及與市場相關聯）的創造力概念有排他性。

也有人爭論謂創造力的普世化在現今社會中仍然不夠成熟也不盡適切。作爲教育者，也許我們在教育中與政策中要面臨的最大挑戰，

27

就是我們自身欠缺創造力的多元觀點。然而，創造力亦不見得要用這種方式來滋養。實際上，創造力的本質乃擁抱多元與可能，創造力提供了天生就有的潛力，藉由考量創意成果的啟示或影響來評價其價值。在英格蘭，認證與課程局（Qualifications and Curriculum Authority 2005b）藉由認同「創造力架構」（Creativity Framework）^{（原註3）}之評價系統的方式來支持學校。於是，我們很清楚，雖然創造力永遠置身於文化脈絡中，然而批判性地看它，文化普世觀點的假定需要被挑戰，所有觀點都要被理解與欣賞。也許*那*（that）才是智慧之事。

究竟是倫理與環境中的什麼？

如同前面已提過，或許有人會這麼辯解，在這個市場主導價值的世界中，消費者購買商品就某方面而言，乃是在取代自己生存的意義。製造與購買的持續驅力與全球人口增長，以及環境破壞同時發生。也有人論及，除非全世界最有錢與教育程度最高的國家能夠減少世界資源的耗用，否則如同目前所走的路一樣，我們將不會有足夠的食物與水滿足基本需求，當然我們也將不會有足夠的主要資源。

開始去減少一點消費，可能表示我們把創造力看成是要滿足更廣大的社會。但是與其以價值中立的方式以及滿足人類需求的服務觀點來詮釋創造力，我們無寧更希望以強烈的觀點看待創造力對消費之貢獻——也許是用更具有心靈味道的方法來看創造力，強調個人與集體的實現。這也可能表示看待生命的另一種不一樣的存在觀點，理解到現存之「市場即上帝」這種模式下，心靈與環境要付出多大的代價。當然這也表示我們在問：現在市場已經體現出來了（reified），那麼

我們想要創造什麼樣的世界。而這也表示當市場作爲意義的來源已被質疑時，我們提供了機會給個人、家庭、社區以及國家機會去發展目的、意義與關係連結。於是，我們自問，爲求能維護生活中倫理的聯繫，什麼是市場化的世界要做的。

走向創造力與智慧

我在本章中已清楚點出，如果創造這件事一逕爲了發明而發明，不考慮眞正的需要，且展現欲望以爲這就是所需，也許看起來像是創造本身的生命，然則創造亦很有可能會造成負向影響，勝過其正面的力量。此概念與小心地節省使用資源的想法背道而馳，雖然如 Lane（2001）所建議的，整理與修補本身也常常需要我們的創造力。

創造力除了受市場束縛產生膚淺的生存方式，誓言盡情娛樂^{（原註4）}、追上流行之外，當然它也存在著破壞性的問題。我們知道如同人類具有無限可能的建設性，人類的想像力無疑也具有可怕的破壞性。要到什麼程度，我們才有可能在深度人文的狀況下，產生出一套系統能夠激發並欣賞創造力，整合價值與文化，且與創造力之影響相關聯？教育者的角色也許就是鼓勵學生檢視他們自己的與別人的想法可能之效應，並依照此方向去評鑑所做的選擇與價值——換句話說，去滋養智慧，朝著對自己想法負責任的經營態度，或是說，讓想法朝著值得信賴的方向前進。

這在實務上代表什麼呢？如同第一章所建議，柏林學派（Berlin School）以及 Sternberg 團隊所提出的知識、理解與經驗的多元觀點，

亦提供了智慧的多元觀點，而上述的知識、理解與經驗乃憑藉此多元性轉換成恰當的系列行動（Baltes and Kunzmann 2004; Baltes and Stange 2005; Baltes and Staudinger 2000; Sternberg 2003）。換句話說，智慧是一個適切的行動，不只考慮知識與理解的多元形式，且照顧多元的需要與觀點。根據他們對於情緒、動機與社會動力之智慧相關知識的研究，柏林團隊建議，智慧常與年齡增長相關，但不表示變老就自動有智慧。研究者們提出一系列智慧的支持歷程與所需要的條件，這與人格、認知能力、環境以及生命史有關；這些都在滋養我們的能量，以朝向**共同福祉**（common-good）而前進，而非相反地走向自我中心之路。

然而，正因智慧不與年紀相關，是以智慧的發展在今日時空下，尤其格外困難，主要肇因於某些價值因資本主義市場而崩毀。這些價值包括志願服務、對他人負責，甚至於也有可能如 Margaret Thatcher 二十五年前之名言所說，對社會之存在負責。Howard Gardner 對於此書的貢獻乃來自哈佛大學之「善事方案」〔GoodWork Project；與史丹佛（Stanford）大學以及克里蒙（Claremont）大學合作〕。該計畫的研究已注意到三個專業領域（新聞、科學與演藝；Fischman et al. 2004）中，一些有企圖心的年輕人尋求卓越之時，越來越不理會共同福祉應該具有優位的觀點。研究團隊發現跨此三個領域的共同主軸就是他們愛好抄捷徑與破壞規則，喜歡單打獨鬥勝過成為社群中之一份子，而忽略了社群中的同儕與可敬的長者往往能夠提供一套參考觀點來幫助他們決策行動。

是以教育者面臨著很有趣的為難，因為情勢上他們需要滋養創造力，但伴隨而來的是個人投入與成功，這些也許與**智慧的行動**（wise action）背道而馳。如同 Sternberg 所說的（2003）：「智慧不僅是尋求個人或是其他人的自我利益之最大化，更在促使來自各方面的利益間之平衡：包括自我（個人內在的）利益、他者（人際間的）利益、個人所生存的脈絡（個人以外的）利益——例如居住的城市、州郡、環境甚或上帝。智慧也牽涉到創造力：對於問題，一個有智慧的解決方案絕不是我們所以為的那麼明顯可見。」（頁152）。智慧的思想同時也必須有創意，然他也論及，有創意的思想卻不需要涉及智慧。

　　而這就是問題的核心了，本章已經論及，教室中創造力激發的政策觀點顯得價值中立，且欠缺任何道德與倫理架構，自然而然創造力也會文化視盲，此現象導因於全球、地域以及個人層級都已過度市場導向，於是教育中對於創造力的鼓勵引發了根本問題與為難。缺乏智慧的創造力之發展，並無法造福兒童、家庭、社區，以及他們所屬的更大社會與文化團體——導致此努力可能有問題。於是，我們仍然不清楚，信賴如何在運用智慧培養創造力的歷程中扮演其角色。

導向信賴？

　　我們也可以這麼說，教室中滋養智慧的實務方法，如 Sternberg（2003）所提的**平衡理論**（balance theory），亦能在教學與學習的發展中提供實際協助。平衡理論建言智慧乃是成功地平衡各方利益；「有智慧的解決方案往往都很有創造力」；並提及智慧與「有創意的洞見思維」有關（頁158）。

30

　　平衡的觀點當然可以是指企圖去平衡無法妥協之處；也可以是盡

其所能區別創造力與創新（innovation）。創新，雖牽涉到創造力，但一般論者認爲其與創造力之不同乃在創新指的是把點子實現在市場上。不過，我們也許在日常生活概念中，混用創造力與創新，使得創意努力的產品，與創造力如何被評價，二者之間的區隔被我們搞得雜亂無章。雖然把點子帶進市場中，某些方面可增進全球生命之生活經驗的品質，但事情往往並非如此。

也許身爲教育者，我們能夠很有效地論說我們如何培養學習者的創造力，使得潛在文化與環境對於生產力——創造力——的衝擊降到最低，正向效益提到最高。換句話說，我們要考量如何鼓勵信賴導向的態度，以朝著有智慧地運用創造力之方向前進。

討論的起始點
在教師與其他人之間

哲學的／基礎的

- 創造力的智慧運用是什麼意思？
- 以發展爲核心的經濟觀點曾否與其他價值的觀點相互和解？
- 文化、創造力與智慧間的關係爲何？
- 誰是具有智慧的創造力之值得信賴者？
- 創造力是所有人的天生能力，但智慧不是。請討論。

教育學的

- 在鼓勵創造力的智慧運用時，教師的角色應該爲何？
- 教師如何鼓勵有創造力的信賴？
- 在教室中，什麼樣的教學策略可採納來鼓勵上述？
- 在創造力、市場與文化三方面，我們的教室傳達什麼隱含的價值？

原 註

1. 古希臘珍視個人的自由、個別性以及客觀的思維，並且對於衝突與扞格皆給予機會。海上貿易的環境指的就是貿易之發展促使富有商人階級之崛起，他們為了自己的利益，高度重視並且也同時提供教育（並不只是簡單的一張通向富有與權力的車票）。相對的，古代中國在倫理上相當同質，而在政治上權力集中，意味各自給予不同者機會。如 Nisbett（2003）所寫：「在中國，面對面的農村生活驅使人們走向和諧狀態以及共同遵守常態行為」（頁 32）。在沒有機會去開發不同處，以及對於差異的壓抑下，尋找方式來解決不一致，比起努力去證明誰的主張才是「真理」，來得更為重要。於是，古代中國一直都相當聚焦於尋找「中道」（Nisbett 2003, 32）。Nisbett 論及在這兩個誕生出今日思想習慣與型態之古代搖籃中，任一區域的基礎生態皆支持其經濟、社會與政治的安排。在中國，因其生態乃是因農業而來，合作的社會組織牽涉於其中。相對地，在希臘，生態環境鼓勵打獵、放牧、漁獲、貿易與海盜——其中沒有一樣如 Nisbett 所說，需要同樣程度的合作。

2. 這包括東倫敦紐漢第六學院（East London Newham 6th Form College）研究計畫（Jeffery 2005）、北倫敦（North London）社區藝術計畫、「意象意識」（Image Conscious; Camden Arts 2003），以及國家級的「點燃！專案」（Ignite! Programme; A. Craft et al. 2004）。每一個研究計畫都在培育年輕一代的創造力，若不是這些計畫，這些孩子們至少某些程度上被排除在此重要活動之外。他們將工作清楚地內嵌於年輕學習者的家庭與社區文化價值中，這對每個計畫而言都相當關鍵（Davidson, Fell, and Jeffery 2004; Fell and Davidson 2005; Jeffery 2005）。

3. 認證與課程局（Qualifications and Curriculum Authority 2005a, 2005b）在此架構下，稱以下之要素乃為了尋找與促進創造力：提問題、建立連結、運用想像、探索選項與批判評價。

4. Fromm（1955）描述我們現在所說的社會之**市場化**（marketization）相當可能導向大眾之一致性，他爭論此導向會導致個人無法自導地做出選擇，越來越受制於市場的條件。Fromm 似乎已準確預測我們當今的世界過於強調表面功夫、獲取擁有以及娛樂，勝過基本的與實質的議題。如 Crichton（1999）曾相當沮喪地這麼說，娛樂本身似乎驅使人們更忠誠於表面層級（如品牌、電視頻道）以及深層層級（如政黨與忠誠）。相反地，過去幾世紀以來的人們想接受教育，想接受救贖，想更加精進；而在二十一世紀時，西方人害怕無聊，想的是消遣與娛樂。

參考文獻

Baltes, P. B., and U. Kunzmann. 2004. Two faces of wisdom: Wisdom as a general theory of knowledge and judgement about excellence in mind and virtue vs. wisdom as everyday realization in people and products. *Human Development* 47:290–99.

Baltes, P. B., and A. Stange. 2005. *Research project 6. Wisdom: The integration of mind and virtue.* Center for Lifespan Psychology. http://www.mpib-berlin.mpg.de/en/forschung/lip/pdfs/research_project_6.pdf.

Baltes, P. B., and U. M. Staudinger. 2000. Wisdom: A metaheuristic (pragmatic) to orchestrate mind and virtue toward excellence. *American Psychologist* 55:122–36.

Banks, J. 1997. *Educating citizens in a multicultural society.* New York: Teachers College Press.

Bellah, R. N., R. Madsen, W. M. Sullivan, A. Swidler, and S. M. Tipton. 1985. *Habits of the heart: Individualism and commitment in American life.* New York: Harper & Row.

Berndt, T. J., P. C. Cheung, S. Lau, K.-T. Nau, and W. J. F. Lew. 1993. Perceptions of parenting in China, Taiwan and Hong Kong: Sex differences and societal differences. *Developmental Psychology* 29:156–64.

Bharati, A. 1985. The self in Hindu thought and action. In *Culture and self: Asian and Western perspectives*, ed. A. J. Marsella, G. Devos, and F. L. K. Hsu, 185–230. New York: Tavistock.

Camden Arts. 2003. *Box.* London: Camden Arts Centre.

Chao, R. K. 1993. East and west: Concepts of the self as reflected in mothers' reports of their child rearing. Unpublished manuscript, University of California, Los Angeles.

Cheung, P. C., A. J. Conger, K.-T. Hau, W. J. F. Lew, and S. Lau. 1992. Development of the Multi-Trait Personality Inventory (MTPI): Comparison among four Chinese populations. *Journal of Personality Assessment* 59:528–551.

Cheung, P. C., S. Lau, D. W. Chan, and W. Y. H. Wu. 2004. Creative potential of School children in Hong Kong: Norms of the Wallach-Kogan Creativity Tests and their implications. *Creativity Research Journal* 16(1): 69–78.

Craft, A. 2002. *Creativity in the early years: A lifewide foundation.* London: Continuum.

———. 2003. The limits to creativity in education: Dilemmas for the educator. *British Journal of Educational Studies* 51:113–27.

———. 2004. Creativity in education: Challenges. Keynote address at the Plymouth Creative Partnerships Conference, Plymouth, England.

———. 2005. *Creativity in schools: Tensions and dilemmas.* Abingdon, England: Routledge.

———. 2006. Creativity and Wisdom? *Cambridge Journal of Education* 36:336–350.

Craft, A., B. Jeffrey, and M. Joubert. 2004. *Let's get going! Evaluation of the Schools and Cultural Venues Project.* London: Calouste Gulbenkian Foundation and Arts Council England.

Craft, A., D. Miell, M. Joubert, K. Littleton, P. Murphy, E. Vass, and D. Whitelock. 2004, September. *Final report for the NESTA's Fellowship Young People Project, Ignite.* London: National Endowment for Science, Technology and the Arts.

Craft, M., ed. 1996. *Teacher education in plural societies: An international review.* London: Falmer Press.

Crichton, M. 1999. *Timeline.* Alfred A. Knopf.

Crook, C. 1994. *Computers and the collaborative experience of learning.* London: Routledge.

Csikszentmihalyi, M. 1990. The domain of creativity. In *Theories of creativity*, ed. M. A. Runco and R. S. Albert, 190–214. Thousand Oaks, CA: SAGE.

Cultural Commission. 2005, June. *Our next major enterprise: Final report of the Cultural Commission.* http://www.culturalcommission.org.uk/cultural/files/Final%20 Final%20Report%20June%2005.pdf.

Davidson, K., R. Fell, and G. Jeffery. 2004. Building pathways into creativity: What do students and teachers need? Paper presented at the Economic and Social Research Council Seminar: Creativity, the Arts and Achievement, Canterbury, England.

Department for Education and Employment. 1997. *Excellence in schools*. London: Her Majesty's Stationery Office.

Duffy, B., and J. Stillaway. 2004. Creativity: Working in partnership with parents. In *Supporting children's learning in the early years*, ed. L. Miller and J. Devereux, 99–104. London: David Fulton.

Fell, R., and K. Davidson. 2004. Successful vocational learning for intermediate performing arts students: Key findings from the *Pathways into Creativity* research project. Paper presented at the British Educational Research Association Creativity in Education Symposium: Learners' Perspectives on Creativity, Manchester, England.

Fischman, W., B. Solomon, D. Greenspan, and H. Gardner. 2004. *Making good: How young people cope with moral dilemmas at work*. Cambridge, MA: Harvard University Press.

Florida, R. 2002. *The rise of the creative class: And how it's transforming work, leisure, community, and everyday life*. New York: Basic Books.

———. 2006. The future of the American workforce in the global creative economy. *Cato Unbound*, June 4. http://www.cato-unbound.org/2006/06/04/richard-florida/the-future-of-the-american-workforce-in-the-global-creative-economy.

Fromm, E. 1955. *The sane society*. London: Routledge and Kegan Paul.

Gardner, H. 2004. *Changing minds: The art and science of changing our own and other people's minds*. Cambridge, MA: Harvard Business School Press.

Hanel, P. 2003. *Note de Recherche: Impact of innovation motivated by environmental concerns and government regulations on firm performance: A study of survey data*. Quebec, Montreal: Centre Intrauniversitaire de Recherche sur la Science et la Technologie. http://www.cirst.uqam.ca/Portals/0/docs/note_rech/2003_08.pdf.

Harland, J., K. Kinder, P. Lord, A. Stott, I. Schagen, J. Haynes, L. Cusworth, R. White, and R. Paola. 2000. *Arts education in secondary schools: Effects and effectiveness*. Slough, England: National Foundation for Educational Research.

Jeffery, G., ed. 2005. *The creative college: Building a successful learning culture in the arts*. London: Trentham Books.

Kluckhohn, F. R., and F. L. Strodtbeck. 1961. *Variations in value orientation*. Westport, CT: Greenwood.

Lane, J. 2001. *Timeless simplicity: Creative living in a consumer society*. Dartington, England: Green Books.

Lau, S., A. Hui, and G. Y. C. Ng. 2004. *Creativity: When east meets west*. Singapore: World Scientific.

Lim, H. A. 2004. Creativity, culture, and entrepreneurialship. *Symbiosis* February:4–10.

Lubart, T. I. 1999. Creativity across cultures. In *Handbook of creativity*, ed. R. J. Sternberg, 339–50. Cambridge, UK: Cambridge University Press.

Maduro, R. 1976. Artistic creativity in a Brahmin painter community. Research Monograph 14, Center for South and Southeast Asia Studies, University of California.

Malangi, S. 2004. The curse of the creative class. *The Wall Street Journal*, January 19. http://www.opinionjournal.com/extra/?id=110004573.

Markus, H. R., and S. Kitayama. 1991. Culture and the self: Implications for cognition, emotion and motivation. *Psychological Review* 98:224–53.

———. 1994. A collective fear of the collective: Implications for selves and theories of selves. *Personality and Social Psychology Bulletin* 20:568–79.

Martin, D. S., A. Craft, and H. Tillema. 2002. Developing critical and creative thinking strategies in primary school pupils: An inter-cultural study of teachers' learning. *Journal of In-Service Education* 28:115–34.

Martin, D. S., A. Craft, and Z. N. Zhang. 2001. The impact of cognitive strategy instruction on deaf learners: An international comparative study. *American Annals of the Deaf* 146:366–78.

Ministry of Education (Singapore). 2004. *The desired outcomes of education.* http://www1.moe.edu.sg/desired.htm.

Nagel, S. 2000. Creativity and policy studies. *The Innovation Journal* 5(3). http://www.innovation.cc/discussion-papers/creativity-policy-studies.htm.

National Advisory Committee on Creative and Cultural Education. 1999. *All our futures: Creativity, culture and education.* London: Department for Education and Employment.

Ng, A. K. 2001. *Why Asians are less creative than Westerners.* Singapore: Prentice Hall.

———. 2002. The development of a new scale to measure teachers' attitudes toward students (TATS). *Educational Research Journal* 17:63–78.

———. 2003. A cultural model of creative and conforming behaviour. *Creativity Research Journal* 15:223–33.

Ng, A. K., and I. Smith. 2004a. The paradox of promoting creativity in the Asian classroom: An empirical investigation. *Genetic, Social, and General Psychology Monographs* 130:307–30.

———. 2004b. Why is there a paradox in promoting creativity in the Asian classroom? In *Creativity: When east meets west,* ed. L. Sing, A. Hui, and G. Ng, 87–112. Singapore: World Scientific.

Nisbett, R. E. 2003. *The geography of thought.* New York: Free Press.

Parkes, J., and A. Califano. 2004. *Home: An educational resource pack.* London: NewVIc New Media. http://www.newvic-creative.org.uk.

Qualifications and Curriculum Authority. 2005a. About QCA's creativity project. http://www.ncaction.org.uk/creativity/about.htm.

Qualifications and Curriculum Authority. 2005b. *Creativity: Find it, promote it.* London: Qualifications and Curriculum Authority.

Raina, M. K. 2004. I shall be many: The garland-making perspective on creativity and cultural diversity. In *Creativity and cultural diversity,* ed. M. Fryer, 25–44. Leeds, England: Creativity Centre Educational Trust.

Richardson, M. 2001. Singapore's reforms seek creative edge. *International Herald Tribune,* October 15. http://www.iht.com/articles/2001/10/15/rsinga_ed3_.php.

Roberts, P. 2006. *Nurturing creativity in young people: A report to government to inform future policy.* London: Department for Culture, Media and Sport.

Scottish Executive. 2004. *Cultural policy statement.* http://www.scotland.gov.uk/cultural commission/cultural/files/Cultural%20Policy%20Statement.pdf.

Secretary's Commission on Achieving Necessary Skills. 1991. *What work requires of schools: A SCANS report for America 2000.* Washington, DC: U.S. Department of Labor.

Seltzer, K., and T. Bentley. 1999. *The creative age: Knowledge and skills for the new economy.* London: Demos.

Sen, R. S., and N. Sharma. 2004. Teachers' conceptions of creativity and its nurture in children: An Indian perspective. In *Creativity and cultural diversity,* ed. M. Fryer, 153–70. Leeds, England: Creativity Centre Educational Trust.

Smith, P. B., and M. J. Bond. 1993. *Social psychology across cultures: Analysis and perspectives.* Hertfordshire, England: Harvester Wheatsheaf.

Spindler, G. D., and L. Spindler. 1983. Anthropologists view American culture. *Annual Review of Anthropology* 12:49–78.

Sternberg, R. J. 2003. *Wisdom, intelligence, and creativity synthesized.* Cambridge, UK: Cambridge University Press.

Sternberg, R. J., and T. I. Lubart. 1995. An investment perspective on creative insight. In *The nature of insight,* ed. R. J. Sternberg and J. E. Davidson, 535–58. Cambridge, MA: MIT Press.

Vass, E. 2004a. Developing creative writing through peer collaboration. Paper presented at the British Educational Research Association Conference, Manchester, England.

Vass, E. 2004b. Understanding collaborative creativity: An observational study of young children's classroom-based joint creative writing. In *Collaborative creativity,* ed. D. Miell and K. Littleton, 79–95. London: Free Association Press.

Woods, P. 2002. Teaching and learning in the new millennium. In *Developing teachers and teaching practice: International research perspectives,* ed. C. Sugrue and D. Day, 73–91. London: RoutledgeFalmer.

Zhang, N., L. Huang, D. S. Martin, A. Craft, and G. U. Lin. 2004. The impact of cognitive strategy instruction on deaf learners: An international comparative study. *Psychological Science* 27:193–97.

3.智慧——進階創造力？

Guy Claxton 著

柯秋雪 譯

在一所現代化的大學中，假如你問知識，他們幾乎會提供所有形式的知識——如果你問商店中的人們「過時的東西」，他們可能說：「抱歉，這裡並無出售。」但是假如你問智慧——上帝拯救我們所有人吧！多麼謙虛的表現，什麼樣的推辭從這些男女中表達出來，他們的眼睛閃閃發出聰明的光芒，像是一座燈塔。聰明，是的，但是與其說是智慧的閃耀，倒不如說是一支蠟燭的閃爍。

——Robertson Davies,《反叛的天使》（*The Rebel Angels*; 1981, 38）

如果試著要將像是**智慧**（wisdom）這樣模糊與爭議的術語，制定成一個公認的或是典型的意義是很不智的。我應該不會嘗試這樣做。在這篇簡短的文章中，我所能做的是：

- 提供一些我認為是有效的指導方針來探究智慧；
- 經由三個簡短的故事，試圖去說明智慧之合理的——而且我認為是核心的涵義；
- 對於智慧的行動（譯註 1）（wise action）如何可能在認知神經科學術語中被概念化，萃取一些初步的構想；

- 在這個分析中，對於如何經由教育來培養智慧的行動之傾向，提供一些想法。

36　　　這個主要觀點形成的建議是，智慧並非存有很多思考或認知的特質，而是「驅動認知之基本**動機引導力**（motivational vector）的本質」。

探究的指導方針

　　我認為談論智慧是真實的屬性，是在真實的、生活的情況之中的特定行動，比起試著去定義人們具有或不具有一個抽象的特質（quality）更有效益。這樣立即縮小探究的範疇，有些人可能認為這樣的方式過於制式化，但是這幫助我將觀點聚焦在智慧的實際與生活層面，我認為這是最重要的。古希臘人將智慧區分為三種類型：超覺智慧、智性智慧以及實踐智慧。**超覺智慧**（sophia）指的是一種洞察力，它可以被視為是專業哲學的、思想的或是心靈的實踐。**智性智慧**（episteme）是那些就事論事的詳實研究者專研的實徵性科學知識。而**實踐智慧**（phronesis）是「政治家與立法者所具有的特質……找出行動審慎的做法、抵抗激情的驅使與欺瞞的感覺」（Robinson 1990, 14）。

　　我想要探究的意義最接近後者，雖然我應該擴展實踐智慧的概念，甚至包含智慧的行動之所在與所處的形式。我想，以比較實際的

譯註 1　為了與本文中智慧（wisdom）一詞相呼應，全文中的 wise action 翻譯成智慧的行動。

方式來談論智慧地行動（譯註2）的例子會好得多。在這裡，智慧是用來形容在特定情境中特定行動的副詞特性。與其他的抽象名詞，像是創造力或智力一樣，一般常見的是強將這些副詞的性質具體化，轉化成假設的實體，這樣做是徒勞無功的。這樣的具體化說明了大部分的事實，我們所討論的這些不明確的特質和其他同源的概念既可區分、亦是同性質，而非指同一個概念大傘下所涵蓋一系列比較具體的、廣泛地和其他概念重疊的屬性與能力。考慮智慧與創造力兩者是相似而有區別的，而不是試著將兩者視為個別**獨自一類**（sui generis）是較有益的看法。

　　我也認為比較有意義的是適度地開放這個問題，智慧的行動或是智慧的判斷必須汲取思想中謹慎的、有系統的、有意識的，甚至是智力的形式。在下列我所引用的故事中，假設是：有多少意識的仔細思考是先於智慧的行動，而確實有許多智慧地行動的例子，比如在情況緊急的時候，過多的深思熟慮是被排除的。智慧的行動可在高度直覺與自發的方式中展現出來，或許就像它需要更多的外顯理性（explicit rationality）。至少我所使用的這個術語**智慧的行動**（wise action），通常有輕鬆的與偶發的特質，沉重的理性——有條不紊的衡量得失利弊等等通常是缺乏的。

　　如同我在這章所選擇強調的故事中說明的，我認為智慧是在複雜人事之間的脈絡中原始地呈現出來。一般而言，智慧地行動意謂著和他人及其情境下的互動，通常是在有明顯衝突或產生僵局的時候，以

37

譯註2　為了與本文中智慧（wisdom）一詞相呼應，全文中的 acting wisely 翻譯成智慧地行動。

創新的與令人驚異的方式，滿足多樣且迫切的需求。這些介入的時間點至少與介入的本質是同樣重要的。我想智慧地行動比較是建構在直覺的道德明辨是非，而不是在分析的精確度之上。司法不公通常是冗長時間的結果；聰明的、分析性的論證足以證明理性和智慧的鬆散關係。通常政治人物做的決定似乎離智慧有段距離。

我建議，我們使用**有智慧的**（wise）這一個形容詞去描述特定的人物，只有在他們隨著時間的推移而比其他大部分的人更頻繁與更確實地智慧地行動。稱呼某人是有智慧的，充其量是根據這些觀察或證明的預測，在未來面臨一種道德的或是心理的複雜情況時，個人在面對高於一般智慧水平時的反應。當然，這樣的**智者**（wise persons）定義並不是指與他們的年齡、性別或是經驗有相關的任何事。典型的智慧圖騰，至少在西方的世界，是傾向於男性的、有鬍鬚的而且是年老的——如 Gandalf（譯註3）、Obi-wan Kenobi（譯註4）等人。天啊！雖然我們必須記得，智慧有時也從乳臭未乾的孩童們口中而來。然而，智慧的行動之頻率與這樣的特性之間是否確實有所關聯，這終究是一個實徵性的問題。

我認為，智慧地行動只能夠就行動出現的全部情況詳細去了解，包含所有參與者明確的與未陳述的希望、害怕與期待。假如這些行動者沒有這樣的評斷能力，他們的行動不可能是有智慧的；而且假如這

譯註3 甘道夫，電影《魔戒》中從西方世界來到中土的次神，是精靈口中的智者，人類口中的巫師。

譯註4 電影《星際大戰》中的歐比王肯諾比。他是一位絕地武士，也是路克‧天行者（Luke Skywalker）的啟蒙老師和安納金‧天行者（Anakin Skywalker）的教育者。

些觀察者沒有這樣的評斷能力，他們對於這個行動是否爲有智慧的判斷是不可能可靠的。然而——在此不可避免地存有分歧——智慧歸因於一個行動或是一種判斷，反映出此屬性的價值與觀點，因此，如同上述所言，我懷疑任何特定推論的例子究竟能否形成共識。就我的經驗，人們傾向於認同範例故事中描述智慧的行動之可能的情況，但是這個判斷絕不是普遍性的。把自我中心或是馬基維利動機（Machia-vellian motives）^{（譯註5）}視爲這些範例故事中之行動者的特質，這是有可能的，而這樣的歸因基本上不會受到爭議。所以，至少爲了討論的目的，我請你們暫且相信這些故事與它們的主角，不過我不能堅持你們一定得這麼做。

研究智慧的價值

不論是實徵性的或是概念性的探究，智慧的知識探究與智慧地行動的能力培養有著最明確的關係，將此牢記在心是有幫助的。下列這些是主要的教育問題：什麼樣的情況使人們或鼓勵人們較能智慧地行動？隨著時間的推移，什麼樣的情況擴展人們智慧地行動之能力和傾向（不管瞬間的情況是否有傳導力）？從實務與教育的觀點而言，有必要討論關於智慧本質的概念，唯有透過這樣的討論，才能促進關鍵問題的研究。要使你前進一些粗略的區分與實用的定義可能是需要的；無止境地爭辯有關什麼是或不是智慧的典型案例，本質上就不

38

譯註5　Machiavellian motives 指的是強大的信念、人有能力改變環境。

是有智慧的。

研究智慧就像研究幽默感或性會產生同樣的荒謬，我發現將它牢記在心更具有意義。這樣的研究是少數知識份子有興趣的活動，大部分的人們覺得和他們完全不相干。就大多數人而言，空談幽默感、性或智慧，倒不如在瞬間、生活的經驗中實踐。當我們編好一個有趣的玩笑，選擇一個適當的時機，成功的誘發出一種突如其來的、經驗的轉換這樣的方式，並夾雜身體能量爆發的感覺時，我們通常會覺得開這樣的玩笑很有趣。智慧的行動通常具有立即性與衝擊性。博學的、能言善道的、有學者之風的人不一定比其他人有智慧，如同有人認為，即使是蘇格拉底，他們可能是比較沒有智慧的。

當然，要設計一個探究智慧概念的教學大綱是非常容易的。這個大綱的內容可能包含了：智慧這個概念的歷史、這個詞的源頭、在定義上的哲學性問題、不同文化中對智慧之不同觀點的人類學研究、具有「智者」這個頭銜的著名人物等等。但是在這樣的課程中，不會對任何一個學生在智慧地行動的能力之培養有任何的影響。這是一個完全實徵性的問題，關乎是否有這樣的研究（而且如果有的話，有哪些題目），透過什麼樣的教育學來教導，將對智慧的能力而非只是對知識能力之成長有任何的影響。

思考下列的故事：

故事一：不智的英雄

時間回到 1970 年代，美國合氣道學生 Terry Dobson 在東京，每天投入八個小時接受密集的訓練。他的技巧很熟練，也很剛強，但是就如同他的老師所說的，他尚未抓到合氣道的中心思想是解決衝

突，而非點燃衝突。有一天下午，在他前往受訓的途中，一個高大、骯髒、喝醉酒的日本工人破壞了地鐵列車的安寧，他咒罵、攻擊所有在他面前的人——一些老人、一個年輕的母親和她的嬰兒。Dobson 心想他的機會來了，所以他站起來——帶著一個無懈可擊的道德理由——準備在真實戰鬥中測試他的技巧。他告訴自己：「假如我不採取行動，人們就會受傷。」

正當這個醉漢準備衝向 Dobson 的時候，有人呼喊「嗨！」他們兩人當場就停下來，驚訝地往下看到一位小個頭的日本老人坐在他們中間。這個老人完全忽視這個美國人，他對這個工人微笑，並問他喝了什麼。「日本清酒，」這個工人回答說，「而且干你啥事。」Dobson 在旁徘徊，準備若是局勢惡化，就出手擊倒他。

「喔！那太好了，」這個老人說，「我也喜歡日本清酒。每天傍晚我和我太太——她現在已經 76 歲了——我們都會熱一瓶日本清酒，把它帶到花園。我們坐在老舊的板凳上，看著太陽下山，而且看看我們的柿子樹怎麼樣了。那棵樹是我曾祖母種下的，我們擔心它能否從前一陣子的暴風雪中恢復原狀……。」

當這個老人閒談時，醉漢的臉開始放鬆，他的拳頭開始放開。

「是啊！」他溫和地說，「我也喜歡柿子樹。」

「我相信你也有一位可愛的妻子。」這個老人說。

「沒有，」這個工人回答說，「我太太死了。」他低下頭，並開始啜泣。「我曾經有個太太。我曾經有份工作。我失去我的家。你不知道我有多麼慚愧。」絕望的痙攣撕裂著他的身體。

「哎！」這個老人溫和地說，「這聽起來滿可怕的。過來這

裡，告訴我你的故事。」

Dobson 也羞愧地低下頭。如同他所說的，「矗立在我用力擦拭自己的年輕無知之中，我試圖打造一個讓民主正義安全無虞的世界（make-this-world-safe-for-democracy righteousness），我突然覺得自己比他還要骯髒。」當 Dobson 到站下車時，他往回看，看到這個工人在座位上攤開四肢，頭靠在老人的膝上。這個老人輕柔地撫摸他骯髒糾結的頭髮。懊悔的 Dobson 坐在長椅上。「我想用武力解決的事情已經藉由親切的話語完成了。我剛才看到合氣道起了作用，而且本質是愛。」

改編自：*Soul Food*, edited by Jack Kornfield and Christina Feldman. Harper San Francisco, 1996.

故事二：更多對立被重新框架

八十個人正坐在薩佛（Suffolk）郡里斯敦（Leiston）鎮市政大廳的大前廳裏，里斯敦鎮是夏山學校（Summerhill School）的發源地。他們為了每週學校主管部門認為爭議未決的議題而聚在一起討論。年齡最小的是 4 歲，最老的超過 60 歲。從最晚入學者到創校者 A. S. Neill，每一個人都有平等的發言權與單記投票權（a single vote）。有關學校生活的各方面問題幾乎都在這個討論會中做成決議。在這個討論會中，一群十幾歲的女孩抱怨，她們被一群男孩子騷擾，這群男孩子每次逮到機會，就會用濕毛巾甩她們。這個提案會議正在討論這些男孩應有的懲罰。

Neill 與他的太太 Eva 兩個人坐在那裡耐心地舉起手來，等待這位主持會議的十歲孩童叫他們。首先輪到 Eva。「只要想想看，如果沒有這些男孩騷擾你們，你們的生活將會有多單調！」她說著，

每個人都笑了。

　　不久輪到Neill。在他輕柔的蘇格蘭顫動舌音中，他簡單而且面無表情地說，「我不認為這次的會議有任何的權利去干涉戀愛。」每一個人再次笑了。抱怨最大聲的女孩看著這些男孩的帶頭者，臉就紅了。這個男孩傻笑地把臉轉開。這次會議決定給這些男孩子嚴屬的警告，不過事情仍持續進行著。

故事三：一個智慧的問題

　　有一個修女從不給你建議，只會給一個問題。有人告訴我她的問題很有幫助，所以我找到她。

　　「我是教區牧師，」我說，「我在這裡靈修。您能給我一個問題嗎？」

　　「啊！可以，」她回答說。「我的問題是，『他們需要什麼』？」

　　說實在的，我很失望地離開了。我花了幾個小時在這個問題上，然後寫下答案，但是最後我回去找她。

　　「對不起！」我說，「或許我還沒有弄清楚。您的問題是有幫助的，但是我在閉關修行的時候，沒有很大的興趣去想我的教區會眾。我比較想要認真地思考有關我自己的靈命。您能給我一個幫助我的問題嗎？」

　　「啊，我看看，」她說。「那麼我給您的問題是，『他們真正需要的是什麼』？」

改編自：*Soul Food*, edited by Jack Kornfield and Christina Feldman. Harper San Francisco, 1996.

何時智慧地行動是重要的？

在方框中的三個故事可以使我們仔細思考，什麼是智慧地行動，在特殊的情況下是多麼容易或多麼困難做出判斷。我所選的這些故事也說明，在這些特殊的情境當中，其中所展現的智慧看起來是適當的。我們一般不會明智地談到泡茶或餵貓，也不會把這個字運用在實際的問題解決（修理管路），或者審美的事情（裝潢這間空房間），我們會做明智的或不智的投資、明智的或不智的生涯決定；但是 George Kelly（1955）所稱**便利性焦點**（focus of convenience）的智慧概念，似乎是複雜人類的、特殊人際間的事務。在東京地下鐵的老人、有智謀的老修女和 A. S. Neill，我看他們在面臨明顯衝突、混亂與防禦自己的情況下，以不同的方式智慧地行動。這位老人和Neill採取平息人們激烈情緒的方法；而這位修女以溫和的方式指引這位牧師，在面對他自己進退維谷的處境時，做出比較深入的評斷。這三者全都微妙地重新框架有關各方的看法，這似乎提供了有效進展與問題解決之新的可能性——這些可能性並不是明顯地從他們既有的觀點而來。

什麼是智慧地行動？

我們也能從這些例子中萃取出什麼是智慧地行動的初步指標嗎？

讓我們提供一些智慧的行動可能的特徵以作為討論。

首先，智慧的行動在本質上似乎有一個道德的特質，這個特質與我們所稱的其他行動，如**狡猾的**（cunning）、**機伶的**（smart）、**權宜的**（expedient）或者只是**聰明的**（intelligent）不同。為短期個人的利益而行動，特別是假如個人自己長期的目標或是其他人所關切的事與福祉在這個過程中受到忽視或是危害時，都不能稱為是有智慧的。智慧考慮到較大的善，以及個人自己較高的、較深刻的，或是較多的永久性價值。Terry Dobson 描述這位老人如同在一種無私的愛之基礎上運作。確實，在佛教中，慈悲（compassion）與智慧被視為是不可分割的伴侶^{（譯註6）}。

其次，因此智慧地行動似乎在行動者身上需要某種程度的無私（disinterestedness），而這種無私使得他或她從爭吵中後退一步，且能更客觀地、更能從全方位的錯綜複雜性看待事情的困境。表面上看來，互補性的觀點似乎是不相容的，卻可以同時存在，以這樣的方式，一種更包羅萬象的後設觀點就浮現出來了。有趣的是，雖然 A. S. Neill 對於學生與他的工作是熱情洋溢的，但是他描述自己對待年輕人有一種**默擯**^{（譯註7）}（benign indifference）的特質。一個人可以說，他很關心他們，但是不需要從他們身上獲得任何東西，或是特別要求他們成為重要的人物。當然，人們總是欺騙他們自己有關無私的程度，而且可能在上述這些例子中投射一個憤世嫉俗的觀點。

譯註6　佛教強調「悲智雙運」，亦即慈悲與智慧乃一體之兩面。

譯註7　《金剛經》將「默擯」二字譯為「不理他」，即是默默摒棄之義，也就是默默遠離他，讓對方有可以反省沉澱的空間。

　　所以，有智慧的行動者顯然不會帶給他們很多的以自我爲基礎的希望、害怕與期待來混淆情況。正如一位諮詢者或是一位和事佬必須比交戰的戰鬥者更能看清衝突，所以有智慧的行動者不能藉由偏袒、無耐心，或是急於證明他或是她自己的效能（或者確實是智慧）來扭曲情況。這位年輕的美國人有能力證明自己，而且他想要成爲一位英雄，想要有正當的理由去試他的合氣道技巧，不過當他試著去處理這個情況的時候，卻導致他點燃情勢的火焰。這位老人的隨意策略是比較好的。他似乎不會害怕這位醉漢，所以不會表現出自我保護。他似乎不想用這件事情對他自己或其他人證明什麼。而且他的無私意識使得他以不合邏輯的方式喋喋不休地說話，一開始看起來像是完全不相干的、自我放任的，卻又展現出一種機敏而有效的方式，能使憤怒的工人冷靜下來，而且開闢更多有效的方法來處理（我們不知道，是否他意識到有必要教這位年輕美國人一課，而且使得這位醉漢能夠轉向內省，而不是向外行動。或許這位老人是一位便衣禪師、某種心靈的守護天使，保護地下鐵的旅客免於妄自尊大的外國人與當地流氓的傷害）。

　　第三，智慧行動者之能力在這裡是內隱的，不僅能解決問題，而且強調能同理、明白其他人的想法，如同其他人看世界是如此令人目眩地光明閃亮，卻不會爲傷痛或是爲渴望所擄獲。老人有能力看到醉漢憤怒下的沮喪，藉著有技巧地表達他對這種沮喪的認可，容許它漸漸浮出檯面。Neill能協助他的青少年學生更加清楚地認清他們自己，而且使他們能超越自己所陷入的暫時性對立情況。甘地（Gandhi）曾說，當他面臨一個困難的決定時，他首先會透過印度人的眼光，然後從伊斯蘭人的眼光，而最後從英國人的觀點看它——而且只有當他同

步活化^{（譯註 8）}（coactivated）時，可以說是，他感覺能夠明確地陳述所有這三種互補的情況，以及什麼可能是智慧行動的方針。

在比較拐彎抹角的修女與牧師的故事中（而這位牧師依舊對這位修女姑且信之），這位修女再次強調她原先的問題，請這位備感壓力的牧師質疑自己對「牧師這個職務是耗損、而不是滿足幸福」的假設。最後，是否如他自己的假想，自己實際的需要與教區群眾的關注是對立的？或者這是有可能的嗎，自己最深刻的關愛（nurturance）與實現（fulfillment）是透過行使他的慈悲心而體現出來？Rabindranath Tagore 的小詩提醒我們：「我睡時夢見，生活是喜悅。我醒來卻發現，生活是服務。我沉思，而且看見！我發現服務是喜悅」^{（原註 1）}。

智慧可能具有的傾向

這樣的思路產生了某種個人特質或是傾向的名單，合起來看，這些名單可提供啓動智慧行動的心理平台。我比較偏好思考**傾向**（dispositions），而不是**技巧**（skills），因為智慧的行動是不會自然地產生，除非一個人是傾向於智慧的行動，也就是說，傾向於看到適當的時機，並採取行動。要有智慧，我想你必須準備好、有意願，而且有能力。

譯註 8：同時從三個民族的眼光看一個事件。

　　智慧可能是由哪些傾向所組成？接續上述的討論，有智慧的人必須有興趣參與人世間的事。同時，這個人必須是無私的（disinterested）——準備好、有意願，而且有能力，並能透過自己的動機綱領（motivational agendas），清楚地看到當前的情境。我可以說，這個人必須能更普遍地感知，傾向於考慮到目前所呈現的狀態、斟酌細節的獨特情況，而不是透過知覺過濾器（perceptual filters）去整理或扭曲現象。這很可能需要具有容忍不能達到一般期望時的能力——如容忍模稜兩可、矛盾以及明顯地無法解決的不確定性。John Keats（1899）稱這種特質為**消極能力**（negative capability）：「處於不確定性、不解、疑惑之中，不窮究於事實和理由」（頁277）。

　　智者必須典型地處理的部分複雜事務是，不同主角有不同的價值體系與不同的觀點，所以智慧似乎需要具有同理心的能力：同時能夠設身處地理解對方，並能暫時盡可能地放下自己的價值與觀點。將此連結在一起可能需要從容不迫的能力。假如有時間，在試著規劃行動之前，耐心地觀察本身所處的複雜情況。但是在此同時，當判斷時機是正確的時候，他需要能夠果斷地採取行動，而且通常是在明確判斷下的防衛檔案（defensive portfolio）預備好之前，樂意憑直覺採取行動。有智慧的介入通常是兼具微妙、驚奇與敏銳，這個事實說明了智慧的行動者需要開放的思想與相信這些直覺的提示。

43　　智慧地行動需要某種程度的勇氣：勇於介入充滿情感與十足危險的情況，而不是畏縮不前、或是從個人安全的立場將事情理論化、或是自命不凡，而這樣的做法，別人可能會覺得奇怪。相反的，這樣可能需要某種程度默擯公共的意見——反思自我的安全感，篤信去做感覺是對的事情，而不是看起來是好的事情。

如同我所說的，這樣一份**原型睿智的傾向**（protosagacious dispositions）清單——使一個人傾向於智慧的行動之特質——就我所採取的智慧取向而言，具有某種程度的表面效度（face validity），但是僅止於此。智慧的取向很可能在未來開花結果，但這需要廣泛的研究計畫，以建立這些建議的實證穩固性。

智慧：進階創造力？

許多和智慧有關的特質也和創造力有關，這並不是巧合。容忍複雜與不確定（tolerance for complexity and uncertainty）、觀點取替（perspective taking）、質疑假設（assumption questioning）、消極能力（negative capability）、獨立心智（independence of mind）以及勇氣（courage）被提出為**創造性心智**（creative mind）的特徵（參見Sternberg 1999）。

但是智慧的行動通常具有創造力，而創造力並不總是涵蓋智慧。智慧與創造力在道德與人性這兩個重要的觀點上是不同的。如同我所使用的**智慧**（wisdom）一詞，它必然有一個道德的特質。它的功能是為了更大的善，而不是為了這個智慧的行動者個人的利益或者是自我的滿足。另一方面，不管這個問題的道德層面或是這個創造者的自我動機，**創造力**（creativity）是和一些新穎的和有價值的東西之生產，或者是對於一個棘手問題的創新解決方式有關。就這個字的一般意義而言，設計大規模毀壞性的新武器或是酷刑的巧妙形式都可以稱為有創造力的；但是，我想沒有人會稱之為有智慧的。創造力主要經由實

用的、美學的或認知的,而不是經由道德的標準來判斷。同樣的,創造力不是特別和複雜的人性或情緒的困境之解決方法有關。創造力也有可能關切新的小發明或電影劇本的構思。我想,智慧主要有技巧的去處理與人類事物及複雜人性困境的解決有關。所以,我認為智慧的認知觀點和創造力的認知觀點是很相似的。但是智慧有道德的、動機的和社會的觀點,而創造力不一定涉及這些觀點。

大腦天生具有智慧與慈悲心嗎?

Perowne 放下防衛後讓他感受到《星期六》的問題核心:沒有任何一個行動,包含不採取行動,能免於分歧的結果、潛在傷亡或罪行。

——James Urquhart(2005, ¶8)對 Ian McEwan《星期六》(*Saturday*)的評論

44 簡單地說,這種智慧的行動似乎不是在一個複雜、焦慮、自愛與自利的、大家所熟悉的背景下出現。在這裡出現清楚的、開放的道德之明確性,這個明確的道德性,經常激發出令人驚奇的,或是具有創造力的智慧行動。而這樣的行動可以使別人或自己,達成某程度的和諧性、深層的感受或紓緩情緒的作用。想要試著從中樞神經理論賦予智慧的行動一個解釋,這可能是荒謬的。只知道理論的愚者會荒謬地闖入連有智慧的天使都不敢去的地方。在「原來如此」(吉普林經典童話 Just So Story)這篇簡短的童話的字裡行間透露出,想要訓練出更

高度發展的神經思路是可行的。

　　人類是社會性的動物，就像所有這些動物一樣，其生存策略的檔案（portfolio of survival strategies）包含自利（selfish）與利他（altruistic）的行動。對這些動物而言，經常有衝突發生。當只剩最後一根香蕉時，我應該要注意自己的血糖量，還是如同 Burner（1966）所提的**社會交互網絡**（web of social reciprocity）概念，把這根香蕉送給具有權力地位的男性，或是我希望她成為伴侶的女性？這兩種選擇都是對自身有利的、具潛能的聰明行動，只是我無法兩者兼具。我必須選擇，而且假如我是有智慧地選擇，我的大腦必須對所有可能的、短期與長期的成本與利益，都做最精確的計算。而且這個計算的範圍是個人的與立即性的（contingent）。智慧的行動沒有規則手冊可循。關於剛剛那個要不要吃香蕉的明智決定，一個新加入社群的健康者和受人尊重、但是患有糖尿病的長者是很不一樣的。

　　大腦最主要的功能之一，便是找出最佳的解決方式，來處理這種動機上的衝突與複雜的狀態。「怎樣做最好？」是一個千古恆存的問題。主觀上最佳的解決方式總是和主動關切瞬間形成的情況有關，社交與自我兩個層面皆有，如生理需求、渴望與價值、正在進行的目標與利益、意識到的威脅與風險。動機力場（motivational force field）越複雜，越是難以發現能夠滿足每一個可以被關注的行動方針。把所有的渴望整合於單一的動機引導力，找出一個最佳的行動方式，不過有時這樣的行動又變成是不可能了──個案的行動可能完全停頓，在有意識的狀態中癱瘓（如同在 McEwan 案例中的主角── 神經外科醫生 Henry Perowne）。當然，這樣的癱瘓通常是一種功能失調的反應。

動物似乎只有在面臨一個不可抵抗的威脅時才會僵住無反應。當政治人物在被問到一個沒有把握解決的微妙問題時，也可能會僵住無法反應（雖然通常他們已經訓練好自己，冷靜且迅速的以一些廢話掩蓋內在的恐慌）（原註2）。

　　大腦簡化這個動機力場成為容易處理的重要方法之一是，從不同的組合中，藉由消除或抑制，刪除一些最不合適的動機。換句話說，透過有效地抑制真正動機的複雜情況，猶豫不決的情形能得到解決。舉個例子來說，在經典的「好人」（Good Samaritan）實驗研究中，參與者發現自己靠近一個明顯遇到困難的人時，傾向於藉由否定或降低他們對這位遇到困難者的關心以消除任何動機上的不安感覺，如「我想要幫忙，但是幫忙會使我開會遲到。」他們告訴自己：「一定會有其他人幫助他。」或是「她可能只是喝醉，或是在胡鬧而已。」經由這種否決或合理化的方式，大腦試著解決功能性動機的糾結，來消弭自己難以解決的關切問題。

　　但是，儘管這個策略可以瞬間舒緩反應不及的問題，但這樣只是暫時抑制、避開問題，而不是停止這個難以解決的關切問題，也因此沒有解決問題。一個微小的、未被注意到的內疚感，可能在有意識或無意識中產生，並影響到下一次做決定。在這個簡單的描述中，透過高估或低估某些次要問題的重要性，不智的行動反映出一個人對長遠利益之直覺上判斷的錯誤。我們也許太過關心他人，而不顧自己的身心健康；我們可能過於自私，而且不承認這樣做會長期損害彼此的信任與善意；我們可能只有考量當下，而忽略考量長期的重要性；我們可能看不見真正對我們多數人重要的事情是什麼。在所有這些情況當中，不智地行動並非和不聰明地行動一樣。說到智慧，我認為，重要

的不是認知敏銳度本身，而是驅動認知背後所潛藏的動機引導力。

另外一種可以簡化動機力場的方法是忽略別人的動機層面。對他人沒有想像力和同情心，將自己利益擺在前面，不會因為考慮他人合理的行動綱領（legitimate agendas），或是我們的行動對他們可能造成的影響而受到破壞或是混淆。自我中心與他我中心的系統（Gray 2004），可能與神經科學家現在所區分之兩個互補的視覺系統類似。**自我中心**（egocentric）的系統將自我放在世界的中心，而外在的物體是位在輻射線可能交互作用的兩端，從自我的源頭發射出來的。另一方面，**他我中心**（allocentric）的空間「運用地圖，從地圖中客體位置之間的關係能指出獨立於觀察的主體位置，此主體本身是位在相同的地圖上」（Gray 2004）。假如我們以動機空間的想法取代這些物理空間的文字表徵，那麼自我中心的空間將我自己和我的關切正好放在所有進行的事物中間。他我中心的動機空間允許去中心化，有某種相對性，其他人的關切是有同等的地位，而我自己個人所想的組合並不是所有其他人衡量的參考標準。我認為，智慧的行動可視為這種來自他我中心的觀點，能長期理解所有人的利益，取代狹隘的、自我中心的自利。

智慧可以培養嗎？

初步分析智慧可以讓我們了解智慧是否可以培養，如果是，如何培養？首先，我們可以觀察，智慧是否與變老和上了年紀有關。目前沒有確切的實徵性研究，但是我認為，綜合上述的相關因素，我們可

46

以發現智慧與年齡兩者間，充其量只有鬆散的相關。我的觀點提供了值得繼續探究的假設。舉例而言，假如同理心是智慧的一個重要特質，那麼在同理心中，年齡相關的變項將會影響智慧地行動之能力〔有人指稱，較年長者的心智，會變得比較不能同理其他人的觀點。而這樣的說法會推翻（against）「年齡與智慧具有正相關」這個論點〕。

另一方面，有人指稱，較年長者可能失去以前很重要的自我參照（self-referenced）之動機，因此，為了使動機更明確，應釐清此處。此外，智慧的本能可能只是從一個豐富的、具有經驗的資料庫而來，這個資料庫藏有複雜的、充滿各種價值觀的資料，並藏有或多或少成功解決問題的個人與替代性觀察（vicarious observations）。這樣的資料庫或許需要多年的累積。而且，智慧的選擇可能只顯現在已經發展出他我中心者，而非是自我中心者所參照的動機框架（motivational frame of reference）之記憶中——這裡再一次說明，時間是站在年齡較長者這一邊的。

哪一些因素占主導地位，而它們如何交織在一起，對於實徵性探究是最重要的問題。然而，我認為，很清楚的是，當人們變老時，是否傾向變得更有智慧，可以視一系列其他因素的發展軌跡而定，這些我先前已評論過了。問題是：舉例而言，隨著年齡的增長，什麼因素影響他們變得較有或較少有同理心、耐心，或者無私奉獻的心？但是我們現在能說任何有關這些發展軌跡如何受到教育——希望是好的——影響之新事物嗎？以創造力來說，教師較會被建議去思考培養創造**力傾向與前導的要素**（component dispositions and precursors），而不是主要地針對教智慧的概念本身。

　　對同理心的傾向可能是另一個影響因素。同理心可以培養嗎？有一些教師認爲是可以的。在威爾斯Cardiff一所綜合學校的社會課中，11 歲這一班的學生思考伊拉克戰爭的理由。他們戴上由藍色硬紙板剪下做成的眼鏡。這些是**同理心眼鏡**（empathy specs），這些眼鏡可以神奇地使他們透過不同人的眼睛來看事情。什麼樣的事情看起來會像是布希總統（George Bush）所看到的？布萊爾首相（Tony Blair）呢？士兵的姐妹呢？英國石油的最高行政官呢？當然，戴這些眼鏡並未具有魔法的優勢，只是藉由一種比較娛樂輕鬆的方式強調同理心的價值性，進而伸展其能力、強化其特質。至少，那是一個意圖，而且這個小小的教育實驗成功證明了同理心是可以被教育的（參見Claxton 1999, 2002）。

　　培養年輕人動機的明確性（motivational clarity）也許是一項非常困難的工作。對於大多數的年輕人而言，青少年時期是動機檔案（motivational portfolios）明顯地變得更複雜與衝突的一段時期。學校、家庭與朋友的要求不斷相互牴觸，使動機檔案需要不斷的被調整。有時候，一個茫然的神情或是臉上的污點可能是可怕的事；有時候，不在意任何一件事似乎又變成過度冷酷。或許教師最希望能做的事情是提供年輕人典範人物，這些典範人物在某種程度上能證明動機的明確性。這些典範可能是歷史上的英雄或英雌，或當前的人物，他們的英勇（或者其他的）行爲、或是教師自己的表現，將受到討論。但願這些偶然播下的種子一樣能達到效果。但是智慧這個概念是混合的特質，是由一系列非外來的、且是可教導的傾向組合而來的，因此或許需要給予更多一些像是「如何更有效地培養智慧」的線索。

　　從同理心來發展出一種仁慈、智慧與無私的觀點是可能的。就像

47

一個人經由加入其他人的觀點，掌握了看世界的能力，去除個人的動機觀點之特殊性變得有可能，而且越來越接近從「無處」（no-where）看的觀點。一個人可以採取另一個人的觀點——但不是特定某個人的觀點。從相對客觀的立場而言，一個人可以學習回頭看自己，也看自己的動機觀點，宛如從外在看自己。據說這個訣竅是佛教徒在冥思正念的實踐中（參見 Claxton 2006），或者如同現象學家胡賽爾（Husserl）所提倡的**放入括弧**（bracketing）^{（譯註9）}的實踐中所培養出來的（參見 Varela, Thompson, and Rosch 1992）。

結語

我們可以採用很多方法來探究智慧與創造力之間的關係。在這一章，我已經提出一個方法，這個方法取決於一系列個人傾向之假設的確定，而且這些個人的傾向可以同時支援智慧與創造力。我曾經指出，這樣的一個方法顯現出在這些傾向的組合（dispositional sets）之間有相當大的重疊，不過有兩個方面可區分智慧與創造力。首先，智慧密切關注的是複雜的，以及似乎是棘手的人間事之領域。第二，一個行動必須是有智慧的。對於行動者而言，它可以達到某種程度上動機的明確性，其中他或她的自我需求或觀點暫時地放在較寬廣的、較**有公平價值**（value-fair）的形式理解之下。從這樣一個公平見證的觀

譯註 9　就胡賽爾的觀點，放入括弧指的是「存而不論」、「回歸事物本身」。

點，這個行動者可以看到他或她自己一套的信念與動機──所有這些信念與動機皆具有等值的有效性（equivalent validity）──更通常的情況，不是藉由許多不被認可的偏見、信念與偏好來灌輸（而且因此歪曲）他或是她自己的看法。

看來有些傾向構成了**睿智傾向**（sagacity prone）的思維方式，這些傾向是可以在教育的脈絡中刻意地培養的。然而，其他的發展──像是剛才所描述的某種客觀能力，可以說只是可能的，或者更合適的說法──在晚年是有可能的。

謝誌

感謝 Jonathan Rowson 對於這篇文章的初稿給予內容充實與見解深刻的評論。

48

原　註

1. 像所有的故事一樣，我們可在許多層面上閱讀這篇故事。Jonathan Rowson 提醒我，強調「真正地」（really）也可以提醒牧師去注意人類深層需求的普遍性原則——進而有可能，經由回答這個修女的問題，他也將會回答自己的問題。的確，這個修女的智慧一部分在於她能理解，假如我們開始考慮到別人關切的事情，我們的願望可能比較容易實現。假如我們只從自己關切的事情做起，更多表面的、自我的關注會遮蔽我們的洞察力與探究的能力。

2. 癱瘓無力後的廢話，參見 George W. Bush 被要求去描述自己曾犯過什麼錯誤時的例子，或者在 2001 年 9 月 11 日，當時他在一個全是小孩的班級面前被告知第一架飛機撞向世界貿易中心，他竟然有七分鐘完全未採取行動。

參考文獻

Bruner, J. S. 1966. *Toward a theory of instruction.* Cambridge, MA: Harvard University Press.

Claxton, G. L. 1999. *Wise up: The challenge of lifelong learning.* London: Bloomsbury.

————. 2002. *Building learning power: Helping young people become better learners.* Bristol, England: TLO.

————. 2006. Mindfulness, learning and the brain. *Journal of Rational-Emotive and Cognitive-Behavior Therapy* 23:301–14.

Davies, R. 1981. *The rebel angels.* Toronto: Macmillan of Canada.

Gray, J. A. 2004. *Consciousness: Creeping up on the hard problem.* Oxford, UK: Oxford University Press.

Keats, J. 1899. *The complete poetical works and letters of John Keats.* London: Houghton Mifflin.

Kelly, G. A. 1955. *The psychology of personal constructs.* New York: Norton.

Robinson, D. N. 1990. Wisdom through the ages. In *Wisdom: Its nature, origins, and development,* ed. R. J. Sternberg, 13–24. Cambridge, UK: Cambridge University Press.

Sternberg, R. J., ed. 1999. *Handbook of creativity.* Cambridge, UK: Cambridge University Press.

Urquhart, J. 2005, January 30. Saturday by Ian McEwan: The brain inside the skull beneath the skin. *The Independent.* http://arts.independent.co.uk/books/reviews/article17578.ece.

Varela, F., E. Thompson, and E. Rosch. 1992. *The embodied mind.* Cambridge, MA: MIT Press.

4. 創造力、智慧與信賴（原註 1）

Howard Gardner 著

徐式寬 譯

　　經歷了數十年在認知心理學、發展心理學以及教育上的研究之
後，我於 1990 年代開始對專業倫理（professional ethics）領域產生興
趣。我和兩位心理學家開始了一個研究計畫，一開始的時候，我們想
要探討是否一個個人可以同時兼具創造性與人性化的特質；也就是
說，一個人希望能夠突破與創造的願望，是否能夠與他也願意負責、
有道義等人性化的特質相互並存。事實上，我們一開始稱呼我們的計
畫爲「人文創造力計畫」（The Humane Creativity Project），這個名
稱同時也與我在 2005 年 4 月 22 日於劍橋大學所發表的主題雷同。

　　即使這個研究計畫目前仍在持續進行，但是在過去的十年裡也經
歷了相當多的變化，我們將它的名字改爲「善事方案」（GoodWork
Project）；將研究主題從研究創造力改成研究比較高層次的專業人
員，而我們也將我們的研究問題修改如下：一個人如何在環境變動劇
烈、市場導向強勢，而且沒有很多限制因素（例如潛在的宗教的、意
識型態的或是社會的力量）存在的情況下，還能夠成功兼顧到他良善
的一面，例如高品質、有倫理，以及對人群有意義？在這個計畫中，
我們對於各行各業的領袖進行了深入訪談，這些領袖人物不但被他們
的同事們認爲是善事的工作者（Good workers），並且能夠對於他們

的經驗深入反思。到目前為止,我們訪問了超過 1,200 位美國人,他們分布在九個不同的專業領域中,從法律、慈善事業到高等教育都有,我們的研究結果已經在非常多個國家及國際的研討會上發表,並且在數十篇文章和好幾本書當中發表。如果要對我們的計畫有更多的了解,請看《善事:當優秀與倫理相遇》(*Good Work: When Excellence and Ethics Meet*; Gardner, Csikszentmihalyi, and Damon 2001)一書,或是造訪我們的網站:www.goodworkproject.org。

在剛剛我提到的劍橋大學的會議中,我曾提到了一些有關我們計畫目前的一些成果,在那個會議之前,我還提供了兩篇論文供與會者參考:《專家的倫理與道德責任》(*The Ethical Responsibilities of Professionals*)是在 2000 年起草的,主要是談到我們在科學(特別是基因科學)與大學前的教育之研究,以及初步的結論。第二篇論文《美國今日能否存有社會值得信賴者?》(*Can There Be Societal Trustees in America Today?*)提出了最近有關信賴議題的探討。第二篇論文中提到的是美國近年來社會上個人信賴度逐漸下滑的趨勢,同時這個情況也可能是其他地方會關注的議題。

在我的口頭報告中,我提到了幾個經典的社會起源的模式。Thomas Hobbes(1651/1886)所描述的自然的本質是「殘暴、混亂且短暫的」(頁 64),同時 Jean-Jacques Rousseau(1762 / 1998)認為「人生而自由,但從此之後即背著枷鎖」(頁 5)。我自己是比較同意二十世紀哲學家 John Rawls(1971)所提出的社會起源的說法。Rawls 問說,如果人們都披著無知的面紗,那麼我們到底是希望活在什麼樣的社會裡?也就是說,我們如果不知道上天給我們的才能、幸運以及經歷該如何相結合,那麼我們豈不是被一層無知的面紗所蒙

蔽，而不知要活在什麼樣的社會裡？我相信大部分的人都會希望活在一個以善事爲主要角色的社會裡，而且在危急時刻，有能夠賦予重責和值得信賴的人。

　　這兩篇論文提供了我們目前有關專業倫理的兩個想法，這是一個在美國或是其他地方都受到關切的議題。其實到現在還是有許多人仍然在盡責地進行他的工作，而且有些還有可能成爲一位值得信賴者。至少我們的善事方案能夠幫我們將此議題的討論帶給社會大眾，而且在不久的未來，這個方案可能指引我們通往 Rawls 所描述的社會──一個充滿良善之輩及能幹的可信賴者的社會。

專家的倫理與道德責任^{（譯註 1）}

　　在十九世紀中，曾經有人提出一份相當嚴肅的要求，希望關掉美國專利局，因爲他們覺得所有有價值的發明都已經被發明了。現在回過頭來看後來電報、電話、收音機、電視、飛機以及電腦的發展，我們可能會對於當時的天眞而感到好笑。幾年前，有一位叫 John Horgan（1996）的美國記者寫了一本名爲《科學之終結》（*The End of Science*）的書，他在此書中猜測我們對於自然界以及生命的重要問題都已經被解答了，而其他有關自然和心智尚未被解答的問題則是無法有科學解答的。在一個世紀後來看，這種對於科學在 1990 年代就已經完結的想法跟那個想要關掉美國專利局的想法一樣是相當不成熟的。

51

譯註 1　在此處，ethical 翻譯爲「倫理與道德」。

當然，我們沒有辦法正確預測科技未來要發展的方向。在十九世紀末時，誰能夠想到有關相對論、板塊移動或是量子力學的理論？如果我們將眼光從物理學移到生物學，相同的，誰能夠預料到分子生物學的演變、基因和染色體的本質，或 DNA 的結構，更不要說現在科學家們都已經能夠複製整個生物體，而且在不久的未來還能夠改變人類的基因序列，甚至控制遺傳。在神經科學以及認知科學的領域，有許多人會持續地探索思考、問題解決、注意力以及記憶力當中所隱藏的秘密，甚至最撲朔迷離的知覺之本質。這些結果都將會對我們這些以終身教學及學習為職志的人有舉足輕重的重要性。

這些研究的發展與發現是非常令人興奮的。這麼多過去僅能由詩人詠頌或哲學家清談的議題與問題，現在居然已經能夠被科學家回答或幾乎掌握。的確，神秘難解的事物現在已經轉化成可以被解答的問題，但是我們仍然不能盲目地樂觀，科學進展有可能是聰明而盲目的。沒有人能夠保證，這樣一個將神秘轉化為可解決問題的成果，是否會自然而然地對於社會大眾的福祉有所貢獻，或者對於未來的發展成為一股良性的力量。

確實，科學或學術一般來說是道德中立的，這是人類盡最大努力為我們想知道的問題提供可信賴的解答：我們是誰？我們周邊的世界是由什麼構成的？未來又會發生什麼事？這些事什麼時候會發生？（我需不需要在我的日曆上標示出來？）又將是什麼樣的物種來問這樣的問題？

當這些問題都被回答後，會產生什麼後果？有些時候，這些問題的解答僅是滿足人類的好奇心，這固然也是個重要且合理的目的；但有些時候，它們會導致具體的行動，有些能激發人心，有些則是極為

可怕的。愛因斯坦看起來完全無害的方程式 E＝MC²，產生了許多結果，包括得以利用核能來發電，但也同時點燃了讓長崎與廣島數千居民犧牲生命的原子武器，並且使得在車諾比核料外洩災難中所產生的原子塵加速擴散。在抗生素被發現後，我們也同時面對了能夠治癒許多疾病的神妙藥物，以及具有頑強抗藥性的有毒生物體。

　　而且學術研究本身並不能決定哪一些應用該被實踐，而哪一些不該。這些是人類以他既有的能力決定的，愛因斯坦便是一個很典型的例子。當他在發展關於物理基礎理論時，他可能並沒有想到原子理論的應用。當政治敏感度高的物理學家 Leo Szilard 在 1930 年代後期接觸到已經有些成就的相對論時，核能可以用來製作威力強大武器的事實已經非常明顯。愛因斯坦後來在美國羅斯福總統任內簽署了一份合約，而這份合約後來促成了曼哈頓計畫的啓動，且打造了第一顆原子彈。就在第二次世界大戰結束，原子彈在日本引爆之後，愛因斯坦投身致力於和平的推動以及解除武裝的運動。

　　而這些選擇與難題並不僅發生於所謂的科學界，大半個二十世紀以來，心理學家盡力希望測量人類聰明才智的個別差異。大部分的心理學家都能接受運用智力測驗來測量個體的智力，而智力測驗發展於大約一世紀前，原本目的是用來協助在學校內的成功或失敗的情況，但是有許多研究者會面對著是否應該要研究群體的智力（例如男人與女人或種族之間的差異）。

　　有些研究者會選擇避開某些議題，但是有些則是正眼直視這些議題。1994 年，Richard J. Herrnstein 與 Charles Murray（1994）在他們備受爭議的《鐘形曲線》（*The Bell Curve*）書中談到了一個長期廣泛報導的討論，即是美國白人與非裔美人智力測驗分數間的十五分差距

52

（一個標準差）。Herrnstein 和 Murray 認為要移除這個差異是非常困難的，甚至不值得嘗試，但有些人認為智力可以被提升而且這些族群間的差異可以被縮小甚至完全移除。即使認為一個人的智力是很難提升的，仍然要面對一個難題，就是是否要投注資源去做嘗試，甚至是投注很大的資源。這些都不是科學能夠回答的問題，它們事實上是價值判斷的問題。

　　過去科學家們會認為他們的工作是要增進人類永久的知識與理解，並不是要在政策或行為上做判斷，但是在什麼情況下我們能夠避免這些科技發展的成果被濫用、誤用或隨機使用？

　　在過去的傳統中，我們可以找出三個限制科學發展被誤用的力量。第一個力量是存在於社群之間的一些價值觀，尤其是在宗教方面的。例如，原則上一個科學家可以設計一個讓監獄罪犯暴露在有毒物質環境下的實驗，但從宗教的角度來說，每一個人類的生命都是有尊嚴、不可侵犯的。第二個限制的力量是法律，在許多國家裡頭，即使是罪犯也都被保護不至於受到一些特殊的對待或懲罰。第三個因素是存在於各行各業中的道德規範，例如有些科學家可能會認為知識的獲取不應該以人類或動物的生命、福祉為代價，且事實上，有些科學家拒絕去利用在納粹集中營的不人道實驗中所獲得的研究成果。即便在一些嚴酷的社會或經濟壓力下，有些監獄的管理員也有可能會拒絕讓他的罪犯得到不人道的對待。

　　上述這幾個限制的力量都仍在運作中，但它們的效力也有可能逐漸減弱。在一個快速變動的時代裡，社會價值變得脆弱，而宗教的力量或教義常讓人感到過時，除非廢除法律，否則法律依舊會存在，但法律改變的腳步卻跟不上社會變動的速度。況且在一個市場價值取勝

的時代裡，專業人士們也有可能無法堅持他們的道德標準。1980 年代，幾位法國醫生的專業道德感可能無法戰勝社會上對血液需求而產生的金錢誘惑，導致共謀買賣感染 HIV 病毒的血液。

市場的壓力對教育界的人士來說一樣不陌生，我們發現有些教育的決定越來越受到經濟效益的影響，有錢有勢的政治家或政治決策者常用教育券或特許學校的方式讓有些家庭可以自由選擇學校。在藝術的學習上也是如此，對於藝術技巧的學習則會受到未來市場所需的影響，而不是由藝術內在的價值來決定。大學之間則透過廣告、獎學金來吸引學生，還有高薪資水準來爭取明星教授。我們似乎找不到除了最低底線外的標準或力量。近來，教育的內在價值或是非商業的社會共同價值已經很少被強調了。

因此我們陷在一個僵局當中，一方面科學與發明快速發展，不斷地征服新領域；但另一方面，社會上對於肆無忌憚的實驗成果或科學濫用的限制卻顯得如此薄弱。我們就這樣讓事情隨機發生嗎？還是我們必須為科學和教育，更廣義的說，為專業生活找到一個更負責任的風範。

提到專業裡的道德或倫理責任，我認為在專業人士及社會當中應當要形成盟約，社會應該使得科學界的專業人士獲得金錢資助，以及在過程中得到支援，讓他們能夠順利地進行工作。但回過頭來，我建議科學家們應該要摒棄過去無須對其研究發現負責任的想法，而是盡最大善意來確認他們的研究成果是被合理地應用，而非愚昧濫用。這樣的一個標準，應該可適用於每一個行業，包括教育界。

從我自己擔任認知心理學家的經驗來談談。1980 年代早期，我發展了一個新的智慧理論——多元智慧理論（theory of multiple intelligences; Gardner 1983），我原本認爲這個理論會吸引其他的心理學家注意，但我很快地發現，它對於教育人士的吸引力更大，許多教育界人士紛紛在各種情況下應用這個理論，我其實是很感動也相當受寵若驚，但就如同許多科學家一般，我覺得我對於這些理論的應用似乎有些責任。事實上，我可能會說：「我發展的這些理論和想法，我希望它們是正確的，但是我實在無法對於它們要怎麼被應用來負責，這些就像是被釋放到這個社會中的『迷因』（memes）^{（譯註2）}一般，必須依循各自的宿命」（參見 Dawkins 1976）。

54

在我那本《7 種 IQ》（*Frames of Mind*; Gardner 1983）出版約十年後，我從一位在澳洲的同事那裡得知一個消息，他說：「你的多元智慧理論現在在澳洲受到應用了，但你大概不會樂見它們被應用的方式。」我向他要了一些資料，發現我的同事對極了，我越看那些資料越覺得不喜歡。最有問題的地方是，有人在一張紙上列出了澳洲各種族的名稱，一旁還列著各種族多元智能的智力分數，從這張紙上可以看出有一個族群的分數特別高，而有另外一個族群的分數特別低。

這樣的成見完全曲解了我的用意，並且跟我個人的信念是背道而馳的，如果我不出面澄清，誰又應該出面呢？所以我決定到澳洲的電視節目裡公開批評這樣的作法是僞科學。最後這個批評的聲浪終於讓這個計畫取消了。

我並不認爲我是一個道德典範，到一個遠方國家上電視節目也不

譯註2　迷因（meme）爲文化的載體。始見於 Richard Dawkins《自私的基因》（*The Selfish Gene*; 1976）一書中，將文化傳承的過程，以生物學中的演化規則來作類比。

是一個危險的工作,而且我也並非從事像生物科技或其他科學,那種會救活或摧毀生命的工作,但我仍然覺得,我那樣的行為是重要的。我不認為理論的應用是別人的事,我慢慢察覺到,確保我的想法及理論能夠獲得建設性利用是我特殊的責任。而事實上,在那次的事件後,我也投入了精力去支援我認為正確的多元智慧應用,而批評或反對那些我認為是不正確、不理想的應用(Gardner 1995)。

　　要如何才能夠在專業人士以及更大範圍的社會之間形成新的公約呢?我認為目前的處境需要雙方一起來努力,使得彼此對於對方的需要及期待更加清楚。專家們應該要持續地去教育民眾有關他們的領域以及從事的事項,使得他們能在各自領域中進行善事。專家們有權力去抗拒或拒絕對於他們所從事研究的誤解,並且阻止他人對於他們研究成果的肆意追求。同時,他們也應該要能夠去傾聽那些非專業人士對於他們的批評,或對於研究結果可能被誤用的預期,並且在這些批評、應用或濫用之間,能夠挺身而出,堅定地表達他們的立場。

　　一般而言,專業人士或一般人士都不應該成為探索之路上的障礙,在不傷害任何人的情況下,個人應該能夠從事他們有興趣發掘的問題,但有時即使專業人士對特定問題的結果感到好奇,也可以選擇對該問題有所保留。在我的領域當中,我還是認為那些研究種族間智力差異的學者們不應該如此做,因為我認為他們的結果可能會有煽動性的後果。有些生物學家非常排斥做基因工程或複製人類這類的實驗,並非他們對結果不感到好奇,而是因為這些研究成果可能會導致嚴重的後果。不難想像上述的實驗可能在心理及醫療上衍生的嚴重問題,而且如果基因研究走偏的話,也可能對整個物種的生存產生威脅。

55

邁向負責任之路

　　如果人們相信我的信念有其價值所在——如果人們相信專家人士需要更深入地去考量倫理道德的問題——那麼針對以上的信念，人們到底該怎麼做呢？這是我跟我的同事們Mihaly Csikszentmihalyi、William Damon，還有我們實驗室裡的幾位研究者（Gardner, Csikszentmihalyi, and Damon 2001; Gardner 2007）一同提出的問題。我們嘗試了解那些具有領導地位的人——那些正在從事前端重要工作的人——他們如何處理在其領域中所存在的壓力及誘惑。我們曾經針對一些處於快速發展及改變領域中的專業人士們，例如記者、商人以及藝術從業者，想了解這些處在兩難情境中的人如何處理他們工作中的問題。而我們想要找出那些成功將他們的創作與責任結合為一的個體或機構。

　　雖然我們的研究離完成還很遠，我仍希望能夠談談我們目前的成果，尤其是與教育有關的方面。事實上，專業人士^{（譯註3）}對於他們目前的處境並非一無所知，他們能夠感受到二十一世紀開始以來市場機制的強勢與加諸於他們的壓力，他們希望在其專業及私人生活中都是一個有倫理道德的人，但他們也感受到有些壓力使其無法總是做出對的選擇。

　　然而，我們也同時可以看到不同的人對於堅持其道德水準的不同表現。早期的訓練及價值系統的建立之重要性是可以理解的，而這當

譯註3　這裡指訪談的對象。

中包含了某些宗教的聯繫，此外，曾在聲譽良好機構中工作的經驗、師承於具有道德的科學家，或身邊具有高道德水準的同事們也都是日後重要的影響因素。

　　一旦他們成爲熱忱而創新的個人之後，他們將受到兩個因素的影響，第一個影響因素是強烈的內在原則——也就是他們無論如何都不會跨越的那條線，例如，如果有位科學家說——並且相信——除非他親自審視過研究所發表的數據，否則不會將他的名字掛在文章上，其實這也就代表了這個人絕對不會被牽涉在發表錯誤研究資料的學術倫理問題當中。第二個影響因素則是一種不一定非得接受目前作法的信念。個人其實可以改變領域的規範，例如，計畫主持人在寫研究計畫時，通常會將他已經完成但尚未發表的研究工作列爲未來研究的計畫。有些科學家可能不想依循這種作法，並且跟其他人一同合作來改變這個有瑕疵的程序。事實上，如果資深學者們願意將未來要做的研究列爲計畫內容，而非他們已完成的計畫，那麼這將是和目前作法相當不一樣的改變。

　　同樣的例子還可以在其他具有創造性質的領域中看到，例如，研究者可能可以決定將他的研究成果當作是公共財產，而不去申請任何專利，此時這個人的內在原則比獲得個人利益的想法還要強烈。一個科學家也有可能會堅持科學需要以群眾的利益爲基礎，其中一個作法是讓所有的實驗室都成立一個委員會，其中包含了來自於其他相近行業或實驗室的專家，而此委員會的成員將針對這實驗室的工作進行評估，並對於未來可能之有利及有害的研究應用做出建議。

56

負責任的教育者

　　直接切入教育這個領域，我嘗試將上述的分析方法應用到一個非常希望將其專業領域知識傳授給學生的教學者上。

　　假設你是一個十年級的美國歷史教師。你把教學工作當作是一件嚴肅且神聖的事，你希望讓你的學生發展出對於歷史的深度理解，而且你相信最好的方法就是讓學生針對幾個主題來做深入研究，例如，美國南北戰爭或二十世紀初的移民潮。你的學生將會研究原始的史料、深入思考重要的問題，並且利用新獲得的歷史理解來評論目前所發生的時事（例如，近來加州的移民潮或南斯拉夫的內戰），你期望他們了解歷史領域那令人崇敬的學術力量與難度所在。

　　但是你所處的學校以及州政府已經有一套由政治家及教育政策制定者所發展出的課程，而且還有配套的測驗和一本教科書，其中講述了許多的事實和數字，但在概念上卻非常貧乏。學校所用的測驗符合課程的規定，而你卻發現你根本沒辦法讓學生進行思考性的分析、問新的問題、嘗試利用所學的概念來分析時事，甚或了解到運用史料的困難。相反的，在你的歷史科中得到高分的學生卻是那種記得上百個政治家、軍事領袖、合約法令跟戰爭的名字與日期的學生。

　　作為一個充滿熱忱的專業人士，你會選擇怎麼做呢？你是應該要屈服於這些外在的規定？還是選擇激烈地為理想而戰？或開始在當地報紙的徵才廣告或網頁上找尋新的工作？每一個人的情況及特質皆不相同，因此也沒有一個解決方法可以適用於每一個人，但我們的研究

仍提出了針對這個難題的兩個思考方式。

第一個思考方式是在上述美國歷史教學的案例中，去思考你希望如何在你的教學領域裡繼續前進。你可以回顧一下一開始選擇這個職業的初衷，也可以思考你對這個領域最初的理解；不然你可以接受你身邊的壓力和其他人對該領域的設定——在此即是指那些制定法律、條例以及付你薪水的人。或者你能夠嘗試改變一下你的領域——例如，你可以組織老師們和家長們來發展出另一套十年級的課程，以及配套的標準與評量。還有另一種應變方法是你可以在一個新環境中重新開創你的領域——比方說，你可以創立或往以下幾個方向工作：教科書出版社、網站、電視節目、新型態的評量測驗或課後活動，在上述環境中你可以用不同的方式來教導歷史以及對時事的解析。

第二個思考方式是嘗試去想像你自己的責任。在我們看來，每個人需要平衡來自五個面向的責任。第一個責任是來自於你自己——你的目標、價值、無私或自私的需要。第二個責任的來源是你身邊的人——你的家庭、朋友、同事。第三個責任的來源是你的專業原則——在此即為教授學生某個學科。第四個責任的來源是你所處的機構，也就是你的學校或學校系統。最後一個責任的來源是其他更寬廣的世界——也就是對你不認識的人、地球的安全與健康，以及對將來要持續在此生長的後代子孫負責。就如同美國的歷史學家 Henry Adams（1918）所強調：「一個老師的影響是深遠而永久的，他永遠不知道他的影響將在何時終止」（頁 300）。我們認為一個深思熟慮的專業人士總是會不斷地在這些責任來源中殫精竭慮地思考，並且盡可能地去嘗試符合每一個責任的需要（參見 Gardner 2007）。

不論是聖人或是科學家、律師或是普通人、老師或家長，我們都

需要在這些強烈且時而互斥的責任中掙扎，我們可能從宗教、道德、朋友或同事當中獲得協助，但最終仍需要自己去尋得平衡，也就是責無旁貸。對於這些有如此得天獨厚地位與能力去教導新生輩的教師來說，他們具有責任去反省他們的教學立場，以及如何在這些互相拉扯的責任中繼續前進。在這個充滿不斷翻新的知識、不斷更新的媒體與技術以及強烈的社會需求的時代，這些責任有時看起來是多麼的難以承擔。但是，我們必須要在這些責任上努力地去思考，如此一來，我們才能將一個值得居住的世界傳交給後代。

美國今日能否存有社會值得信賴者？

早期有某些美國公民是如此地受到尊重、景仰，並且被認為是無黨派的中立人士，然而在多種因素之下，這些**社會值得信賴者**（soc-ietal trustees）似乎在 1960 年代消失無蹤了。我們現在還有這樣的可信賴之士嗎？如果有的話，他們是誰？如果沒有的話，在未來的日子裡，什麼樣的個人或機構應該要擔負起扮演值得信賴者的責任？又或者這個社會值得信賴者的概念其實已經消失了？在後面我會介紹這個**社會值得信賴者**（trustee）的概念，進而報告一個幾年前所進行的初步研究成果，最後列出未來可能的研究方向。

背景

在過去的社會中，尤其是在亞里斯多德的時代，某些個人能夠擁

有權力並且爲許多人做出影響深遠的決定；在民主的時代裡，這些影響力被分散到較廣大的人群中，不論在歐洲、亞洲、美洲的民主社會裡，有許多個人因爲他們的背景、專業、社會關係，或綜合上述因素，得以在過去數年中被視爲決策制定者的角色。

下列三本書對美國過去五十年間的劇烈變化有清楚的描述。在《賢能之士》（*The Wise Men*; 1986）一書中 Walter Isaacson 與 Evan Thomas 描述了在二次大戰期間，六位政治領袖如何形成一個政策決策小組。Dean Acheson、Charles Bohlen、Averell Harriman、George Kennan、Robert Lovett 和 John McCloy 等人促成了冷戰（Cold War）時的共識，並經常接受雙方政權領導者的諮詢。Geoffrey Kabaservice 在《監護人》（*The Guardians*; 2003）一書中則是描寫了耶魯大學校長 Kingman Brewster 與五位同事 McGeorge Bundy、John Lindsay、Paul Moore、Elliot Richardson 和 Cyrus Vance 等人在 1960、1970 年代因民主與外交事務而結合，最後他們的職場生涯皆在失望與未達成的承諾中畫下句號。John Judis 在《美國民主的弔詭》（*The Paradox of American Democracy*; 2000）一書中編寫了 1960 年代的騷動事件。這些時代中革命性的轉變，不但降低了當時社會精英的權威及影響力，也使得社會中極少有人能承擔或具備類似值得信賴者的特質。

在過去十年中，我們的「善事方案」曾經詢問了超過 1,200 位來自於九個領域的專業人士，詢問他們在事業中的抉擇。我們發現在年紀較大的人當中，他們大多能夠舉出讓他們極爲尊敬的個人。記者們會提到 Katharine Graham、Edward R. Murrow 和 I. F. Stone；律師們則會提及像是 Archibald Cox 和 Edward Levi；科學家們則是選擇 Barbara McClintock 與 Francis Crick。而上述這些受崇敬的對象則很少被 50 歲

59

以下的人提到，當被問及他們所崇敬的對象時，這些人的指導教授或
導師通常是當地人物；而許多受訪的年輕對象，則表示他們並沒有英
雄或導師。

　　就如我們在《優職計畫》（*Making Good*; Fischman et al. 2004）
這本書所提到，年輕專業人士希望能夠把他們的工作做得既優秀又有
道德，但是，這些立定決心要成功的年輕人，覺得他們無法完全做到
符合道德標準，因為他們的同儕當中很少人能夠做到，而他們說在他
們獲得成功之*後*，就會成為良善的工作者。這在傳統上來說是未達目
的不擇手段的必要犧牲。在 David Callahan 2004 年的新書《作弊的文
化》（*The Cheating Culture*）當中，就很鮮明地暴露了這樣的一個英
雄不再、年輕人必須自立自強的時代。

　　這樣的一些現象讓我感到好奇，所以我詢問了一些同事與年輕人
關於他們認為的社會值得信賴者。他們的回答讓我非常驚訝，有一些
在中央銀行工作的人提到葛林斯潘（Alan Greenspan），而事實上，
他的專業其實是受到質疑的；有些年輕人則提到 Jon Stewart，這是我
從來沒有聽過的人物。這位 Stewart 其實是出現在電視「每日一劇」
（*The Daily Show*）的諧星，而且他每次都會拿政治人物和時事來開
玩笑；然後有些人提到在海外具有影響力的一些美國人物，例如前總
統卡特（Jimmy Carter）和索羅斯（George Soros），但最常被提到的
人可能是歐普拉‧溫芙蕾（Oprah Winfrey），然而就她的種族、性別
和專業而言，在五十年前是無法被想像為社會值得信賴者的。

一個試探性研究

在這些文獻資料、思考還有一般性理解的基礎之上，Jessica Sara Benjamin 和我決定來做一個關於社會值得信賴者的以實驗為基礎的調查。所以在 2004 年的夏天，我們著手了這個試探性研究，來看看目前的社會大眾是如何看待信賴的。

方法

我們訪談了兩組人，一組是 20 位公眾領袖人物，另一組是 20 位一般民眾。兩組當中均有約 60%的人願意參與此計畫，大部分的人是住在費城或鄰近州內。我們是以電話或 e-mail 的形式聯絡公眾領袖，詢問他們是否願意參加一個關於社會值得信賴者的研究。我們首先介紹了社會值得信賴者這個概念，如果這些公眾領袖答應參與此計畫，那麼他們將要接受面對面的訪談（14 人），或電話訪談（6 人），平均訪談時間為 30～45 分鐘，實際訪談長度則由 20 分鐘到 2 個半小時不等。公眾領袖組包含 2 位女士及 18 位男士，平均年齡為 58 歲，標準差為 8 歲。這些受訪者來自各行各業，從演藝界到教育家，還有政治家以及對媒體的領導有重要貢獻者。為了感謝他們的參與，我們致贈每位受訪人關於「善事方案」的書。

我們在費城及其郊區的許多購物中心進行了對於一般民眾的訪談，並提供了數個商家——Marshalls、Bloomingdale's、Borders 或 Starbucks 的禮券做為回饋，這些禮券不但是提供給受訪者的誘因，而且因為受訪者可以自由選擇想要的禮券，因此這也成了另一個了解受

60

訪者社經地位的方法。我們依照受訪者的外表、講話方式和回答內容來判斷他們的社經地位。從這些大致的標準中我們挑出了 19 位中等社經背景的受訪者、3 位高社經背景的受訪者,以及 3 個低社經背景的受訪者。受訪的一般民眾平均年齡爲 55 歲,標準差爲 15 歲,男性 12 人、女性 13 人。一般民眾的平均受訪時間爲 10～20 分鐘。

我們一開始都向所有的受訪者解釋信賴的概念,然後每位受訪者都會被問到以下的問題:

1. 你認爲在過去五十年來,美國是否有信賴下滑的現象?
2. 如果有的話,這對美國來說是好事還是壞事?
3. 你認爲有什麼人可以做爲美國社會值得信賴者?爲什麼?
4. 如果某人想重建社會值得信賴者的角色,你認爲該怎麼做最好?而且你認爲這件事情是有可能發生的嗎?或是大眾希望它發生嗎?

我們鼓勵每位受訪者在上述四個問題上做詳盡的思考及發表意見,公眾領袖組因爲有較多的訪談時間,因此也較能對於這幾個議題做更深入的探討。

研究發現

下列五項爲主要的研究發現:

1. **不同的組別中具有共同的想法**。令人驚訝的是,不管是公眾領袖人物或是一般民眾,均一致認爲信賴在過去半世紀中有逐漸低落的趨勢,而且他們所提出的原因也很類似。

   大部分的受訪者都認爲今日的美國比以往更爲分裂,主要原

因有移民、同化以及高流動性，這樣的分裂有可能會使社會上的人具有不同、甚至兩極化的觀點。當一個社會變得更複雜而且差異性更大時，很少有人能夠全盤了解，並對許多事情發表出具有智慧的建議。在冷戰時代，我們很容易將世界一分為二，但在一個多元的社會裡，就不是那麼容易了。相同的，當州政府變得越來越龐大，並且包羅數以百計的事務，於是任何一個人想要成為全方位國家事務專家就難上加難了。當轉變的速度如此之快，所產生的資訊又如洪水般襲來時，我們其實很難找到共同的知識、背景與共同的願望。

公眾領袖組及一般民眾組都認為媒體在信賴的消長上扮演重要的角色，媒體隨處可見的評判常讓有志之士不敢、也不希望在競選高層職位時身敗名裂，或是受到負面報導的騷擾。媒體的無孔不入以及到處揭發也容易在人群之間造成不信賴感。這些情況都讓人除了自我倚賴以及自我獨立之外別無選擇，這不知是好還是壞，但每個人就成了自己智慧的導師。

2. **對於社會值得信賴者的選擇。**當被問及什麼人是受訪者心中的社會值得信賴者時，他們的回答還滿類似的。兩組人都先列出記者（如 Tom Brokaw、Thomas Friedman），然後是政治家（如 Jimmy Carter、Ralph Nader、Senator John McCain），還有一些企業人士（如比爾·蓋茲）、媒體名人（如歐普拉·溫芙蕾）和宗教人物（如：教宗若望保祿二世）。

這兩組之間還是存在一些差異，一般民眾較會提到電視名人或當地媒體人物；公眾領袖則能夠提及較多種類的組織或基金會（例如政府部門，像是食品暨藥物管理局，或非政府組

61

織，像是Brookings Institution），而且他們也較能夠提出解決信賴度逐漸低落的問題（包括推廣善事、創立非營利組織、強調公開演說、鼓勵更好的溝通及領導，以及改善媒體作為）。

3. **對於信賴式微的不同意見。**兩組之間有一個較令人驚訝的差異在於，公眾領袖較一般民眾更對信賴的式微感到難過。一般民眾認為傳統信賴的凋零並非完全沒有好處，他們提到了資訊多元化以及組織民主化的優點。這樣的差異可能是因為公眾領袖對過去的歷史事件有較深的認識，因此也能看到信賴下滑所造成的傷害，然而，公眾領袖們也可能是對於自己逐漸喪失的力量而感到悲傷。

4. **值得信賴者的本質轉變。**兩組受訪者都提到在過去半世紀中主要的三個轉變：值得信賴者從國家級層次轉變為當地層次、從一般的轉變到某特定領域的、從具有良好教育背景的轉變成媒體名人。在水門事件及越戰的影響下，大部分的人都不再信任國家的政治人物，而逐漸轉向較熟悉、信任的（也因此是當地的）值得信賴者靠攏，而且我們生活在明星文化當中，那些出名的人不再是政治人物，如 Dean Acheson，或教育家，如 Kingman Brewster；相反的是電視電影明星、運動家，和其他大眾傳播工具如電視、網路及雜誌上的名人。這可以從近來幾個被選上重要政府職位的人看出，例如 George Murphy、雷根、阿諾・史瓦辛格，表示這些人物獲得了大眾注意與尊敬。

不過媒體仍被認為是信賴下滑的主要元兇。在此下滑趨勢中，

值得信賴者已經從貴族教育下的通識人才，或特定領域中被訓練的專家，轉移到有名的媒體明星。媒體使得信賴下滑可能包含了兩個重要的原因，一個原因是媒體強化了好辯的氣氛，例如 Deborah Tannen（1999）的《辯論的文化》（*The Argument Culture*）一書中所描述的；另外一個不利的原因是**疾病誌**（pathographies）**趨勢**，也就是去呈現名人的小怪癖或缺點，如果那些有智慧的人或是有信念者知道他們每一個小毛病或缺點都會被公諸於世或傳送到網路上，他們可能會選擇另謀他路。

5. **對過去價值觀的懷念**。我們訪談的兩組人都似乎對過去的儉樸時光相當懷念，即使他們對那段時光並不一定十分了解。傳統的價值似乎逐漸式微，價值觀包含了家庭的部分（傳統核心家庭）以及倫理的部分（正直與助人為善）。有些人認為媒體使得這些傳統價值逐漸喪失，但有些人認為只不過是把過去五十年沒有揭發的事情呈現出來罷了。

評語

在我們訪談人員的寶貴意見之上，我還希望加上兩點意見。第一，我想指出一個矛盾之處，我的訪談者經常會批評媒體，但是他們指出的社會值得信賴者卻都是媒體中常見的記者或名人。第二，我發現能夠累積財富並運用金錢的人士很重要，最近我跟德州的一群學校老師討論有關社會值得信賴者時，他們都投票給那些為學校、政府捐款或捐建築的人，但這些錢的來源並沒有被討論，我想幾年之前安隆（Enron）的 Kenneth Lay 應該也在其中。

未來研究的方向

我相信這個信賴的議題非常重要，且值得人們有系統地去探索。這類的研究應該由歷史或實證的研究開始，而最後也應該在研究的結果之上提出清楚的價值觀，並對未來做出示範與建議。以下我提出六個方向：

1. **重複且擴充我們原來的研究**。我們的試探性研究其實有許多限制，首先這只是在某個國家的某個區域，而且比較注重中年人和男性的公眾領導人物，且沒有蒐集許多相關資料。我們應該要修改及擴充我們的方法，並針對更廣大的族群來做研究，也應該檢視受訪者的年齡、社經背景、宗教、職業、種族等，這樣的研究或許可以在網際網路上來進行。

2. **更深入的心智模式（mental models）的探討**。在認知科學家George Lakoff（1990）的影響之下，許多學生在蒐集公眾意見時會去詢問受訪者的心智模式，並且去探索在那之下的重要議題。這裡所提的心智模式是指人們通常在沒有意識到的狀況下所採取的溝通方式、權威感以及信任。

   比方說，我們可以問一些人關於一個社會應該如何來決定一些複雜而重要的議題，例如，如何防範恐怖份子？或是否應該推薦基因改造食品？這些人可能會認為有許多決定都是由上到下的，但是公開而劇烈的辯論仍然可以發生：透過鄰里間的訊息交換、網路上的討論空間、用漫畫來表現不同的意

見等等，所以我們可以透過檢視自發性的言論或深入性的討論來研究兩難議題。這些方法提供我們幾種靈活的方式來了解信賴。

3. **在特定領域中研究信賴**。即使整體的信賴似乎是在衰退之中，但某些信賴仍可能存在一些特定的領域或機構之中，我們的善事方案就是希望這麼做。我們也可以在一些傳統的環境中（如：非營利組織的理事會）研究這些信賴，並找到它跟其他社會面向的關聯。

4. **研究其他時代或其他地區的信賴**。信賴應該在其他的社會中也曾經存在，甚至依然存在，因此我們可從其他社會當中蒐集社會值得信賴者的資料。此外，信賴在美國社會裡的興起與衰落也應該獲得更深入的研究，或許這樣的興衰是循環性的，例如在開國元勳過世的那段時間裡有傑克森式的民主興起，當然也有可能過去的社會信賴者在未來無法續存。

5. **科技與信賴**。在 Marshall McLuhan（1964）的先驅工作影響下，有些人認為許多人（尤其是年輕人），如果他們經常使用新科技或處在網路的世界裡，他們或許對資訊的處理與交換習慣，跟我們現在這些以傳統線性及印刷為主的文化的人有巨大的差異。他們的一些看法也可能會取代我們傳統的信賴，例如過去會令人感到奇怪的部落格族群，現在則是大量興起，並且讓大眾逐漸倚賴網路來源並作為信賴的指標。

6. **未來社會值得信賴者的訓練**。我相信在過去的傳統社會裡，社會值得信賴者具有重要的社會功能，傳統的社會值得信賴者逐漸消失自然令人憂慮，但或許會被其他東西所取代，我

64

們對於過去歷史及事件的研究或許可以告訴我們信賴的形成歷程與方式。我們可以由此找到這些策略或方法來培養信賴。此計畫的終極目標之一即是希望能夠找到今日與未來能使信賴成長的方法，並且依此建立良善且繁榮的社會。

原 註

1. 本章內容包含了一些摘要性文字，記錄 2005 年 4 月於劍橋大學創造力與智慧
研討會上所討論的兩篇文章。該研討會是由經濟與社會研究會所補助的。

譯 註

本文提及的一些人名與書名簡介

Thomas Hobbes	托馬斯·霍布斯（1588 年 4 月 5 日～1679 年 12 月 4 日），是英國政治哲學家，認為人性的行為都是出於自我中心（self-centred），這也成為哲學人類學研究的重要理論。
《科學之終結》 （*The End of Science*）	此書全名為：*The End of Science: Facing the Limits of Knowledge in the Twilight of the Scientific Age*，1996 年出版。作者訪談了各領域具領導性的科學家，探討科學研究是否已經達到其極限。
《賢能之士》 （*The Wise Men: Six Friends and the World They Made*）	書中描寫六個朋友：Dean Acheson（美國律師、政治家，曾任美國國務卿）、Charles Bohlen（美國外交官，在第二次大戰之前和期間於莫斯科服務的蘇維埃專家）、Averell Harriman（美國商人、外交家、政治家，美國民主黨成員，曾任美國駐蘇聯大使、美國駐英國大使、美國商務部長和紐約州州長等職）、George Kennan（美國外交家、政治學家和歷史學家）、Robert Lovett（第四任美國國防部部長）和 John McCloy（美國律師、銀行家，曾任世界銀行總裁），在 1945 年杜魯門成為美國總統時，齊聚協力創造一個為抵制蘇維埃政權擴張而形成的兩黨外交政策。
《監護人》 （*The Guardians*）	作者在 1999 年取得耶魯大學歷史博士。此書研究耶魯大學校長 Kingman Brewster 及其他耶魯大學畢業生，從 1960 年代到 1970 年代對美國公共政策所產生的重大影響。

《美國民主的弔詭》（*The Paradox of American Democracy*）	作者 John Judis 是《新共和》（*The New Republic*）雜誌的資深編輯。此書透徹地審視一度活化而後來敗壞二十世紀美國民主政策的力量與體系。
Katharine Graham	1917 年 6 月 16 日～2001 年 7 月 17 日。美國報紙發行人，在丈夫過世後，其家庭主婦角色一夕劇變，但成功領導其家族報紙《華盛頓郵報》（*The Washington Post*）超過 20 年。
Edward R. Murrow	1908 年 4 月 25 日～1965 年 4 月 27 日。美國廣播新聞界的重要人物，CBS 著名播音員。
I. F. Stone	1907 年 12 月 24 日～1989 年 6 月 18 日。為美國調查報導的記者，I. F. Stone 最為人知的作品是自行發行的《斯同週報》（*I. F. Stone's Weekly*）。
Archibald Cox	1912 年 5 月 17 日～2004 年 5 月 29 日。為美國律師，曾在甘迺迪總統任內擔任美國最高檢察官。
Edward Levi	1911 年 6 月 26 日～2000 年 5 月 7 日。為美國學術領導者及政治家，曾任美國司法部長。
Barbara McClintock	1902 年 6 月 16 日～1992 年 9 月 2 日。於 1983 年成為第一位單獨獲得諾貝爾生理及醫學獎的女科學家。
Francis Crick	1916 年 6 月 8 日～2004 年 7 月 28 日。為英國生物學家、物理學家及神經科學家。Francis Crick 與美國生物學家 James Dewey Watson 共同發現 DNA 的雙螺旋結構，也因此兩人在 1962 年共同獲得諾貝爾生理及醫學獎。
《優職計畫》（*Making Good*）	此書全名為 *Making Good: How Young People Cope With Moral Dilemmas At Work*，於 2004 年出版。主要在探討年輕工作者加入新聞產業、科學界以及演藝事業這三個充滿變動的專業領域時，這些新進人員要如何在工作量龐大且經常單打獨鬥的情況下，處理所面臨的道德兩難情境。

《作弊的文化》 （The Cheating Culture）	此書全名為 The Cheating Culture: Why More Americans Are Doing Wrong to Get Ahead，於 2004 年出版。台灣木馬文化於 2006 年出版中譯本，譯名為《作弊的文化》，作者 David Callahan 分析美國 2004 年來所發生的詐欺事件及舞弊案，社會道德價值觀已被腐蝕，且不見制裁。
葛林斯潘 （Alan Greenspan）	生於 1926 年 3 月 6 日。為美國經濟學家，於 1987 至 2006 年擔任美國聯準會主席。
Dean Acheson	1893 年 4 月 11 日～1971 年 10 月 12 日。為美國政治家、律師，在杜魯門總統任內曾任美國國務卿。
Kingman Brewster	1919 年 6 月 17 日～1988 年 11 月 8 日。為美國教育家，曾任耶魯大學校長和美國外交官。
George Murphy	1902 年 7 月 4 日～1992 年 5 月 3 日。為美國舞者和演員，曾任美國參議員。
隆那・雷根 （Ronald Reagan）	1911 年 2 月 6 日～2004 年 6 月 5 日。為美國運動廣播員、電影演員，於 1981 年當選美國總統。
阿諾・史瓦辛格 （Arnold Schwarzenegger）	生於 1947 年 7 月 30 日。為知名好萊塢動作片演員，於 2003 年當選加州州長，並於 2006 年獲得連任。
Kenneth Lay	1942 年 4 月 15 日～2006 年 7 月 5 日。在 1985～2003 年間，擔任安隆（Enron）公司執行長。他於 2004 年因為商業安全及貪瀆等十一項罪名被起訴，有可能坐牢 20-30 年。但他在預定開始服刑前數月，因心臟病發而死亡。
傑克森式的民主 （Jacksonian democracy）	得名自美國第七任總統安德魯・傑克森（Andrew Jackson，1767 年 3 月 15 日～1845 年 6 月 8 日）。主要概念包含：選舉權的擴張（expanded suffrage）、美國天命論（manifest destiny）、任命權（patronage）、嚴格解釋主義（strict constructionism）、自由放任經濟（laissez-faire economics）。

參考文獻

Adams, H. 1918. *The education of Henry Adams: An autobiography.* Boston: Houghton Mifflin.

Callahan, D. 2004. *The cheating culture: Why more Americans are doing wrong to get ahead.* New York: Harcourt.

Dawkins, R. 1976. *The selfish gene.* New York: Oxford University Press.

Fischman, W., B. Solomon, D. Greenspan, and H. Gardner. 2004. *Making good: How young people cope with moral dilemmas at work.* Cambridge, MA: Harvard University Press.

Gardner, H. 1983. *Frames of mind: The theory of multiple intelligences.* New York: Basic Books.

————. 1995. Reflections on multiple intelligences: Myths and realities. *Phi Delta Kappan* 77(3): 200–209.

————, ed. 2007. *Responsibility at work.* San Francisco: Jossey-Bass.

Gardner, H., M. Csikszentmihalyi, and W. Damon. 2001. *Good work: When excellence and ethics meet.* New York: Basic Books.

Herrnstein, R. J., and C. Murray. 1994. *The bell curve.* New York: Free Press.

Hobbes, T. 1651/1886. *Leviathan or the matter, form and power of a commonwealth, ecclesiastical and civil.* London: Routledge.

Horgan, J. 1996. *The end of science.* New York: Broadway Books.

Isaacson, W., and E. Thomas. 1986. *The wise men: Six friends and the world they made.* New York: Touchstone.

Judis, J. 2000. *The paradox of American democracy: Elites, special interests, and the betrayal of the public trust.* New York: Routledge.

Kabaservice, G. 2003. *The guardians: Kingman Brewster, his circle, and the rise of the liberal establishment.* New York: Henry Holt.

Lakoff, G. 1990. *Women, fire, and dangerous things.* Chicago: University of Chicago Press.

McLuhan, M. 1964. *Understanding media.* New York: McGraw-Hill.

Neisser, U. 1998. *The rising curve.* Washington, DC: American Psychological Association.

Rawls, J. 1971. *A theory of justice.* Cambridge, MA: Harvard University Press.

Rousseau, J.-J. 1762/1998. *The social contract.* Hertfordshire, England: Wadsworth.

Tannen, D. 1999. *The argument culture: Moving from debate to dialogue.* New York: Random House.

第二部分

回應論文 —— 創造力、智慧與信賴

5. 創造性智慧
── 相似、對比、整合與應用

Dean Keith Simonton 著

吳麗君 譯

　　成為這個學術領域資深的成員，令我感到高興的事情之一是，我常有機會受邀去運用多年來累積的專業知識，而參與本書的撰寫就是一例。本書的特別之處在於它所傳達的兩項主題──創造力與智慧──是人類珍貴的才能，它們不但具有爭議性而且重要。此外，在本書的章節中亦運用不同的方式挑戰這個議題。Anna Craft 從討論創造力開始，以智慧相關議題做結束；然而 Guy Claxton 的文章則從智慧的論述開始，並在智慧的脈絡下引入創造力的主題。為了增加更多觀點及異質性，Howard Gardner 提供兩篇論文來處理這兩項看似不相關的主題。這四篇的分析可以說大致上是關於教育裡的創造力、智慧與信賴的主題，這些作者也在各個次主題上做了截然不同的比較。因此，我將個人對於這兩個概念的詮釋當作是一種智力上的挑戰，我必須鼓足勇氣來寫出一篇既有創造力又有智慧的教育篇章。

　　創造力和智慧這兩個主要概念在表象上看似不相干，這使得我的任務更具挑戰性。實際上在心理學研究中，**創造力**（creativity）與**智慧**（wisdom）這兩個語詞通常不會放在一起討論。使用 PsycINFO 這個關鍵字進行搜尋即可發現這個情況。在 14,901 項與創造力有關的

出版品中，以及 2,622 項與智慧有關的出版品中，僅有 107 項同時出現這兩個關鍵字。換句話說，有關創造力的出版品中不到 1%的作品同時也提及智慧的議題，而僅有 4%有關智慧的出版品亦同時提及創造力這個關鍵字。雖然這樣的重疊性很小，但也不是完全沒有。因此，這兩個概念應該仍存有某些關聯性。然而本書的一些章節卻認為智慧和創造力這兩者是對立而非相互支持的。故在這個章節中，我主要的任務在於審視這兩個概念間的相似與對比，接著我將討論如何整合這兩個概念，最後再探討其應用的課題。

相似？

　　雖然一般人傾向於將創造力與智慧視為相當不同的人類特質，但是這兩個概念也有某些重疊的部分。舉例來說，創造力與智慧兩者皆與智力（intelligence）有關（Sternberg 1985）。要具備某種程度的智力才可能有創意，而且智慧也需要仰賴一定的智力，雖然智力對創造力的影響較大。創造力通常與天賦比較有關聯，智慧則不見得如此，它甚至有可能完全相反，例如純真孩童的智慧或傻瓜的智慧。

　　即使心理學家傾向於把這兩個概念做區隔，但仍有研究者偶爾會把兩者做連結，例如從 1960 年代的人本心理學所引導的運動中可發現這些例證。創造力與智慧被認為是完全自我實現其潛能的人所擁有的美好事物，舉例來說，Maslow（1970）認為**自我實現者**（self-actualizing person）比較具有創意的傾向（亦見 Maslow 1959）。事實上，Maslow 的資料來自於許多優秀創造者的傳記，例如：愛因斯坦

（Albert Einstein）、卡佛（George Washington Carver）、詹姆士（William James）、愛默生（Ralph Waldo Emerson）、歌德（Johann Wolfgang von Goethe）、濟慈（John Keats）、布朗寧（Robert Browning）、惠特曼（Walt Whitman）、雷諾瓦（Pierre Renoir）、畢卡索（Camille Pissaro）以及海頓（Franz Joseph Haydn）。從另外一方面來看，自我實現者有許多特質會被認為是智慧的象徵，譬如說他們能夠超越自我與社會規範，用一種更寬廣、更包容、更同理的方式看待他們自己與他人。的確，Maslow（1970）所研究的一些著名的自我實現者，可被當作智慧的例子，例如：傑弗遜（Thomas Jefferson）、羅斯福^(譯註 1)（Eleanor Roosevelt）、道格拉斯（Frederick Douglass）、米爾（John Muir）、亞當斯（Jane Addams）、史懷哲（Albert Schweitzer）、富蘭克林（Benjamin Franklin）、斯賓諾沙（Baruch Spinoza）、布伯（Martin Buber）以及赫胥黎（Aldous Huxley）。

雖然 Maslow 的研究是質性的，甚至有些印象式的做法，而非客觀的、量化的研究，但一些實徵性研究仍指出智慧與創造力有部分重疊。智慧與創造力和下面幾項特質具有程度不等的關聯：一定程度的智力、認知的變通力、經驗的開放、相對性的替代觀點、對曖昧及不確定性的容忍（Baltes and Freund 2002; Baltes, Glück, and Kunzmann 2002; Simonton 2002, 2004; Sternberg 1985）。當然，創造力和智慧所具備之特質的一致性並不是非常高，所以這兩項人類的美德不會變得一樣。相對而言，和這兩項資產（指創造力和智慧）各自相關聯之特

70

譯註 1　美國總統富蘭克林‧德拉諾‧羅斯福的妻子，她是女性主義者，亦大力提倡保護人權。

質也未必共享，即便共享者也可能具有不同的權重。因此，現在我們必須轉向相異之處，這些相異使得智慧與創造力產生截然不同的現象。

對比？

正向心理學運動將創造力與智慧兩者視為人類重要的品德或品格上的優勢（例如 Seligman and Peterson 2004）。然而 Bacon（2005）說得好，實際上人類存有兩種優勢：分別是集中的優勢（focus strengths）與平衡的優勢（balance strengths）。創造力為前者，而智慧屬於後者。因此，創造力需要關注在非常專精的領域之上，而智慧卻要求掌握與人類生活相關的普遍化知識；創造力要解決在藝術與科學方面的領域特定問題，而智慧則是要處理寬廣、但卻緊急的日常生活難題。

很顯然地，創造力與智慧是截然不同的專長形式。它們不僅相異，甚至對立。根據如何獲取專長的實徵性文獻顯示：世界級的創造力要求個人要在特定的領域當中至少擁有十年的學習與練習（Simonton 2000a），這被稱為**十年法則**（10-year rule; Ericsson 1996; Hayes 1989）。然而全神貫注於狹隘的專長範疇中，個人必定得減少自身涉獵於專精化程度較低之其他領域和資訊，但這並不是唯一可能的衝突來源。首先，創造力和智慧二者共享的認知和傾向在運用上具有不同的情形。舉例來說，創造性人物也許可以在其專精的領域提出很不同的觀點，但若談及通俗的事物，則與低創造性的人沒有差別（參見

Feist 1994）。

更糟糕的是，高度創造性人格容易形成某些與智慧背道而馳的品格特質。相當明顯的，創造力與「明尼蘇達多相人格測驗」（Multi-phasic Personality Inventory, MMPI; Barron 1969）具有正相關，同時也在「艾森克人格問卷」（Eysenck Personality Questionnaire, EPQ; Eysenck 1995）中的精神病質分量表中有高於一般值的分數。此種心理疾病的症候被認為是與智慧相對的，這些相關性令人有些不安。「明尼蘇達多相人格測驗」的次量表包含沮喪、疑心病、輕微躁症、歇斯底里症、偏執症、心理病態偏差與精神分裂症等。這個量表的內涵使得創造力與「明尼蘇達多相人格測驗」具有正相關這件事格外醒目。而在「艾森克人格問卷」中的精神病質分量表得分較高者容易有攻擊性、冷漠、自我中心、與人疏離、衝動、反社會、無同理心、固執及創造性。上述這些特質鮮有機會被認為會導向智慧的思維、智慧的感受與智慧的行動。不過這些特質可能對天才級的創造力相當有利（Eysenck 1995）。舉例來說，從偉大哲學家的研究中可發現，在西方文明中最優秀的思想家傾向對不同的問題持有較極端的觀點，他們會去主張表面上看起來似乎不一致的看法，並提出與主流哲學傳統背道而馳的想法（Simonton 1976）。這些特質似乎與智慧不太相容，而哲學在字義上意指**對智慧的愛好**（love of wisdom），這個矛盾似乎有些可笑。

創造力與智慧特別值得一提的不同處在於發展的進程（Simonton 1990），二者似乎沒有相同的軌道。一方面，智慧被期待隨著年紀的增長而增加，或者至少不會隨著年紀而減少（Baltes, Glück, and Kunzmann 2002）。的確，因為智慧的基本元素是對生命的深入了

71

解，因此除了在極為特殊的狀況下，像是腦器官的病變，否則我們很難去想像智慧會衰退。從另外一方面來說，創造力有相當不同的分布：通常人會在 30 歲晚期或 40 歲左右達到個人創造力的巔峰，之後就逐漸衰退（McCrae, Arenberg, and Costa 1987; Simonton 1988, 1997）。從創造力的心理計量測驗以及產出行為的指標兩個向度來看，都顯現出單一高峰的情形。更進一步來說，智慧和創造力這種不同的分布情形和「流動智力與晶體智力」、「普遍創造力與實際問題解決」極為相似（Simonton 1990）。創造力和智慧這兩種不同的發展軌道是相當重要的。因此，以整個人類生命的觀點而論，創造力與智慧似乎是相當不一樣的。

整合？

在本章的第一節，我詳細說明了創造力與智慧的相似之處，在第二節，我則指出這兩項人類特質的一些不同。這兩項美德可以用一些方式進行整合嗎？為了回答這個問題，我們應該考慮三項可以調節創造力與智慧關係的因素。

首先，創造力研究者經常將創造力區別成兩個等級（Simonton 2000b）。第一是**小 c**（little-c）的創造力，它關注日常問題的解決，譬如說發生在家中或工作中的問題的解決。其二是**大 C**（big-C）的創造力，它在既定的領域中有極大的貢獻，通常是以發現、發明或贏得極大迴響的創作形式出現。後者（大 C）的創造力似乎與智慧的獲取相互矛盾，也就是說，極高的創造力需要高度的領域專業知識與幾

分精神病特質的傾向。對照之下，一般性的創造力似乎能與智慧兼容並蓄，至少這樣的創造力包含成功的生活適應。與這個狀況一致的是，解決日常生活問題之能力傾向比標準化測驗所顯現的創造力更晚達到巔峰（Cornelius and Caspi 1987）。此外值得一提的是，在一些我們期待需要智慧來解決的問題，如人際關係的滿足，較晚達到巔峰的現象會格外的明顯（Thornton and Dumke 2005）。

第二，創造力一般被定義為兩項不同成分所連結的成果（Simonton 2000b）。首先，點子必須是原創的、新奇的以及令人驚艷的。第二，點子必須是實用的、有用的以及適當的。如果將這兩個特徵放在比例尺來測量，則 $C = O \times F$，O 等於 0 表示沒有原創力（如：陳腔濫調），而 F 等於 0 表示沒有實用性（如：用煤渣磚製造飛機）。如果兩個成分都等於 0，則 C 就等於 0。第一個成分被認為是定義相當明確的，甚至創造力的客觀特質也可以明確指出，例如：有多少人可以得出相同的問題解決方式。然而第二個成分就有些模糊不清。怎樣的想法會被認為是有用的、實用的及適當的，需要視適用於該問題的準則而定。這些準則通常是由某些特定領域所提供（如：科學上的邏輯、藝術上的對稱），但是這些準則也可能由社會文化系統所賦予（如：社會現實主義必須要展現快樂工作者的圖像、伊斯蘭的建築風格不會陳列出穆罕默德）。這樣的開放性意指第二個成分可納入能被社會普遍接受的智慧準則來作為判斷標準。藉由這個方式，科學家可以被要求合理地對待那些實驗的受試者——不論是動物或人類——用尊重去善待每一個受試者作為生物的權力。

第三，根據 $C = O \times F$ 的公式，靠著提升這些成分的價值，創造力可以被增加。因此，可以用兩種不同的方法達到同等級的創造力。

一種是高度原創性卻較少實用性，另外一種是高度實用性卻較少原創性——不過這兩種都被認為是有創意的。然而在不同社會文化系統中，這兩個成分的相對重要性是有變化的（Simonton 2005）。在特別強調個人主義的社會當中，像是西方文明社會，原創力被認為具有高度的重要性，有時候會重要到將創造力與原創力畫上等號。這樣的強調是可以理解的，因為個別性需要個人獨特性的展現，也因為原創力提供一個顯而易見的方法去建立獨特性。在較著重集體價值的文化中，例如亞洲文明國家，實用性則較具有影響力。在亞洲國家會有這種強調，可能是因為某些想法如果打亂家庭或是國家系統的社會秩序，那這些想法就會被認為是不適合的或不可行的想法。

應用？

我想要將先前的討論運用在本書前面標靶論文所提出的議題上。讓我從Claxton的疑問開始，亦即智慧能否加速成長。我的分析認為，教育上各種增進創造力的作為和智慧的獲取是無關的，甚至可能會妨礙智慧的取得。就如先前所提到的，智慧是一種平衡優勢，而創造力是一種集中的優勢（Bacon 2005）。因此，有一些資優的方案特別強調青少年特定領域知識的發展，在實際上可能阻礙了智慧的成長。極端的案例呈現在天才型的孩童身上，他們結合了成人水準的專業表現、不成熟的社交技巧，以及不成熟的情緒智力（參見 Montour 1977）。因此，大 C 創造力的提升可能會與智慧的增進相牴觸。

加強小 c 創造力的教育對於智慧而言不完全是一種妨礙，但可能

也不會有太多的幫助。特別是關注於改善學生在創造力測量或擴散思考測驗上的表現之方案，是無法轉換成智慧的。這種開發牙籤與迴紋針多樣用途所需要的認知技巧，僅與真正的智慧微弱地關聯。只有當這個測驗關注於每日生活的問題解決——特別是人與人之間的關係，我們才能期待有意義的聯繫。為了更有智慧，解決的問題宜放在人之上，而非事物之上。

讓我提出一些 Craft 與 Gardner 所曾提及的爭議。前者關注讓創造力更有智慧，而後者則關心專業的道德責任，包含具有創造力的個人，像是科學家。兩者皆可用我先前討論所提到的公式表達：C＝O ×F（創造力＝原創力×實用性）。雖然創造力研究者與實踐者傾向將焦點放在原創力之上，但是我認為實用性在這個倍數關係中也是同等重要的。因此，將重心放在如何使想法更具實用性、適當性與有用，也可以增加創造力。更進一步來談，這種重心的轉移可以結合道德行為和社會責任。科學家與藝術家都需要學著去衡量社會上各種不同的想法，而不是僅在意用新奇去吸引專業的眼光。雖然仔細想想，這樣的限制可能會抑制某種程度的原創力，我們必須牢記實用性的增加可彌補原創力的喪失，進而保持創造力的完整性。喪失個人的自我表達可增加群體的利益，這樣有智慧的創造力可使世界變得更好。

這樣的論證似乎是一種極端的集體主義，而非個人主義。某種程度的個人原創力可能會因為公眾的利益而犧牲。至少，原創力不應該不適當（maladaptive），也不應該不實用（dysfunctional）。不過，我認為個別的創造者可以在這種讓步下有所收穫。值得留意的是，那些對原創力限制較少的領域有相當高比例的精神病患（Ludwig 1998; Simonton 2004）。科學的創造者比藝術的創作者較少罹患精神上的疾 74

病。即使在藝術領域本身，那些被侷限在正常形式創作的藝術家也比毫不受拘束的藝術工作者來得健康。也許當創作者過度沉溺於自我的獨特性時，他們會與社會支持力量更加疏離。他們的想法減少，以致徒勞無功，也就是說在他們心中企圖連結的是少數人可以分享的，甚至是只有少數人可理解的原創想法。藉由改變原創力與實用性的平衡，特別是讓實用性（包含社會價值與道德規準）成為必要條件，可以讓整體社會以及獨特的創造者都達到較佳的狀態。這不是一種妥協而是雙贏。

身為一個純理論而非應用性的研究者，在教學應用上做建議對我來說是困難的。所以我只希望本章對於標靶論文的討論，能對任何創新的發展有所貢獻。在此，我特別地希望，任何企圖增加創造力與智慧的新奇事物，均可立基於兼顧創造力與智慧的預設之上。

創造力與智慧的比較與整合

相似

- 創造力與智慧兩者都被認為是「好事」（善或品格優勢），它們可以整合於單一個人身上，如自我實現的人。
- 創造力與智慧兩者都與智力、認知變通力、開放經驗、變通力、相對性的替代觀點、對曖昧與不確定性的容忍有正相關。

對比

- 創造力呈現「集中優勢」，然而智慧所呈現的是「平衡優勢」。
- 創造力通常需要領域特定的專業知識，然而智慧要求更廣泛的日常生活相關知識。
- 與創造力有正相關的個人因素，和智慧具有負相關（例如在艾森

克人格問卷中的精神病質分量表有較高的分數）。

• 創造力通常在人生較晚期消退，然而智慧則否。

整合

　　智慧與小 c 創造力重疊的部分多於和大 C 創造力（極高的層級）的重疊；然而，實際上這樣的表達方式需考量以下兩個論點：

• 如果創造力被定義為原創力與實用性的產品（C ＝ O×F），則智慧在所謂的實用性之上是有影響力的，例如要求科學研究同時具有道德與新穎的特質。

• 更進一步而論，根據這樣的定義，藉由分別提升原創力與實用性，創造力均可以被增加；提升原創力這一個方法受個人文化的青睞，而集體文化則偏好實用性。集體文化在偏好實用性的同時給予智慧較大的自由空間。

參考文獻

Bacon, S. F. 2005. Positive psychology's two cultures. *Review of General Psychology* 9:181–92.

Baltes, P. B., and A. M. Freund. 2002. The intermarriage of wisdom and selective optimization with compensation: Two meta-heuristics guiding the conduct of life. In *Flourishing: Positive psychology and the life well-lived*, ed. C. L. M. Keyes and J. Haidt, 249–73. Washington, DC: American Psychological Association.

Baltes, P. B., J. Glück, and U. Kunzmann. 2002. Wisdom: Its structure and function in regulating successful life span development. In *The handbook of positive psychology*, ed. C. R. Snyder and S. J. Lopez, 327–47. New York: Oxford University Press.

Barron, F. X. 1969. *Creative person and creative process*. New York: Holt, Rinehart and Winston.

Cornelius, S. W., and S. Caspi. 1987. Everyday problem solving in adulthood and old age. *Psychology and Aging* 2:144–53.

Ericsson, K. A. 1996. The acquisition of expert performance: An introduction to some of the issues. In *The road to expert performance: Empirical evidence from the arts and sciences, sports, and games*, ed. K. A. Ericsson, 1–50. Mahwah, NJ: Lawrence Erlbaum.

Eysenck, H. J. 1995. *Genius: The natural history of creativity*. Cambridge, UK: Cambridge University Press.

Feist, G. J. 1994. Personality and working style predictors of integrative complexity: A study of scientists' thinking about research and teaching. *Journal of Personality and Social Psychology* 67:474–84.

Hayes, J. R. 1989. *The complete problem solver*. 2nd ed. Hillsdale, NJ: Lawrence Erlbaum.

Ludwig, A. M. 1998. Method and madness in the arts and sciences. *Creativity Research Journal* 11:93–101.

Maslow, A. H. 1959. Creativity in self-actualizing people. In *Creativity and its cultivation*, ed. H. H. Anderson, 83–95. New York: Harper & Row.

———. 1970. *Motivation and personality*. 2nd ed. New York: Harper & Row.

McCrae, R. R., D. Arenberg, and P. T. Costa. 1987. Declines in divergent thinking with age: Cross-sectional, longitudinal, and cross-sequential analyses. *Psychology and Aging* 2:130–36.

Montour, K. 1977. William James Sidis, the broken twig. *American Psychologist* 32:265–79.

Seligman, M. E. P., and C. Peterson, eds. 2004. *Character strengths and virtues: A handbook and classification*. Washington, DC: American Psychological Association.

Simonton, D. K. 1976. Philosophical eminence, beliefs, and zeitgeist: An individual-generational analysis. *Journal of Personality and Social Psychology* 34:630–40.

———. 1988. Age and outstanding achievement: What do we know after a century of research? *Psychological Bulletin* 104:251–67.

———. 1990. Creativity and wisdom in aging. In *Handbook of the psychology of aging*, 3rd ed., ed. J. E. Birren and K. W. Schaie, 320–29. New York: Academic Press.

———. 1997. Creative productivity: A predictive and explanatory model of career trajectories and landmarks. *Psychological Review* 104:66–89.

———. 2000a. Creative development as acquired expertise: Theoretical issues and an empirical test. *Developmental Review* 20:283–318.

———. 2000b. Creativity: Cognitive, developmental, personal, and social aspects. *American Psychologist* 55:151–58.

———. 2002. Creativity. In *The handbook of positive psychology*, ed. C. R. Snyder and S. J. Lopez, 189–201. New York: Oxford University Press.

———. 2004. *Creativity in science: Chance, logic, genius, and zeitgeist*. Cambridge, UK: Cambridge University Press.

————. 2005. Creativity (in the arts and sciences). In *New dictionary of the history of ideas,* vol. 2, ed. M. C. Horowitz, 493–97. New York: Charles Scribner's Sons.

Sternberg, R. J. 1985. Implicit theories of intelligence, creativity, and wisdom. *Journal of Personality and Social Psychology* 49:607–27.

Thornton, W. J. L., and H. A. Dumke. 2005. Age differences in everyday problem-solving and decision-making effectiveness: A meta-analytic review. *Psychology and Aging* 20:85–99.

6. 創造力與智慧
—— 它們不相容嗎？

David Henry Feldman 著

吳麗君 譯

　　本章的討論是奠基在本書發人深省的三篇標靶論文（第二～四章）之上，其中僅有一篇（Craft）是在當前英國教育活動的背景下，直接討論創造力與智慧的關係。第二篇（Claxton）是有關智慧的論述，未討論創造力，也未處理創造力與智慧兩者間的關係。Claxton 提供三個例子與一些有助於釐清什麼是**智慧**（wisdom）的特性，試圖來描繪出智慧；此外，他也探究大腦在參與有智慧的活動時之運作過程。在第四章中，Gardner 並沒有直接處理創造力與智慧的議題，我感到意外的是，他個人在這個領域有多年的耕耘，而這一章卻沒有碰觸這一個議題。Gardner 從他自己和 Csikszentmihalyi 以及 Damon 合作的「善事方案」（GoodWork Project）中討論高成就面對倫理議題的挑戰，然後提出一些研究的發現。

　　在這麼簡短的篇幅限制下，我無法適切地回應前述任何一章，所以我只專注於單一主題，這一個主題貫穿了前面所提到的三篇文章，但這一個主題在每一篇所占的分量有所不同。在 Craft 所撰寫的章節中，這一個主題被稱為**普世的創造力**（universalized creativity）；同一主題在 Claxton 所論述的章節中，則被表達為智慧的多樣性案例；

在 Gardner 所負責的章節當中，則是「善事」，在不同的領域需要不同的能力、感受力、傾向以及責任感的組合，以完成「善事」。舉例來說，當一個好記者（例如倫理標準高的記者），與當一個好的科學家並不相同，也跟當一位好的藝術家不一樣。

奠基於創造力與智慧具有多樣性的理解之上，我們目前所面對的挑戰是釐清各種形式的創造力與智慧，繼而探究它們之間可能具有的關係。這一個探究必須放置在不同文化群體的歷史、傳統、信念、風俗及實踐的脈絡之下進行（參見 Greenfield 2004），並且應該在單一群體內或以跨群體的背景去看待單項或多項創造領域的政策、決定、選擇以及方向的改變。

就這一章來說，要探究的重要問題是「創造力與智慧是否根本就不相容」，也就是說，兩者的關係是否總是處於對立的狀態。我認為這個問題的答案應該看我們所談論的是哪一種創造力與哪一種智慧而定。絕大多數已知的創造力似乎並不在乎智慧和審慎的行為，但也有某些形式的創造力必須深切地倚重傳統，以及對社會文化脈絡的理解和敬重。

創造力是單一的抑或是多樣的

在創造力研究的歷史上，我們經常傾向於把創造力視為一種單一特質，或者在研究的預設上把創造力視為一種單一特質。1950 年代，創造力在美國再次獲得矚目，而創造力測驗就是開啟這一個新時代的重要景觀，彼時的創造力測驗反映的背後假設是：單一的測量可以獲

知個人的創造潛能，且創造力測驗的分數也可以預估個人能否進行創造性的活動（Getzels and Jackson 1962; Guilford 1950; Torrance 1966; Wallach 1971; Wallach and Kogan 1965）。

近幾年來，創造力被區分成許多不同的形式；創造性成就可以進行區分的想法，進一步引發了創造力與智慧之相關性的系統性討論（參見 Csikszentmihalyi 1999; Gardner 1993; Morelock and Feldman 1999; Sternberg 2003a）。

對大部分已知的創造性成就而言，智慧似乎只扮演非常邊陲的角色。不過至少有一種創造性的追求，智慧在其中是不可或缺的。這種創造性追求指的是一種徹底轉變社會或政治環境的企求〔例如由甘地（Gandhi）所帶動的轉變；參見 Gardner 1993〕，或是一種宗教的運動，它可以轉變精神的根本型態（如同基督教來自於其所源生的猶太教）。

我用**創造力與智慧**（creativity and wisdom）作為關鍵字，在網路上做簡短的搜尋，出現了許多網址。大部分是靈性／宗教的網站，不過也有一些是商業性的網站。可以理解的是，這些網站之間的差異性相當大。將創造力與智慧一起運用在靈性／宗教上，大部分是指，在面對一個可能破壞個人對特定宗教信仰的承諾之巨大壓力時，人們會找到一種方法去維持或者轉換自身的信念與信仰。為了讓宗教信念得以繼續，一直有要求信眾堅持傳統宗教教條的呼聲，惟宗教社群也呼籲以新穎的方式來維持宗教的彈性，使得他們在面對日益嚴峻的挑戰下，能夠繼續生存。

商業網站則傾向將創造力與智慧進行配對，其方式是了解市場的變化、歷史以及傳統，以便更清楚地預估何種商業投資與產品會有比

79

較高的成功機會。導向「創造」與「智慧」的實踐方法是：學習過往的努力、了解「成功地開發產品的準則」、探討「競爭優勢」、「服務的到位」、「與現存產品和服務區隔」，以及「如何有效地激勵與酬賞員工」。有一個具有商業色彩的例子，它結合了創造力與智慧，它是由馬里蘭州商業與經濟發展部門所提供的獎勵，名爲 TechnoRising Star Awards，以少數民族和婦女所經營的事業爲獎勵的對象。這個獎勵「看重創造力、智慧與創新，這些特質和馬里蘭州以科技促進經濟的作法是一致的」（"State Honors Minority, Women-Owned Tech Firms" 2002, ¶3）。

創造力的研究者鮮少研究靈性與宗教脈絡中的創造力（參見 Scarlett 2006），但是卻有些研究者對於創造力與商業感到興趣，他們特別著眼於持續成長的全球市場、日益競爭的科技以及科學的市場（參見 Amabile 1988; Sawyer 2007）。基本上，**創造力**（creativity）與**創新**（innovativeness）這二者在商業的脈絡中被當成是同義詞。

談及更深刻的創造活動時，智慧經常和創造在過程中相互扞格，這裡所謂的智慧是指深思、反省、均衡以及愼思。爲了達到更好的創造成果，通常有必要打破既有的知識、傳統的典範、長久以來的假設，以及根深蒂固的權威。的確，假如在一個領域當中要產生轉換，那麼超越一般**約定俗成的智慧**（conventional wisdom）是必需的。有爲數眾多的例子，他們藐視常規、慣例，不接受某些事情是正確的，並進一步採取行動去證明。像哥白尼（Copernicus）、達爾文（Darwin）及伽利略（Galileo），他們都曾遭受到迫害或死亡的威脅，只爲了去找尋一個新的且更好的眞理，從務實的角度來看，他們幾乎是沒有智慧的。

重大的創造活動經常和不夠有智慧的冒險有關，而非在已確立的界限、範圍與慣例下來活動。假如畢卡索（Picasso）與布拉克（Braque）在呈現三度空間的技巧上進行了有智慧的選擇，那麼會有立體主義運動嗎？假如達爾文（以及 Lord Wallace）沒有全然地擁抱改變的自然形式，物競天擇的進化論會被提出嗎？假如史特拉汶斯基（Stravinsky）因循音樂的成規，我們會聽到春之祭（*The Rite of Spring*）嗎？什麼是深刻而重大的創造？假如我們無法和過去切割，沒有巨大的方向改變，沒有踏上未知之路，創造如何展現？重大的創造者即便面對的是已知的路徑，也常常是充滿了危機的險徑，在他們面前的是敢於冒險的旅人才敢選擇的旅程。

即使是在極端的創造性革命之案例中，「過去」也是無法被忽略 80 的，必須對該領域中的重要進展有所掌握。在我們熟知的每一個重要創造性轉換的例子中，那些引起改變的人通常浸淫在這一個領域的傳統裡，接受其知識的訓練，擁有該領域的智慧，而且被訓練去跟隨同時代的典範。舉莫札特（Mozart）的父親為例，他是莫札特的第一個啟蒙教師，他對於這個具有天賦的兒子之期待，也僅止於看到他為教堂的禮拜作曲與表演，以及在薩爾茲堡（Salzburg）成為具有政治影響力的人物（Ostwald and Zegans 1993）。

自然科學家在他們贊助者所提供的實驗室進行訓練，並且被要求運用已知的研究技巧（Dunbar 2000; Root-Bernstein, Bernstein, and Garnier 1993）。視覺藝術家在大部分的西方歷史上，被鼓勵花上十年甚或更長的時間以師徒的方式在工作室裡接受訓練，這些視覺藝術家並未被鼓勵去突破既有的技術，也未被鼓勵去突破其雇主所能接受的成品（Csikszentmihalyi 1999）。社會總是創造結構去控制、引導改變

的動力；而重大創造的核心就在於解構以及重新建構以帶動轉變。這就好像有一種文化層次上的智慧，一方面認為創新、改變甚至革命必須存在，但是只有在必需的情況下允許其發生。對於「改變」這件事控制得過度嚴格的社會將會被取代、超越與攻陷，然而在改變上限制太少的社會則會遭遇不同的風險，例如：自我放縱、低標準、為改變而改變。在社會文化層面上，具有均衡色彩的智慧是需要的，雖然很難詳細地去說明如何以均衡的方式進行管理、給予管道，偶爾還得鼓勵重大的改變（Feldman 1994）。就是這個功能呼應了 Gardner 的召喚，他在標靶論文中提到，要向有智慧的長者請教。

創造力需要智慧

最後，有一些極端的創造力似乎仰賴對於社會控制機制以及權力深層結構的了解與欣賞，那是一種政治與文化的智慧，人們可能會選擇在這種機制或結構中尋求重大的改變。甘地（Gandhi）帶領的不合作運動（satyagraha movement），在他的家鄉印度找尋適切的壓力點，維持適當的張力，在對的時間產生最大的槓桿。甘地帶領首次廣為人知的非暴力革命，他也是意圖轉變社會的第一個催化者，他所領導的變革不需要任何武裝或暴力的介入（Gardner 1993）。這種形式的創造力需要了解轉變的基本過程並有所行動，同時對人類、政治結構、傳統與實踐具有智慧的理解。

像甘地這樣的例子，假如沒有進入「宗教與靈性的轉換」這一個軌道來思量創造力，我們能夠接近理解嗎？假使我們可以將甘地與不

合作運動視為有創造性的作為，那麼進一步用創造力去考量宗教或靈性的運動也就不遠了，而學術界用更分化的方式去界定創造力已經是被接納的一個作法。就這樣的貢獻來看，甘地所擁有的此一智慧類型必須要包含進去，而其他智慧的類型也應該包含進去。為了促使更深層的宗教或靈性的轉換，去看見並回應「未能滿足的需求」、「深層的害怕」以及「社會和社會群體不可能的希望」是一件創造性工作，它必須在一個優於既有的架構之下來獲得。在創造性的工作中，想像是必需的，像基督教（新教）的轉變就是一例。廣義來說，任何宗教信仰的行動都必須是一個具有想像的行動（Scarlett 2006）。

我們可以下結論說沒有「普世的」創造過程、**創造力**（creativity）本身沒有普遍性的意義嗎？也許可以，但是至少可能存有一種普世的過程，不是創造力本身，而可能是達成創造力的先決條件是普世的。我曾經在別的地方提到將這個過程當作**轉型要件**（the transformational imperative），所謂轉型要件是人類不滿於這個世界所表現的獨特傾向（Feldman 1994）。轉型要件似乎是一種知識論的立場，它讓人類的心智質疑他們已知的與已經建立的想法。顯然沒有其他生物對世界採用這樣特殊的立場。

即使如此，人們對已知與已接受的事物反應其無奈與不滿的強烈程度不同。此外，他們回應事物所引發的厭惡、反對，繼而導致的轉變在程度上也不同，這種轉變就是以創造性的力量改變世界（Feldman, Csikszentmihalyi, and Gardner 1994）。很有可能，所有正常的人類心智都在某種程度上參與了轉型要件的創造，參與了一個共同的創造性過程，只不過參與的程度與跨越的領域不一而已。

在這一章開頭所做的簡短網路搜尋，可能有助於界定創造力與智

慧具有重要連結的領域。只有新的宗教型態的理念以及其運作方式可以順利取代傳統的目標，主要的宗教教義才會產生改變。這有助於加深創造力學者所描述的創造力之多元型態及其主要面向。反過來說，就創造力研究的領域而言，這似乎是個有智慧的目標。即使所有的心智可以自由（liberties）地面對這個世界，但多數的人類並未這樣做。要了解所有領域的不同，需要更具有區別性的創造力。

教育的意涵

這個主題和「學生如何被教」以及「學校工作」的關聯何在呢？直接的關聯應該是：創造力沒有單一的公式，進行有智慧的決定也一樣沒有單一的公式。奠基在我們討論之上的實踐是：在不同脈絡上方法會有變化。何種創造力會被當成培育的目標？在特定的時刻，哪一些事物對社群或學生是重要的，全得依據學生對改變的開放或抗拒情形、學生特定的優勢、學生可以獲得何種資源，以及老師在創造力發展上是否受到良好的訓練等等而定。

也許我們的目標是要去知道創造力的複雜性，以及智慧在不同脈絡下也是不同的。而不同的學校與社群在不一樣的狀況下，可能會選擇對不同的學生強調不同的創造力和智慧。可以肯定的是，這不是相對主義、不是凡事皆可（anything-goes），也不是凡事依在地狀況而定的無意義空言。的確有許多決定必須依照在地條件而定，尤其是生、教師與學校所散發出來的特質，但是對於創造力與智慧的普遍性理解可以引領我們的教育實踐。要認清用單一個公式或單一的方法來培育創造力與智慧會遺失許多重要的訊息。同樣重要的是：我們的學

術社群在理解創造力的多樣性，以及培育多樣性的創造力這件事也仍處於非常幼稚的階段（Craft 2005）——如果把創造力替換成智慧，則情況要更下一成。

參考文獻

Amabile, T. 1988. A model of creativity and innovation in organizations. In *Research in organizational behavior,* vol. 10, ed. B. M. Staw and L. L. Cunnings, 123–67. Greenwich, CT: JAL.

Craft, A. 2005. *Creativity in schools: Tensions and dilemmas.* Abingdon, England: Routledge.

Csikszentmihalyi, M. 1999. Implications of a systems perspective for the study of creativity. In *Handbook of creativity,* ed. R. J. Sternberg, 313–35. Cambridge, UK: Cambridge University Press.

Dunbar, K. 2000. What scientific thinking reveals about the nature of cognition. In *Designing for science: Implications from everyday, classroom, and professional settings,* ed. K. Crowley, C. D. Schunn, and T. Okada, 115–40. Hillsdale, NJ: Lawrence Erlbaum.

Feldman, D. H. 1994. Mozart and the transformational imperative. In *On Mozart,* ed. J. M. Morris, 52–71. Cambridge, UK: Cambridge University Press.

Feldman, D. H., M. Csikszentmihalyi, and H. Gardner. 1994. *Changing the world: A framework for the study of creativity.* Westport, CT: Praeger.

Gardner, H. 1993. *Creating minds.* New York: Basic Books.

Getzels, J. W., and P. W. Jackson. 1962. *Creativity and intelligence: Explorations with gifted students.* New York: John Wiley.

Greenfield, P. M. 2004. *Weaving generations together: Evolving creativity in the Maya of Chiapas.* Santa Fe, NM: School of American Research Press.

Guilford, J. P. 1950. Creativity. *American Psychologist* 5:444–54.

Morelock, M. J., and D. H. Feldman. 1999. Prodigies and creativity. In *Encyclopedia of creativity,* ed. M. Runco and S. Pritzker, 1303–10. San Diego, CA: Academic Press.

Ostwald, P., and L. S. Zegans, eds. 1993. *The pleasures and perils of genius: Mostly Mozart.* Madison, CT: International Universities Press.

Root-Bernstein, R. S., M. Bernstein, and H. Garnier. 1993. Identification of scientists making long-term, high-impact contributions, with notes on their methods of working. *Creativity Research Journal* 6:320–43.

Sawyer, R. K. 2007. *Group genius: The creative power of collaboration.* New York: Basic Books.

Scarlett, W. G. 2006. Toward a developmental analysis of religious and spiritual development. In *The handbook of spiritual development in childhood and adolescence,* ed. E. C. Roehlkepartain, P. E. King, L. Wagener, and P. L. Benson, 21–33. Thousand Oaks, CA: SAGE.

State honors minority, women-owned tech firms. 2002, December 4. *Baltimore Business Journal.* http://www.bizjournals.com/baltimore/stories/2002/12/02/daily20 .html?f=et52.

Sternberg, R. J. 2003. The development of creativity as a decision-making process. In *Creativity and development,* ed. R. K. Sawyer, V. John-Steiner, S. Moran, R. J. Sternberg, D. H. Feldman, J. Nakamura, and M. Csikszentmihalyi, 91–138. Oxford, UK: Oxford University Press.

Torrance, E. P. 1966. *Torrance tests of creative thinking: Norms/technical manual.* Princeton, NJ: Personnel Press/Ginn.

Wallach, M. A. 1971. *The creativity-intelligence distinction.* New York: General Learning Press.

Wallach, M. A., and N. Kogan. 1965. *Modes of thinking in young children: A study of the creativity-intelligence distinction.* New York: Holt, Rinehart and Winston.

7. 我們如何具有創造力的傾向？

Jonathan Rowson 著
蔡敏玲 譯

　　非常高興能有機會來回應在英國劍橋舉辦的教育創造力與智慧研討會（Cambridge Conference on Creativity and Wisdom in Education）中發表的三篇論文。Anna Craft 強調必須把創造力在教育中的位置視為議題；而 Howard Gardner 和 Guy Claxton 則以由信賴、專業倫理和智慧的視框檢驗過的、較廣的社會結構為脈絡，提供了關於創造力的豐富側面（lateral）與比較觀點。

　　表面上看來，Craft 對於在教育中以智慧來培養創造力的熱切期望，感覺起來有點令人不安，因為何以需要這麼做，或是如此的熱切期望究竟能達成什麼，並不是一開始就很明顯。當我們說某現象有創造力時，創造力究竟指涉什麼，在純粹概念的層次上就已經非常複雜。當我們進一步地思考為何就個人的角度或社會經濟層面而言，會認為創造力是有價值的，以及這樣的認定對於創造力在教育中的位置有何涵義時，創造力這個詞究竟何所指，就變得更具有挑戰性了。把智慧加進來一起看，雖說野心十足，但是 Craft 由觀察所萌生的見解是：在後工業社會中，創造力已有日漸被商品化的趨勢，使得我們幾乎看不見創造力更為寬廣的重要性以及解放的潛力。

　　從智慧的角度來思考創造力的價值在於：智慧通常被想成一項獨

特的人類特質，植基於作為人的諸多挑戰，其運作方式，舉例而言，乃是智力（intelligence）不見得具有的。因此，我們的任務最終目的就是要找到繼續促進創造力的方式，同時謹記我們希望創造力隱含傳播的價值，包括心胸開放，自我表達以及洞見。就這個方面而言，強調創造力較為廣博的重要性，正是對於目前對創新之重視的挑戰，同時這樣的強調也是一種更大的掙扎——掙扎著保護教育之完整，使其免於因為企圖創造更多豐沃的人力資本而帶來的毀壞。

面對手邊的問題，有很多有效的途徑可以因應，然而似乎特別重要的是：一旦提及教育中的創造力與智慧，不要把它們當成「東西」似地塞進一張已經爆滿的時間表。Perkins（1992）曾提及，這樣的作法會導向**代幣投資策略**（token investment strategy），這種策略會使得負荷過重的老師像超人一樣，每件事都做一點，以此先發制人地防衛自己，來抵制那種數落老師忽略了教育重要面向的譴責。教育工作者需要發展一種創造力的觀點，使得他們能夠以一種比較統整的方式來理解與促進創造力，這就是我希望在這一章提出來的論點。

有種大有可為的取徑是：從一個最貼近人的層次來思考創造力，也就是說，早在一個優美的解決方式、演出或產品成形之前，我們的創造衝動已經開始顯現。在這個層次上，我們的回應是，構思一種解決問題的方式並且估量它對我們的意義；雖則還沒有任何有創造力的產出，但是我們所習得的態度、信念、能力和價值觀在在都影響著我們傾向具有創造力，而且，我認為，也影響著我們傾向創造思考與行動的倫理方向。此種取徑符合Sternberg（2003）所宣稱的：「創造力是一種關於生活的決定、一種對生活的態度，就像它是一件關乎能力的事情那樣」（頁98）。

這種關於創造力的思維方式來自於我對 Claxton 所提概念的深思，在他的標靶論文中提到「驅動認知之基本動機引導力（motivational vector）的本質」（參見本書第 52 頁）。這是一個謎樣難解的表達，它暗示著：在一般的層次上形塑行動的價值觀和動機，以及在衍生的層次上形塑行動的價值觀和動機，這個層次因而不只是關乎智慧，同時也關乎創造力和「善事」（good work）。這個層次的分析可能一開始看起來是抽象的，但其目標是將概念的討論移向對創造力較為經驗性（experiential）的取向，於其中，我們可以觀察自己內在的創造衝動或缺乏此種衝動，繼而思考：就我們所帶進創造行動的價值觀和動機來看，在那個衍生的層次上正在發生的究竟是什麼。這項任務採用的分析架構是以下兩者交互作用而成：環境賦使（affordances；被個體所知覺到的行動機會之刺激），和個體傾向（dispositions；基於我們的態度和經驗而以某種方式行動的趨勢）。以下將採用這個架構來討論智慧和創造力，以便釐清教育工作者可能必須發展兩者的範圍，或是找到兩者之間的某種協力狀態（synergy）。

動機：創造力能量與創造力行動之間的距離

我相信我們重視創造力最基本的理由在於，我們隱默地將它和自由意志的經驗與表達聯想在一起。在形塑我們的系統、結構和事件之內，我們的創造力總是如能量般顯現出來，且能超越我們已受制約的反應，在促限（constraints）內更有效地回應。然而，擁有能量——能夠去做——並非總是足夠的，因為我們並非都能運用我們的能量。

86

例如，如果別人給我們一套顏料、一個空白的頁面和許多時間，大多數的人傾向畫出點東西。但是我們在打開一個電子郵件的附加檔案時，如果這個檔案沒有依照我們一向使用的標準程序被開啓，就算我們可以採用較有創意的取向來解決問題，卻還是可能放棄。我們往往如此認定，因爲我們沒有把這個情境看成是一個可以發揮創意的機會，或許因爲這個行動背後潛藏的信念是「我不是一個懂電腦的人」，因而剝奪了能使我們以有創造力的方式思考這個問題所需的動機燃料（motivational fuel）。

此種行爲持續存在的理由之一是：我們傾向把動機當成某種量化的東西來談論，這可以從廣泛使用的表達上看出來，例如**高度動機**（highly motivated）和**缺乏動機**（lacking in motivation）。然而，我的印象是：對動機的性質與品質的注意還不夠，對於此種不足如何鞏固我們以某種方式思考與行動的習性也沒有足夠的關注。例如，釐清動機的一種傳統方式是對外在動機（動機來自行動的結果）與內在動機（動機因行動本身帶來的、令人覺得值得的經驗而產生）的區分。雖然從描述的觀點來看，這樣的區分是有幫助的，然而，激發創造力與智慧所需的動機卻可能來自一個全然不同的面向。

Claxton在這本書裡對**自我中心**（egocentric）和**他我中心**（allocentric）式動機的強調很有幫助。因爲這種說法超越了下列兩者的關係——工作經驗的益處和工作報償的益處。同時，這種說法也提及益處本身的心理與倫理基礎，特別是關於此種益處如何引導我們框架出牽涉更廣的益處之處境，以及如何在這些處境中行動。然而，許多（即便不是大多數）創造力行動的動機所包含的面向包括內在的、外在的、自我中心的以及他我中心的，而這些動機不必然以任何一種倫

理進展（ethically progressive）的方式被整合起來。例如，有個孩子寫了一首有關世界和平的詩，他可能並沒有深深投入在這項工作中且真心地關懷這個主題，但是仍基於這樣做可以贏得詩歌創作獎，以及被視爲偉大的詩人等因素，而具有強烈的動機。

　　或許我們需要一種較爲寬廣的觀點，以質化的方式來理解動機。就這個方面而言，Shirley Brice Heath 的紀錄片 *ArtShow* 中所描述的青年社區計畫顯示：內在動機和外在動機可以產生有建設性的融合。這些計畫會使個人專注於社區目標，進行自給自足的創意工作，而我對這些計畫的印象是：這些計畫相當有效地使得動機脫離個人益處而變得更爲寬廣。在計畫開始的時候，曾觀察到參與者相互爭取注意，也爲共享的資源而爭戰。然而，一段時間之後，個人的認同和偏好漸漸地被共享的目的所轉化，一開始爲了獲得外在報酬而進行的活動，漸漸變成單單因爲活動本身而有價值。在這些計畫中似乎正在發生的是：參與者的自我感轉變了、也擴展了。如果你感覺到你能夠對一個你在乎的團體計畫做出重要的貢獻，那麼貢獻的經驗就會變成既是它本身的報酬，又是一個可以達成較偉大目標的方式（Heath 2006）。

　　對教育學者的主要涵義是：不要把動機視爲理所當然。Claxton 提議，特別是在青春期，清楚領會動機是什麼，是相當吃力的任務，Claxton 是對的；但是我認爲值得努力一搏。例如，你覺得某位學生可以再努力一點，那麼，你來建議一種爲何以及如何對學生而言有意義的方式，應該是可行的。也許結果只是讓學生知覺到：事件有時看起來困難或乏味是正常的，但是此種乏味或困難的經驗不必然就要成爲喪失興趣的理由；相反地，這也可能是使某種素材以獨特的方式甦醒過來而變得有意義的機會。這時刻，也是好老師的一個機會，對於

87

希望教給學生的創意歷程，老師可以示範或建立一個鷹架。一般而言，如果可以在課堂上定期討論不同層次、不同種類的動機，並且在總結與形成性評量中更加強調動機，應該會很有幫助。

傾向

當 Claxton 提到驅動認知與**動機力場**（motivational force fields）的**基本動機引導力**（underlying motivational vector）時，他其實是在間接指涉下列兩者間的關係——繫連於我們的動機中的道德觀和態度，以及它們如何在我們所做的事中被卸開來。就比喻的層次看來，這樣的用語意味著認知是由動機**導引出方向**（direction）。我們對於某種處境的思考和感覺乃是**來自**（carried）我們框架那個處境的方式。此種動機的根源是一個自我：一個帶著獨特歷史、計畫、目的和目標的人。此種動機的影響力有時明白地顯露於我們企圖達致的目標，但通常他們是在我們所在乎的事、我們感興趣的事和我們對待他人的方式中含蓄地顯露出來。因此，一個人具創造力的傾向經常和行動的方式二者共同擴展（coextensive）——可能是隨意、冷漠，或是更好一些，帶著對他人的關心和顧慮。

因此，我嘗試找出一個方式，能精確地定位動機、價值觀、習慣和自由四者之間複雜的相互影響。這項找一個詞來掌握此種組合體的挑戰，可回溯到杜威（Dewey 1922）對習慣的說法：「我們需要一個詞來表達一種人類活動，這活動受到先前活動的影響，因而就這層意義而言，可說是習得的；它本身包含某些行動之較小元素的組織或系

統；這行動具有反映主觀的（projective）、有動能的質地，準備好可公開展現；這行動即便在沒有明顯地掌控活動的時候，也以某種被壓抑的次級形式操作」（引自 Ritchhart 2002, 19）。比較近期的討論則建議，最能適切表達我們任務的詞是**傾向**（disposition; Perkins 1995; Ritchhart 2002）。

Perkins（1995）將傾向描述成**智力的靈魂**（soul of intelligence）。我們的傾向是在時間中漸漸形成的。如何形成？首先藉著動機餵養行動的方式，接著，接收從行動而來的反饋。我們或許在程度上或多或少地，會傾向於好奇、多疑、深思熟慮、謹慎、警覺、分析、批判和具有創造力。例如，教師典型地會傾向以某種方式來面對搗蛋的學生，可能非常嚴厲或施予懲罰，或者可能較為包容。此種傾向端賴下列事項而定：他們看待自己是何種老師、如何認定事件所涉及的學生、對於教室氣氛應該如何的觀點、學習的發生需要多少秩序來維護等等。

這樣的傾向漸漸具有習慣的性質，但不僅僅是習慣而已。養成某種習慣，不論好或壞，就是被制約成以某種熟悉的刺激強化方式來反應。我們的習慣在我們經驗中覺得是正常的情境中自然形成。而傾向的位置比較接近我們對自由的體驗，也反映出我們**選擇**（choose）以某種方式來反應的準備程度。這個觀點，就 Craft 在標靶論文中論辯「被市場決定的選擇」而言格外重要，因為決定要有創造力之同時，往往也表示得去重新框架所得到的機會，同時亦得去尋找不同於初始選擇之可能存在的另外機會。

但是如果教育的目標是培養值得的傾向，像是具有創造力的傾向，我們要怎麼做呢？或許這是一個過於廣泛的問題，但是設法橋接

能做到（can do）和確實所為（do do）之間的距離，對任何一位教育工作者而言都應該是最核心的目標。關於此點，沒有簡單的答案。但我的印象是：當學生即便使盡全力達到一種他們慣常的理解方式都已經不再足夠，而創塑意義的能力需要被擴展的時候，老師就能對此傾向發揮最大的影響。此種學習經驗的獨特之處在於：這經驗就某種面向而言是屬於學生的。就像 Lipman、Sharp 與 Oscanyan（1980）所說的，「意義無法被配給，意義不能被給予或遞給學生，意義需要被習得；意義是**資本**（capta），而不是資料（data）。我們必須學習建立環境和機會，使得孩子能夠憑藉他們天生對意義的好奇和胃口，抓住合適的線索，自己創塑事件的意義」（頁 13）。

我的提議是：傾向僅可少量地、漸漸地被資料所影響，但是卻更為深刻地被資本所改變。這意味著在教室情境裡，盡可能給予學生充裕的時間去思考他們在乎的事情。在任何一個科目裡，我們提供需要的支持給學生，幫助他們找出所學的和他們自己的生活與志向之間的聯繫，即便此種聯繫有時無可避免地顯得脆弱無力。藉著不斷問道「這讓你想到什麼？」以及「舉例說明這可能會如何影響你的生活？」老師所冒的險是：使得所教的科目攪雜了其他成分。但是，藉著持續鼓勵學生思考他們所學與生活的相關性，創造出只有他們才想得到的連結，老師便能幫助學生發展想像力，並且使得學習變成傾向的機會增加，而不只是增添沒有生氣的知識。

我們供應得起創造力嗎？

89

就抽象的層次而言，一項有創造力的行動萌生自人與某種刺激的互動——不論是一個問題情境、一個樂器或僅是一個念頭——而此處關注的焦點在於人如何覺知那個刺激。有很好的理由可以相信，我們並非純粹以感官來覺知事物（如，顏色、形狀），而是以那些事物是**用來做什麼的**（for）來覺知它們——這就是我們適用或與這些事物互動的機會。所以我們把門看成一個開口，把椅子視為可以坐於其上的東西。我們的知覺世界並不僅只由我們被動地吸納的物件所構成，而是由某種賦使（affordances）所構成，這些賦使引導我們依據這些東西對我們的意義，以某種方式來思考和行動。我們有目標，而且我們也就依照目標來指引注意力。就像 Claxton（2006）最近所說的，我們總是想達成什麼。此處沒有足夠的空間力主此種知覺的觀點，但這主張是來自 Gibson（1979）對生態的知覺觀點，而且是奠基於最近關於具體化的、情境化的或活化認知的相關研究工作（A. Clark 1997; Lakoff and Johnson 1999; Varela 1999, 2000; Varela, Thompson, and Rosch 1991）。

Varela（1999）的研究特別相關，因為他主張介於具體化的認知和**自我之實質**（the virtuality of self）的經驗之間的關聯環節，而自我之實質的經驗，他視為智慧行動的先決條件。這項觀點受到佛教認識論的啟示，而西方思想中賦使的角色可與佛教心理學中的**色**（rupas）相比，這個概念更明白地強調我們乃是透過所覺知的行動機會來強化

自我感：「我們一般會對物質世界強加扭曲。我們將物質看成暗指我們自己，而且在過程中，創造了與該物質有關的自我－物質……我們在物件中看見引導我們構造一個自我的符號，從中創造了一個自我感。我們可以說物件是那個自我的指標。那物件就稱為一個色（rupa）」（Brazier 2003, 62）。其中的涵義是：「色」侷限了創造力，因為自我的疆界變成了一個人創造潛能的限度。

　　值得一做的是將上述對於知覺的說明，超越物件，用到情境之上。如果看成行動（包括不行動）的機會，許多情境提供有創造力和有智慧的機會，但前提是我們傾向於以這種方式來看待情境。例如，Perkins（1995）提過一個有趣的例子，一群朋友坐下來要在野餐中享受麵包和乳酪，結果卻發現沒有刀來切乳酪。經過一開始的失望之後，其中一人拿出皮夾，使用一張信用卡俐落地切開乳酪。Perkins 認為這人能做到這樣是因為他沒有受限於**功能性的固著**（functional fixedness）（刀子是用來切東西的，信用卡是用來付錢的），而且在這個情境中，他不只是有能力，而且是預備好、也願意適當地重新界定情境。

　　想到這樣的知覺觀點，或許一位教育工作者最重要的角色，就是幫助學生在最不可能料到的時候，覺察到他們的創造自由。做到這個的方法之一就是在教室中與固著搏鬥。椅子是用來坐的，但是它也可以是一個門擋、用來接近頂層櫃子的支撐物、一個目標樁，以及許多其他的事物。學生早已被動地知道這些，但這還不是他們知覺體系的一部分。藉著一再強化單一物件可以有多種用途的概念，教育工作者也就強化了從多種觀點看事情的重要性，而新的賦使也就會萌現在學生每日生活的知覺場域中。事實上，很重要的是：理解上文提及的那

90

些野餐的人**真的**（literally）不會再以過往的方式看待信用卡了。

甘地的第二隻草鞋

經驗不是所發生的事；經驗是你對於所發生的事所做的處置。

—— Aldous Huxley（1932, 5）

關於何謂**傾向**有創造力，有個非常突出的例子來自甘地第二隻草鞋的故事，因為其中的創造力行動似乎也是有智慧的行動，使得這個例子越發引人注意。故事是這樣的：甘地匆忙地搭上一輛即將駛離的火車時，他的一隻鞋掉到鐵軌上了，他立即的反應是：脫掉第二隻鞋然後把它丟到鐵軌上，這樣一來，別人會撿到兩隻鞋，就有一整雙鞋可以穿了。

這個例子引人的地方在於甘地行動的速度。他似乎很快地就重新界定情境，把原來個人損失的情境轉化成他人的獲得，並因此而展開有效率的行動。我想，可能有很多人都會想到這個解決方式，不過只會在幾分鐘之後，也就是一切都太遲之際。然而，甘地預備好了、願意且有能力地展開有創造力、並且是很明顯地有智慧的行動，就在這個行動確實重要的時候。這種傾向究竟如何萌生？這是討論的核心關注點。

關於甘地的性格如何形成之完整討論超越本章的範疇，但值得注意的是：在甘地的 70 歲生日前，別人請他點出生命中最具有創造力

的經驗時，甘地的回應如下：

> 我抵達南非七天之後，帶我去那裡的雇員要我從 Durban
> 去 Pretoria。這不是一趟容易的旅程。在火車上，我有一張頭
> 等艙的票，但是沒有睡鋪的票。到了 Maritzburg，睡鋪被分
> 配後，警衛走過來並且要我下車。火車在蒸汽中氤氳而去，
> 留下我在寒冷中顫抖。現在，有創造力的行動要出現了。我
> 因為自己的生命而感到害怕。我走進黑暗的候車室。房間裡
> 有一個白人。他令我感到非常害怕。我問我自己我的職責是
> 什麼。我該回印度去，或是我該往前行，以上帝做為保慰師
> （helper）去面對所有為我預備的事？我決定留下來受苦。
> 我的主動非暴力（active non-violence）理念就從那天開始誕
> 生。（Gandhi, 1994, 165-73）。

91　　　很清楚地，被趕下火車的有創造力經驗（experience），以及把
自己的鞋丟下火車的有創造力行動（act），兩者有顯著的差異；但是
兩者之間卻有一個重要的連結。最明顯的一點是甘地一再地汲取自己
的經驗以致能夠重新確認價值觀、導引動機，並因此鞏固傾向。正是
藉著對於上述情境的反應，甘地不僅能夠習得能力，也同時習得以有
效、有倫理的方式自發行動的準備度和意願。

　　在我的經驗裡，有些人聽了甘地第二隻草鞋的故事後，立即覺得
敬畏與感動，而對於某些人而言，故事中的情境是如此不熟悉，行動
是如此違背直覺，因而他們要花一些時間才能欣賞何以這樣的行為會
令人欽佩與感動。有更多類似的場景能以此種方式拓展我們的視野，

有些來自有名的書籍或影片，而有些就在我們每日的生活中。教育工作者可以考慮蒐集像這樣的實例，當成課堂討論的基底。或是，請學生找尋這樣的例子，或確實爲自己設想出能夠召喚有創造力或有智慧行動的情境，這樣也是很有價值。

是什麼促使行動有智慧？

> 為什麼人們看不見東西？他自己就站在路中：他把東西遮蔽住了。
>
> ——Friedrich Nietzsche（M. Clark and Leiter 1997, 187）

增長的經驗通常被認定爲伴隨著逐漸增多的生理年齡而來，但是如果把經驗視爲你對於所發生的事所做的處置，那麼前述兩者之間就不會有必然的連結。事實上可以說，因爲把原初的經驗轉化爲個人發展所需要的技巧和堅持度，所以智慧和年齡間只有輕微的（loosely）相關（Jordan 2005）。智慧行動實例裡的主角，偶爾可能是位年長者，但是必然是位有經驗的人，而且從他們的經驗中找到貼切的行動路徑。

在 Claxton 標靶論文中的東京地下鐵故事裡，老人的介入確實是有果效的，但值得注意的是，在 Cambridge 研討會裡，我的討論小組中許多成員都不認爲老人的行動是有智慧的。許多人覺得「嘗試做像那樣的事」要冒高度的風險，而且可能會非必要地危及他人的安全。就行爲的層次而言，這當然是一個確實而重要的觀點，但是智慧並非

直接顯明於老人的行為，而是從導致老人行動的、他對於情境的界定中萌生的。事實上，嘗試在行為的層次上「教導」有智慧的行動是愚蠢的，因為智慧高度依情境而定，而且一般而言，是從經過一段長時間培養的一套傾向而產生的。

有個比較深刻的問題是，自我中心的鬆解對於智慧的產生而言是非常關鍵的。思考以下的情況可以覺知這個說法：說「我很有智慧」，就像說「我很謙卑」一樣，聽起來像是把期望表現出來的自我衝突行為。這個智慧的特質一點也不是邊緣而不重要的，但是和我們當前那種自我利益普遍瀰漫而自尊受到獎賞的文化氛圍，是不協調的。這並不是說智慧意味著溫順懦弱，而是說大規模地推廣智慧很困難，而且可能是不智的。

智慧和可以直接對生產力發揮影響的創造力不同，它對政策的影響力微乎其微或甚至毫無影響力。就智慧的本質而言，它無法被現成地挪用或測量，因而在機構的層次，也就很難變成容易處理的東西。這些思考是在回應和 Howard Gardner 的討論時發展出來的，他認為教育工作者應該留意文化中的隱含訊息。就這個方面來說，創造力早已被隱含地認為有價值並且被推廣，不需要明白地支持。然而，找到推廣智慧的方式是有價值的，因為在文化的層次，還沒有開始這樣做。

挑戰的核心在於：有智慧的行動是無法仿效的。使得一項行動有智慧的不是一組能被推廣或測量的行為，而是從對情境的敏銳敏感度中萌生，從一組與智慧相關的傾向中流露出來的。傾向於有智慧地行動是指有能力把複雜與充滿道德的人類處境看成採用某種介入方式的賦使，此種方式典型地具有高度的細微差異。這個論點可用對東京地下鐵故事的深度分析來呈現（參見 Dobson n.d.，當中有故事的完整版

本，而且有很生動的脈絡細節）。

Terry Dobson 和老人看到的是同一組情勢，但是就賦使而言，他們傾向於看見不同的現象。促使 Dobson 行動的基本動機引導力似乎是：「**我**（I）如何來改善這個情境？」；而我們可以想見，對老人而言，問題是：「這個情境如何被改善？」促使 Dobson 行動的是一個關於自我創造的敘事，而即將發生的行動是他對合氣道資質之賦使的回應，而不是因為他對醉漢的苦難產生同情而有的賦使。

雖然老人看起來只是喋喋不休地講話，他的行動卻是相當細微複雜的。Claxton 談到：「老人有能力看到醉漢憤怒下的沮喪，藉著有技巧地表達他對這種沮喪的認可，容許它漸漸浮出檯面」（參見本書第 62 頁）。由於老人的年紀以及一直維持坐著的狀態，因而不會成為醉漢攻擊性傾向的賦使。再說，他說話的語調和氣，向醉漢顯示他並沒有把醉漢看成敵人。老人問醉漢他在喝哪種酒，強調老人把醉漢看成一個有偏好的人。而老人說「我也喜歡清酒」，也就創造了相互認可與同理心得以萌生的空間。「你知道嗎？她 76 歲了」以及「那棵樹是我曾祖母種下的」這兩句話，引進了人物、關係和意象，在在都拓寬了醉漢的觀點，並且削弱了那種一觸即發的情勢。最後，「我相信你也有一位可愛的妻子」這個被動界定的問題，暗示著醉漢被看成一位有價值的人，而且具有超越當下情境之魯莽的生存意義。

聆聽 Claxton 說這個故事的人可以很明顯地覺察在接近故事尾聲時，Claxton 顯得非常感動。我不能代替 Claxton 發言，不過我覺得動人之處並不是老人多有技巧，而是在 Dobson 走下火車後所產生的悲傷又悔恨的深思，因為我認為任何一個在乎教育的人都可以認同 Dobson 的尷尬處境。就一個基本的層次而言，他想做的，就是運用他的

所學來幫助他人。他並非過度天眞或自私；相反地，他非常勇敢而且也對改善情境有著深度的關心。然而，Dobson 對這個事件的深思顯示：我們經常不自覺地阻擋了我們的理想。

不要阻擋我們努力嘗試要達到的，這件事的重要性將我們帶回創造力的討論，因爲這和 Amabile（1998）關於扼殺創造力之因素的研究理念是一致的，這些因素包括：監督、競爭、時間壓力和評價。不過，**自我擋路**（self getting in the way）的議題，就實務的處理而言，是特別複雜的。對於大多數的我們來說，我們的自我（egos）是我們的自信和學習動機中相當大的一部分，任何要直接毀壞自我中心的嘗試都會遭逢強大而防衛性的反應。對這個議題而言，Kegan（1982）的主張很有幫助。他認爲教育圈所稱的自尊是一個誤稱，因爲大部分的學齡兒童是從他人的注意力和讚美中得到自尊，自尊並非來自任何獨立存在的自我。上述兩種觀點都顯示：自我中心的鬆動是一個需要留待時間慢慢揭露的一項複雜的社會與心理過程。再者，雖然自我中心和自我利益非常普遍，重要的是，不要將這些動機引導力妖魔化，而是將其視爲自然、可理解的，同時清楚他們也會造成限制、帶來問題，我們應該期望能漸漸超越。

既然教育工作者應該嘗試促進這個過程，有規律地鼓勵學生從不同於自身的角度／觀點來看事情是有價值的。其中有個方法是好好檢視故事和影片，其中的主要角色以相當合理的方式來追求自身的利益，然而這些方式最終卻導致讓人不喜歡的後果。這樣的例子很多，我現在想到的是兩部近期推出的電影（適合年紀較大的兒童）：《塵霧家園》（*The House of Sand and Fog*）和《火線交錯》（*Babel*）。在影片中的任何一個時候，主角在某種自我感（sense of self）以及所

覺知的責任之下，似乎都能合宜適切地行動。然而到了某個時候，主角無法掌控情境而災難也就發生了。這種事情錯得離譜的例子對於強調創造力和智慧而言是很有用的，因為學生會聯想到主角需要以一種不同質的方式來思考或行動、然而他卻沒有這麼做的那些時刻。再說，透過投射性的認同，學生可能會喜歡想像如果他們自己置身於故事中，事情會如何變得不同。

結論

　　本章的主要目的是介紹一種看待如何有智慧地培養創造力這項挑戰的新方式，而不是在政策和實務的層次主張進行複雜的改變。在傾向的層次上思考創造力是有幫助的，對此種取徑感興趣的教育工作者需要發展關於動機的豐富、質化說明，鼓勵學生超越功能的固著性，確認學習包含資本，也包含資料，並且細查從多種觀點精選的故事和場景。關於智慧的深沉問題涉及自我中心的鬆解，而我主張任何面對這個細緻任務的工作都必須適切地小心與考慮周詳。

　　希望上述的討論對於理解人如何傾向有創造力這件事而言是有幫助的，因為這項根本的議題，不論教育或世界整體發生了何種變化，都一直會是有關的議題。然而，當前的教育是在一個被媒體滲透的文化中進行，在這樣的文化裡，學生經常被有造型的意象以及有效販售的身分所轟炸。在這樣的脈絡下，我突然想到一個調皮的問題。如果有人問：「創造力和智慧可以如何幫助我變得有錢又有名？」我們該如何回應呢？

94

參考文獻

Amabile, T. 1998. How to kill creativity. *Harvard Business Review* 76(5): 76–87, 186.

Brazier, C. 2003. *Buddhist psychology: Liberate your mind, embrace life.* London: Constable and Robinson.

Clark, A. 1997. *Being there: Putting brain, body, and world together again.* Cambridge, MA: MIT Press.

Clark, M., and B. Leiter. 1997. *Nietzsche: Daybreak: Thoughts on the prejudices of morality.* Cambridge, UK: Cambridge University Press.

Claxton, G. 2006. *Learning to learn: Educational and biological perspectives.* Paper presented at Neuroscience and Education: Conjoining Theoretical Perspectives, Nottingham, England.

Dobson, T. n.d. *A short story by Terry Dobson—a master of akido and conflict resolution.* http://www.wattstapes.com/dobson.htm.

Gandhi, M. 1994. *The collected works of Mahatma Gandhi,* vol. 68. New Delhi: Publications Division, Ministry of Information and Broadcasting, Government of India.

Gibson, J. J. 1979. *The ecological approach to visual perception.* Hillsdale, NJ: Lawrence Erlbaum.

Heath, S. B. 2006. *Vision, language and learning: Why creativity is really about sustainability.* Plenary session at the This Learning Life Conference, Bristol, England.

Huxley, A. 1932. *Texts and pretexts: An anthology of commentaries.* London: Chatto and Windus.

Jordan, J. 2005. The quest for wisdom in adulthood: A psychological perspective. In *A handbook of wisdom: Psychological perspectives,* ed. R. J. Sternberg and J. Jordan, 160–88. New York: Cambridge University Press.

Kegan, R. 1982. *The evolving self: Problem and process in human development.* Cambridge, MA: Harvard University Press.

Lakoff, G., and M. Johnson. 1999. *Philosophy in the flesh: The embodied mind and its challenge to western thought.* New York: Basic Books.

Lipman, M., A. M. Sharp, and F. S. Oscanyan. 1980. *Philosophy in the classroom,* 2nd ed. Philadelphia: Temple University Press.

Perkins, D. 1992. *Smart schools: Better thinking and learning for every child.* New York: Free Press.

———. 1995. *Outsmarting IQ: The emerging science of learnable intelligence.* New York: Free Press.

Ritchhart R. 2002. *Intellectual character: What it is, why it matters, and how to get it.* San Francisco: Jossey-Bass.

Sternberg, R. J. 2003. The development of creativity as a decision-making process. In *Creativity and development,* ed. R. K. Sawyer, V. John-Steiner, S. Moran, R. J. Sternberg, D. H. Feldman, J. Nakamura, and M. Csikszentmihalyi, 91–138. New York: Oxford University Press.

Varela, F. J. 1999. *Ethical know-how: Action, wisdom, and cognition.* Palo Alto, CA: Stanford University Press.

———. 2000. Steps to a science of inter-being: Unfolding the Dharma implicit in modern cognitive science. In *The psychology of awakening: Buddhism, science, and our day-to-day lives,* ed. G. Watson, S. Batchelor, and G. Claxton, 71–89. York Beach, ME: Samuel Weiser.

Varela, F. J., E. T. Thompson, and E. Rosch. 1991. *The embodied mind: Cognitive science and human experience.* Cambridge, MA: MIT Press.

8. 善思
——有創造力與有能力的心智

Helen Haste 著
蔡敏玲 譯

關於 Howard Gardner、Guy Claxton 和 Anna Craft 的三篇論文對
創造力、倫理和智慧的討論，我們該調和這三種不同的觀點到何種程
度呢？我們應該在何種層次上將其認定為三種合理地不同的觀點？
Gardner 把論述的焦點放在創造或創新者的責任，他們有責任確保他
們的工作在應用時是合乎倫理的。Claxton 問「何謂智慧？」，這麼
問的同時也間接地告訴了我們，在有智慧的行為與思考中具有創造力
的是什麼。Craft 談論文化脈絡中的倫理議題，她的論點是：創造力
的目的和被期望的結果是在文化中決定的，不同的文化對於如何（或
不）培養創造力有所不同。例如，在工業化的西方社會裡，**對新事物
的狂熱**（cult of the new），其實和隱含於個人主義倫理中的強力獲取
（go-getting）、物質報酬（material-rewards）式的創造力是一體的。

在本章中，我主張**能力**（competence）的概念或許是可以有效整
合上述三者的一個路徑。其實，在 Craft 和 Claxton 的分析中非常明
顯、而在 Gardner 的分析中比較隱含的，有四個共同的主題：**彈性**
（flexibility）、**具批判力的評價**（critical evaluation）、**採取多元觀點**
（taking multiple perspectives），以及**探索不明顯的選項**（exploring

nonobvious options）。這四者共有的涵義是：離開個人的視框和先見，以及考量較大的人類與倫理意義——這不見得總是很明顯，就像 Claxton 描述的三個事件一樣。這些主題關乎我們可以稱為**衍生性的適應**（generative adaptation）的某種東西，即，在駕馭無可避免的模糊與不確定時所做出的有創造力的回應。

97   在任何對創造力或實質上是對能力的討論裡，總是存在的認定是：創造力是成功的、有生產力的產出，對於可及資源的有效適應，以及創新的問題解決方式。然而，把創造力的重點看成創新——也就是Craft所批判的「對新事物的狂熱」——卻會遺漏一個重要的議題。把焦點放在創新之上，會使得我們主要關注人們如何處理新奇和不熟悉的經驗，這樣做意味著以新的來取代舊的。實際上，真正的張力是在於如何同時處理持續和變化，這是一個文化的、也是個人的問題。漸趨明顯的是：傳統的問題解決模式，也就是在當代社會所面臨的多元觀點中，尋求只接納單一的做法，顯然是沒有效果的。取而代之地，我們必須找到能夠有建設性地處理那些**無法相互妥協**（irreconcilable）之多元觀點的方式。

幾年前，我曾參與一個經濟合作和發展組織的腦力激盪研討會，討論二十一世紀所需要的能力（Haste 2001）。**能力**（competence）這個詞本身的涵義就是「夠好」（good enough）的運作，而不是創新。同時，在教育的脈絡裡，辨認出能力意指這些能力應該引導所有的教育，而非只是引導那些有創造力的、特殊優異的和突破性的教育。能力並不只是某些技巧的集合，而是面對問題和議題的方式，而在這樣的過程中需要某些技巧。思考這些想法時，我得到的結論是：我們正在教導的許多能力，不只需要修改，還需要進行實質的重新思考。

預測的問題

　　此處要談的，某部分是關於如何認真看待未來，對於教育的所有面向，我們的眼界導向之處乃是未來。但是凝視未來卻令人感到憂心。我們傾向立即從現在來推斷。控制理論學者 William Gosling（1994）辨識出三種思考技術性轉變（technological change）的方式，把這三種思考方式擴展到看待人類的處境也很合適——這些方式同時也深刻地揭露預測和計畫的問題。第一種變化是**同樣的東西變多**（more of the same），即，沒什麼改變而且認定事情會持續和現在一樣，頂多只有輕微的扭轉。大部分的預測都是受到此種模式的知會。第二種，**量變成質**（quantity into quality），是一個漸進的過程，逐漸增加的改變累積到最終造成質的差異。這種轉變雖然比較難以想像，但是仍在特別有遠見者的技巧範疇之內。思及未來，大部分的景觀建築者會靠著模型工作，這個模型指涉同樣的東西變多，有時是量變轉成質變。

　　第三種，也是真正具有轉化性質的一種變化是**騎士舉動**（譯註 1）（the knight's move）。這種轉變會撼動我們的基本認定，以及視為理所當然的思考與行動框架。在工業技術上，此種類型的變化通常是某種重大發明（例如，微晶片）導致的後果，這種發明徹底改革我們

譯註 1　the knight's move 是西洋棋的術語，原來指涉一種不尋常的棋步，此處比喻一種想不到的、跳躍的、不見得符合一般邏輯的思考方式。

使用的人工製品，以及與之相關的社會實務。在教育上，我們通常處理的是此種變革的餘波，也就是此種技術性變革帶來的、在社會實務上的戲劇性變化。即便對一個最有創造力的人來說，在思考未來時做出騎士舉動也幾乎是不可能的，因為預估沒意料到的發展是如此的困難——預估社會後果更是困難。此種情況，對於教育決策者而言其實是有益的。然而，於此種變革中，我們所需要的能力正是那些可以使我們能夠做出騎士舉動的能力，即便我們無法事先預測。

呈現五種關鍵能力

二十一世紀兒童的教育並不只是需要增添一些技巧——即前面提到的——同樣的東西變多。我們需要的是能進行創造性轉化的能力。以這樣的概念為基礎，以下我將五種能力概念化，而且我認為這些能力涉及到認知與倫理的創造力面向。

處理模糊性與多樣性

在多元文化社會的情境中，我們已經相當了解多樣性，而此種了解的主要原則之一就是包容（tolerance）。然而，有許多作者已經指出：包容實際上可能只需要相當少的認知工作，因為容忍不需要進行觀點本身的轉換。人可以包容他人對生活風格的觀點，而全然不動到自己的認定。要能夠覺得他人的觀點是有效合理的——即有效處理多樣性——就必須把自己放在別人的位置，至少要能夠從他人的角度理

解自己的立場看起來如何。

處理模糊性的挑戰，相較之下，範疇更廣，而且就某方面來說，是更有深度的新穎（也可能終究是更具創造力），因爲這不是關乎思考的**內容**（content）——價值觀潛在的衝突與碰撞——而是關乎思考的**過程**（process）。教育界有一個頻繁傳遞的文化訊息，即對線性思考、線性邏輯的偏愛。透過以下這些尋常的說法，此種訊息被大量地供應——如，要有重點、不要爲不相關的東西分心、尋找單一的正確答案。在這樣的情境裡，Craft 對於較整體的亞洲思維所做的比較就很清楚了。處理模糊性的過程很重要，因爲它會引發焦慮。如果小孩被教養成要尋求單一正確的答案，而且要避開混亂和模糊，他們在面對多種選項和解決方式時就會變得非常不安。追求某種結束、對於相對性與多樣性深感不安，這些正是接觸前述文化訊息的可能後果。

但是，在生活的很多層面，不論是俗常的或有創造力的，最有效的問題解決方式，常從認識並使用多樣的可能解決方式而來。從處理多重任務（multitasking）的例子可看出文化再現的力量，以及此種力量會如何誤導我們的評估。處理多重任務曾經是女性私領域生活中，許多被認爲沒有價值卻又無可避免的例行事件未被注意的特質。現在呢，無論是在公領域或私領域，處理多重任務已經被認定爲所有人不可或缺的能力。現在的世界就種族而言文化多元，而就生活中廣泛體認到的社會需求與任務而言，也具有多重面向。在此種世界中生活，如果沒有能力處理模糊性，明顯地也就是失去能力。

到目前爲止，我已經聚焦討論處理模糊性與多樣性的認知——創造面向，但是，倫理意涵也是極爲重要的。就最極端的形式而言，無論是政治上或宗教上，基本教義派都反映出對模糊性與多樣性全然無

法忍受的態度。心理上沒有能力處理不確定，是獨裁主義心理學早期的研究對獨裁心理的基本解釋。但是，認識倫理上的模糊性並非倫理的相對主義，而是能夠欣賞倫理觀點之多樣性的能力——以及能夠欣賞自己的立場，以及自己在那些觀點中的定位。Claxton 所描述的年輕合氣道專家的故事，所顯示的正是此種關乎倫理觀點取替之有創造力的扭轉。

欣然接受任務和責任

此種能力指的是在個人的認知、社會和道德世界中，將自己看成能動者（agent），承擔起因為接受任務（agency）而來的責任。這是一種視效能感之發展而定的能力，也就是一種認定自己可以發揮效能的信念。發展心理學的研究顯示：此種能力來自早期承擔責任以及發揮效能的經驗，以及生活在對個體可以發揮效能有例行期待的環境中（Haste 2004）。

自始至終這就是一種倫理能力。其中的創造力在於能夠**適切地**（appropriately）定位自己，在關於道德兩難處境與責任上，也在倫理相關的面向上，像是社區和社會政治的議題。關於適切，我要再次提到 Claxton 所說的故事裡那位明顯具有高度**能動性**（agentic）的合氣道專家。預測在社區中承擔責任之因素，以及面對社會不公義議題時，能讓自己的意見被聽見之因素的研究顯示：承擔任務和責任感的發展會涉及觀點取替和自我定位的重大轉變。Yates（1999）和其他人（例如，Haste 2004, 2006; Kahne & Westheimer 2003）的研究顯示：參與社區服務，最初是由期望提供幫助而發動，最終能夠導致對於造

成不利與剝奪之社會和政治處境更多的覺識，引發一種挑戰不公義的個人責任感（a sense of personal responsibility）。

然而，展現接受任務與責任的能力並不只是倫理的能力。面對社會與物理世界之挑戰所需的能力，需要更多認知上有創造力的組接與**拼貼**（bricolage）。例如，精熟陌生的地鐵系統、東西壞掉時找到對的工具或工匠、和浮誇的官僚體制協商，或是知道如何在街上協助一位生病的陌生人，同時也感覺應該這麼做。

尋找與維持社群

100

在二十一世紀，此種能力不再僅止於打電話給鄰居，以及記得朋友的生日。最明顯的是，此種能力涉及目前可使用的技術性溝通，但是處理這些溝通是一種多層次的任務，面對面的溝通只不過是其中的一條路徑。透過各種不同的媒介和陌生人發生連結，並且在媒介中維持自我的界線，這是即便兒童也需要的技能。如果有人悼念面對面溝通（以及其中的技能）的消失，那就是忽略了取代它或增添它的技術性路徑，也沒有注意到伴隨此種發展而來的技能。

除了明顯的技術性技能外，能力──以及創造力，存在於何處呢？首先，此種能力在於處理相當多樣的接觸，以及維繫個人的真實友誼世界。第二，此種能力在於整合與運用文化資源。我們一定不能忘記，與某人發生連接同時也意味著找到共享的文化經驗，建構共享的意義。不論在剛建立或維持很久的關係中，我們定位自己，同時也被以下的事情所定位──取用或不取用共享的文化象徵、資源和敘事的方式，也就是說，找到或沒有找到共同立場（Clark and Brennan

1991; Edwards 1997）。全球化的一個相當顯著的附帶結果是：年輕人衣著和音樂品味的統一，這要歸功於 MTV，來自任何一個文化的青少年都可以立刻找到共同立場，至少在消費的某些領域裡。另一個有趣的例子是最近的一個非常聰明（而且提供了豐富資訊）的匯豐銀行商業廣告，這支廣告運用了不同文化意義可能的危險意涵，它呈現的是：一個客氣的姿勢，在另一個文化裡卻可能是嚴重冒犯人的舉動。

處理情緒

在這個領域裡，（西方）的文化與科學近幾十年已經發生一些變化。充斥在西方文化的二元隱喻裡，有個主題的各種版本被不斷再製，即情緒和理智是相互區隔而且對立的——其一會威脅到另一方（Haste 1994）。不同的變異版本——也就是故事（說法）——在不同的次文化中運作著。在這些版本間移動時，我們有能力地適應各版本的要求，但是我的主張是：單是倫理地生活或是認知地生活，大抵都不會成為有能力的生活方式。

有一個說法（story）是：情緒會將理智**解體**（disorganizes）。照這個說法來看，最有效能的知識形式就是邏輯推理，而情緒就不是可信賴的知識來源，而且還會扭曲理智。在這個說法中，所謂的能力就是能夠把思考和感覺分開，而且盡可能地壓制感覺。第二種說法是：雖然理智是最重要的，但還是需要情緒來增加認知的動力。此處所指的好情緒就是能使人把思想轉化為行動的適切動機。因此，有能力的情緒管理也就指涉將情意導向跟隨認知所設定之任務的能力——換句

話說，就是意志力。但是理智還是主人，而熱情只是個可疑份子。

第三種說法則認為情緒凌駕於理智之上，這是浪漫的說法（the 101 Romantic story）。真正的知，來自傾聽人心，而頭腦裡的知識則是冷酷而且狹隘聚焦的。這種浪漫的說法在歷史上不同的時期都出現過。在歐洲，啟蒙時代——算是理智戰勝了熱情的時期——曾遭逢某些人的抗拒，那些抗拒者把我們現在會稱為科學的東西看成會摧毀宇宙之意義與美麗的東西。比較常識性的看法是：如果不感覺，人就無法理解其他人或體認個人對他人的道德義務。在第二次世界大戰後的幾十年，浪漫說法在人文心理學（humanistic psychology）裡又再度萌現。人文心理學當時嘗試尋找比認知科學所提供的枯燥人類概念更為豐富的人的概念。此種說法下的能力指的是：接觸自己的感覺——此種說詞的預設是：人在獨厚理智的看法洗腦下，已經失去和自我感覺的接觸。

有個突破性的說法來自神經科學，特別是 Antonio Damasio 的研究。他的腦傷病人研究顯示：情緒和認知之間的界線是人為的，而且人沒有了其中任何一個都無法運作（Damasio 2003）。沒有情緒能力的人也就無法做出有效能的理智判斷，就好像是這些人已經喪失告訴自己答案已經找到的切身感覺。他的研究工作被高舉為一篇探討成為真正的人的意義為何的論文——同時也是對創造力如何可能的解釋。

然而，從理解情緒能力的觀點看來，Damasio（2003）的研究告訴我們：理解情緒並不單單只是接觸自己的感覺而已。我的主張是，要教育人如何成為全人，就像我對模糊性議題的看法一樣，我們一定要首先去除那些支撐著傳統的情緒與理智二元區隔的恐懼與焦慮。正是這樣的區隔才使得上述的文化故事源源不斷。對模糊性的恐懼來自

灌輸於孩童心中深沉的焦慮，這些孩子被教導要找到「正確的」答案而且要避免複雜性。在某些故事裡，有一種「情緒將使人失去控制」的恐懼。在其他的故事裡，恐懼的是：認知是乾枯、化約、冷酷的——因而是沒有人性、沒有智慧的。我認為，所謂的能力在於能夠認清文化提供的說法，並且找到一個方式整合理智和情感，而不是否認或過度尊崇任何一方。

技術性能力

　　此種能力指涉的不只是鍵盤技巧。這種能力最重要的面向之一，就我看來，可與皮亞傑對**適應**（adaptation）的洞見相提並論——首先我們類化新資訊到既存的基模，將新資訊轉化以適合這些基模，過了一段時間之後，才會調整這些基模，將新資訊做更好的運用。能力——以及創造力——就存在於將新資訊蘊含的可能性做最大的運用。這種情況就社會實務而言更是真切。新的技術首先讓我們把原來做的事運作得更好，或是更快，但是一開始並不會改變我們所做的事。例如，電動打字機一開始比手打的快，而文字處理機（the word processor）一開始也只是電動打字機較為繁複的版本。然而，透過我們與新工具的互動，當新工具的潛能變得很明顯時，我們的技術性和社會性實務也就改變了。手動打字機一度曾經是接受某種特別技巧與教育層次之教育的婦女使用的工具。但是，當文字處理機成為電腦軟體的一部分，它很快地就變成非特定性別與階層的工具了。鍵盤技巧現今已經成為普遍的技巧，而秘書也已成為個人助理或行政人員。從六歲到九十六歲，每位有此種技巧的人都可能會有自己的電子郵件帳號和網際網路

通路。

另一個例子——這同時也涉及尋找和維持社群——就是手機。手機轉化了打電話的社會實務。手機現在已經像人的義肢,而不是設置在某個地方的機器,這樣的現象對我們如何建構自己和他人的可及性有著極大的涵義。我們只要把機器關掉,不需要重新定置自己的所在,就可以避免被找到。使用**簡訊**(texting)溝通是一項沒預料到的新社會實務,手機的製造者並沒有預期到這個,但是簡訊互動卻已經占據年輕人社會生活每一個層面的溝通,包括發展與維持情愛關係(Haste 2005)。

技術性能力就是,能適應技術改變所蘊含的可能性,有創造力地回應社會實務新機會(同時也確保有價值的實務不會喪失)的能力。再者,考量所有新技術的倫理意涵是科學和社會公共對話中新增的部分(Jackson, Barbagallo, & Haste 2005; Willis & Wilsdon 2004)。技術和科學發展的倫理議題和社會後果,已經不再被視為是周邊的、附加的事情,也不再被看成是抽離日常科學實務的人的領域——此種發展和 Howard Gardner 標靶論文裡呈現的想法是一致的。

教育涵義

以上我所描述的**能力**(competencies)和我從 Anna Craft、Howard Gardner 和 Guy Claxton 的文章裡所辨識的能力,其共同點是:彈性、探索不明顯的選項和採取多元觀點。具批判力的評價也是能力的一個必要元素,而對於那些想要重新思考他們的線性認定以便裝備年

輕人過現代生活的人而言，它更是一個極為重要的任務。所有的這些都可以看成之前提及的、具有創造力的衍生性適應的成分。

這些對教育的涵義是什麼？以下我提出三點，而這三點不僅只是對教育實務開出的處方；它們更是對教育發生所在之文化框架的挑戰——此處所指的是，西方的文化框架。

103

- 我們必須探索焦慮的領域，這焦慮是我們目前、不知不覺地或是其他理由，在年輕人身上養成的。這些焦慮包括對開放式的或多種解決方式的懼怕，害怕可能不會有一個令人感到安慰的單一「正確」答案，而是好幾個可能的選項。這一點，在科學教育的領域格外重要，這領域似乎經常（雖然並非總是）大量供應這樣的訊息：科學就是對事實的追求，而且科學的進步純然倚靠邏輯和正確的數學。對許多孩子來說，這訊息本身就令人感到安慰，因為這樣的想法移除了令人擔憂的疑慮。比較有幫助的做法是：對科學如何進展提供較為真實的陳述，並且讓孩子多些機會接觸科學史中的辯論，而不只是接觸乾淨的事實性後果。在藝術和人文的領域就有很多方法讓孩子正面迎接模糊性的經驗，這樣的經驗不允許孩子悄悄地陷入過早的結束——M. C. Escher 的作品會是一個好的開端。容忍看著他的畫作時感受的不安，並討論此種不安的涵義，而不要把此種不安當作一種怪誕的離題之旅。這樣的作法可以成為既好玩又有價值的事，而且年紀很小的學童就可以參與。

- 我們必須找到方法來幫助年輕人使用對話來理解多元觀點和立場，以處理平行的和不協調的觀點，而非尋找有霸權的單一解決方式。而同時我們也必須教導他們質問支撐每一種觀點的價值觀

和辯明理由，使他們不會退避到相對主義。相對主義和採用多元觀點並不相同，它事實上是一種對多元觀點的逃離。就教育而言，重要的是將對話和較為傳統的辯論形式（即發展出說服人的論點）區隔開來。有技巧的辯論者事實上隱含地使用他或她對於聽眾（和主辯者）之觀點的直覺式理解做為有效的主張。而對話所需要的是從那個過程中退開一步，解開討論中的雙方所持的認定，然後找到雙方的共同點和無從比較之處，以此做為朝向理解（如果不是同意）的基礎。解開個人的認定本身就是相當不容易的一件任務；我們之中，即便是成人，也很少能夠全然清楚自己的認定。做為一種處理衝突的練習，此種解開本身就有極大的價值；而做為處理觀點取替的練習，此種解開就更有用了，因為於其中所發展的技巧在認知和倫理領域都會有額外的收穫。

- 我們必須找到方法來鼓勵一種理性的觀點，此種觀點不會將學生的知識來源限縮於過度狹隘的認知觀點，也不會把**客觀**（objectivity）界定為一種自我和脈絡間虛假的隔離──用 Haraway（1991）的話來說，這根本是一種不可能的**巧妙花招**（god trick）。我們需要教導學生，客觀涉及辨識個人於某種情境中無可避免的主觀，而且以統合的方式來處理客觀可以使我們採取一種較為全面的觀點，來看待我們的觀點、回應，以及我們帶入該情境的資源。社會科學和自然科學有好多例子，文學和人文學科中有更明顯的例子，這些例子都可以展示文本形成的過程中，觀察者嵌入的性質。在解開我們帶入對話之認定以便使得對話更為有效率的過程中，我們可以在教室中實際運用各種觀點，以探索我們如何隱含地給予不同的知識來源不同的價值，以及我們可以如

104

何更有效率地運用這些過程。最起碼，尋求證據之合宜標準正是此種風格的思考。但是**證據**（evidence）也可能被狹隘地定義為某種經驗主義。對學生直覺地視為有效判斷的基礎進行探索與顯明，無論是在社會的、倫理的、美學的或科學的領域，確實是理解學生如何建構有證據之推理的第一步。

或許我們可以把這些想成「能引起大規模毀滅的武器」（weapons of mass deconstruction）？

參考文獻

Clark, H. H., and S. E. Brennan. 1991. Grounding in communication. In *Perspectives on socially shared cognition*, ed. L. B. Resnick, J. M. Levine, and S. D. Teasley, 127–49. Washington, DC: American Psychological Association.

Damasio, A. 2003. *Looking for Spinoza: Joy, sorrow, and the feeling brain*. Orlando, FL: Harcourt.

Edwards, D. 1997. *Discourse and cognition*. Thousand Oaks, CA: SAGE.

Gosling, W. 1994. *Helmsmen and heroes*. London: Weidenfeld & Nicolson.

Haraway, D. J. 1991. *Simians, cyborgs, and women: The reinvention of Nature*. New York: Routledge.

Haste, H. 1994. *The sexual metaphor*. Cambridge, MA: Harvard University Press.

———. 2001. Ambiguity, autonomy and agency: Psychological challenges to new competence. In *Defining and selecting key competences*, ed. D. S. Rychen and L. H. Salganik, 93–120. Seattle: Hogrefe & Huber.

———. 2004. Constructing the citizen. *Political Psychology* 23:413–39.

———. 2005. *Joined-up texting: The role of mobile phones in young people's lives*. Nestlé Social Research Programme Report 3. Croydon, England: Nestlé Trust.

———. 2006. Beyond conventional civic participation, beyond the moral-political divide: Young people and contemporary debates about citizenship. *Journal of Moral Education* 35:473–93.

Jackson, R., F. Barbagallo, and H. Haste. 2005. Strengths of public dialogue on science-related issues. *Critical Review of International Social and Political Philosophy* 8:349–58.

Kahne, J., and J. Westheimer. 2003. Teaching democracy: What schools need to do. *Phi Delta Kappan* 85 (1): 34–40, 57–66.

Willis, J., and R. Wilsdon. 2004. *See-through science: Why public engagement needs to move upstream*. London: Demos.

Yates, M. 1999. Community service and political-moral discussions among adolescents: A study of a mandatory school-based program in the United States. In *Roots of civic identity: International perspectives on community service and activism in youth*, ed. M. Yates and J. Youniss, 16–31. Cambridge, UK: Cambridge University Press.

9. 創造力、智慧與信賴
── 文化生產的利基

Patrick Dillon 著

徐式寬 譯

　　能夠寫一段開放性的意見是極其難得的機會，而能夠與教育學術
界內重要的思想家來對話，也是極其珍貴的機會。在我回應 Howard
Gardner 的信賴章節、Guy Claxton 的智慧章節以及 Anna Craft 的創造
力章節時，嘗試著去找出它們之間的聯繫：它們之間相通的、相反的
以及一致之處。在初步閱讀之後，我對每一篇論文做了一點簡要回
顧，找尋它們之間的關聯性，並與我目前正在思考的文化與教育的議
題做連結，於是產生了有關於文化生產利基^{（譯註1）}（niche）的議題。

　　大致而言，我的論點是，創造力、智慧與信賴是個人與環境交互
作用以及互相轉變所產生的文化模式（cultural patterns）。這些文化
特徵是一種可以用演化論、生態論或市場機制所解釋的利基。它們是
在這交互作用當中，個人的理念、想法與行為之間的競爭後產生出來
的結果。針對創造力、智慧以及信賴所進行的教育，可以說是在這一
些想法與行為的匯集中所進行的作為。特定的教學法或科技上的介入

106

譯註1　利基，或可解釋為目前情況下的優勢。

會特別對某種文化模式有利，因此教育可以說是創造文化資本的方法之一^{（譯註2）}。

簡要回顧

　　Gardner 對於專業倫理及責任相當重視，他主張所謂的善事（good work）必須要兼具專業品質和倫理道德。他認為專業人士，尤其是科學家跟科技研究者，不能對於他們的發明創造可能造成的社會影響抱持冷漠的態度，他們有責任去仔細傾聽對他們的批評，以確認他們的發明創造並沒有被誤用，而且最重要的是要能夠跟社會大眾溝通有關其發明創造的精髓，以及可能的廣泛應用。傳統上有一些社群的價值觀（尤其是宗教價值）、法律和專業規範本身都提供了這些道德倫理的重要依據。但是就如 Gardner 所說，這些價值觀都在式微當中，他希望能夠在專業人士以及社會當中看到新的公約形成。

　　Gardner 問到是否在今日美國我們仍存有社會值得信賴者，他的研究對於正在改變中的信賴提出了有趣的觀點。傳統中，**社會砥柱**（pillar of society）的模式曾在二十世紀早期極受歡迎，但是在 1960 年代卻喪失了其可信度。這個過去的模式有些過於階層化、衛道化，

譯註2　譯者對本文有如下的淺釋：目前在歐盟的國家中，有許多人希望能夠在共同中尋求不同，本土化對於這些希望能夠保留自己的特殊性的人而言，具有文化承續的重要性。作者認為，人們應該找出本土的、個體的特殊性，了解其與不同層次大環境之間的關係，以找到個別文化中的利基，使該文化的利基能夠不斷地延續，甚且發展出新的面貌。

跟現在民主社會裡具有各種責任的情況有些不相容。全球化、國家認同的瓦解、媒體的影響以及社會名人的崛起，全都對目前信賴的觀念產生影響。目前的看法是機構或是公司可能需要扮演值得信賴者的角色，而且信賴的責任有可能會在地方而不是國家層級來實現。Gardner對於信賴的概念極有興趣，他希望能夠在其他的時空中找到類似的概念，也希望能夠找到這些概念背後的心理模式、科技在當中所扮演的角色，還有未來對於值得信賴者訓練的方式。

Claxton 有興趣的則是，是否可以將智慧看做是進階的創造力。他的提問是什麼樣的情況可以促進智慧的行動，而且是什麼樣的教學方法可與智慧的教育相連結。他認為智慧是一個廣泛而非獨特的概念，可能包括大量的直覺，經常會在複雜的人類行為中顯現，而且這些並非年紀大的人的優勢。他的研究建議，一個有智慧的人能夠同理他人，但並不會過度涉入。因為一個有智慧的人會對於一個兩難情境有深刻的感受，他通常可以微妙地改變自己對於所處情況的看法，因而能夠在不受干擾的情況下找到新的辦法。這些想法使得 Claxton 提出對於智慧的一些推論：對於人類的事物有興趣以及有關懷、能夠忍受不「相容」的事情、能夠開放接受並信任直覺、對自己有安全感、對於複雜不確定的事有忍受度和一定程度的勇氣。Claxton 認為許多以上的特質都跟創造力有關。

Claxton 對於智慧所重視之處不在於思維的素質，而更多在於動機與動力的本質。因此培養動機的清晰度，以及能夠在複雜且互相矛盾的動機情況中找到最佳解決之道，是重要的關鍵。在支持他論點的同時，他提出了一些具有歷史性的想法，例如能夠回顧自我的能力、看出自己的動機（類似佛教的願或念），還有古典希臘人將智慧區分

107

為三塊：**超覺智慧**（sophia，源自於哲學冥思以及靈性的反思）、**智性知識**（episteme，來自對於事物運作的方式有系統的觀察）以及**實踐智慧**（phronesis，即領導者或法律制定者所具備的特質）。實踐智慧是指這些領導者必須要在他們所處的情境中找到一條智慧的出路及行動方案。

Craft 的關切點在於創造力。回顧教育裡有關創造力政策的制定過程中，她發現了兩個盲點（blind spots）：創造力與文化的關係，以及創造力與市場的關係。她在不同的區域環境中檢視創造力的文化性，以及在不同環境中的特徵，她還比較了西方和東方的傳統中，不論是個人或集體的社會化、不同形式的思考方式和不同的世界觀。即使在這樣廣泛的觀察中仍有其限制，她認為各種不同的文化對於創造力以及創新產品有不同的價值觀。

Craft的比較研究法包括了巨觀層次的政策對於文化系統的影響、這些影響如何塑造創造力模式，以及環境倫理之間的關係。她說在這些複雜的影響因素下，要能夠找到其中的和諧一致性是很困難的，而這些困難度也就對於學校內的教育產生壓力及兩難情境。特別是Craft認為我們無法充分區分出人類的需求和願望。因此創造力有可能變為過度地與流行和娛樂結合。對她而言，智慧就是在這些創造力應該被如何應用中來產生，因此她的觀點跟 Claxton 認為智慧是進階的創造力的觀點有相似之處。

利基建構

　　對我來說，貫穿這三篇論文的特點在於創造力、智慧與信賴的情境特質。這跟我自己的研究方向 —— 認爲教育是文化及環境共同顯現的結果 —— 相符合，而與我對**文化生態學**（cultural ecology）所存在的長期興趣也有所連結。

　　文化生態學主要在談人與其環境互動的關係，也就是對於自然及文化產生一個有共同性的架構。一般來說，我們會認爲是生物去適應所在的環境，而非環境來適應生物體。這個對於適應的單方向看法，包括生物體如何反應環境問題，是運用生態原則來解釋人類行爲的一個障礙。人類環境有可能是人類行爲所影響出來的，就如同環境也會影響人類。我們所見的自然景觀有可能是人類活動的結果，正如同人類的遺傳密碼也可能是人類適應環境的紀錄。我們僅需要去觀察世界各地不同的農業系統，以及這些系統與居住於上的人類生活型態，就可以明瞭人與環境的互動關係。

　　Odling-Smee、Laland 和 Feldman（2003）對於**利基建構**（niche construction）的演化以及生態模式提出了綜合性的觀點，他們認爲生物體及環境是相互轉化影響的。如果我們認爲文化行爲是解釋人與其環境互動的重要關鍵，則上述的模式不但可以解釋自然世界，也可以解釋人類的系統。上述作者在他們的書中納入了一章有關利基建構的章節，用來解釋演化的演變以及文化行爲之間的關係。我希望將上述利基建構的概念應用到文化中，以及應用到文化現象之一的教育中，

108

這也許可以被稱為文化—生態方法（cultural-ecological approach）。
我希望能夠藉此來衍生在社會文化理論中的一些思考，以解釋個體如
何改變他們的世界，以及如何被世界改變。

但是對於將利基建構理論應用到教育及文化上有兩個缺點，第
一，利基建構主要是指對於新綜合體（new synthesis）演化理論產生
貢獻，也因此主要是談到長期的變化；而演化理論對於生態有特殊的
意義，特別談到人類與環境中一些較短期的變化，這也是我有興趣之
處。要單獨拿生態的原則來檢視全球化中快速的變化是有困難的，所
以有必要納入經濟方面的考量。在此我主要是參考 E. L. Jones
（2006）針對文化提出歷史與經濟方面的評述。第二個問題是，利基
建構主要是與群體有關，更確切的來說是指物種在生態系中的利基，
然而我比較關心的是個人的行為，即在利基建構中人們如何表現。

我們現在認為生態系是一個複雜且不斷改變的系統，而非一個自
我調節的系統。一個生態系的結構以及功能是由系統中不同成分來調
節的，包括聯繫各種成分間的互動，以及不同種類所需的「貨幣」
（currency，例如能量、養分或是人類系統中的資訊）來追蹤系統中
不同成分間互動時的狀況（Odling-Smee, Laland, and Feldman
2003）。這些概念既簡單又重要，因為它們能夠提供我們有效途徑來
了解人類系統中的文化機制。

一個生物體在生態系統中所扮演的角色可以用來描述它的利基，
Odling-Smee、Laland 和 Feldman（2003）運用了二十世紀早期的生態
學家 George Hutchinson 的看法：利基是指所有的環境因素影響一個
生物體的總和。他們也引用了 Bock（1980）的看法，以次系統（特
性及特質）來描述生物體本身，稱之為特徵（features），並且用周遭

的次系統來描述生物體所處的環境，稱之為**影響因素**（factors）。而在生物體改變它的特徵－影響因素的關係時，利基建構就產生了。生物體可以改變它周遭的影響因素或是遷移以處於不同的影響因素中。

這個利基的定義強調一個生物體的特性及特質（即這個生物體在其環境中所處位置及其行為）和環境本身。這個特徵－影響因素的關係強調此生物體與其（全體）環境間的互動及轉換的重要性。社會科學家其實很早就知道了這些互動關係在人類系統中的重要性（參見Bronfenbrenner 1977）。利基的建構提供了我們了解這些機制的理論架構。

Odling-Smee、Laland和Feldman（2003）稱特徵－影響因素的關係是一個完整的整體，也就是說，所有的人類特性及特質，以及所有環境中的成分造成人類的利基。然而我比較沒有那麼關切人類整體的利基，而是比較關切在其次系統層次上所發生的事情，例如在教育體系中，或是其中的一個現象如創造力。我用**特徵－影響因素的關係**（feature-factor relationship）來表達這些次系統下的文化模式，包括其中的特性、特質和環境成分。這樣的分析方法有其效用，但是實際上所有的次系統要將利基當作一個整體來看才能夠了解。

利基建構為目前教育界中具有影響力的社會文化理論提供了另一層的概念，目前的社會文化理論強調個人及集體在社會文化環境中所具有的身分，以及他們所集體創造的意義。不同門派的社會文化理論，例如 Dewey 所說的個人意義的經驗，是個體對於所處環境的感受。蘇俄心理學家 Leontev 也提過，可以從語言及其他社會文物中捕捉到集體理解（Stevenson 2004）。在上述兩種概念中，都是強調個體與自己或在社會系統中所從事的事情。這些社會群體產生了交互作

109

用，而群體中個體的認同與意義便由此交互作用中產生。同樣也很重要的是，知識並非僅是單純由腦中的處理及由感官接受的訊息所選擇出來的，而是由個體與其環境的互動中所架構出來的，這就是Dewey的知識互動理論（transactional theory of knowledge）的基礎（Vanderstraeten 2002）。

因為利基的建構可以由生態以及演化的觀點來看，因此要了解其意義最基本的方式是去探索生物體的生命環境因素（即特徵—影響因素關係）。生物文化學家 Boyden（1987）對於人類所處的這些環境因素提出看法，他認為這些環境因素包括具體的環境因素，如乾淨的飲用水、清淨的空氣、能夠被接受的氣候環境，以及與寄生蟲或病原體的少量接觸；此外還包括了飲食方面的環境，如食物的品質、熱量的攝取、均衡的飲食，以及對於食物消費的社會標準。Boyden 提出了以下個人及社會環境的重要因素：

- 與自然生物棲息地比較起來不多不少的感官刺激。
- 身體的運動包括短時間的劇烈運動，以及長時間的輕量運動，但是需要有休息的時段。
- 有多階段的睡眠，而且當非常想要休息或睡覺時就能夠如此做。
- 具有學習及練習技術或技巧和具有創造行為的機會與誘因。
- 需要有從事娛樂活動的機會和誘因。
- 一個具有重要價值並且可以根據個體的意願而改變的環境。
- 容許有相當程度自發性行為的餘地。
- 容許每天的經驗有相當的變化性。
- 較短的目標達成週期。
- 有可能達成的願望。

- 具備有效的情緒支援系統，提供提醒、接受以及給予的架構。
- 經常與家人、同儕或朋友圈在彼此有興趣的事情上互動與討論。
- 有機會及誘因針對共同有興趣的計畫從事小團體的互動。
- 存有一種社會環境，其中個人可以對其家人及朋友展現責任與義務。
- 個人可以自由地從一個小團體移到另一個小團體，或是從團體移到單獨狀態的機會。
- 個人具有一種環境以及生活型態，其中個人可以感受到個人的投入、目標、歸屬、責任、興趣、鼓勵、挑戰、滿足、友誼、關愛、享受、信心以及安全。

　　以上看來是一個很明顯、基本的優質生活的要素，但仍值得一提，因為這提供了我們一個比較抽象的概念 —— 也就是**人類的利基**（human niche），而且能更進一步促使我們了解 Craft、Gardner 和 Claxton 所提到的文化模式。這些看來一般的原則可能是來自於利基建構的概念：在一段時間內看起來，這些元素對人是有利的，且包含了對人的健康有所幫助的行為及過程，而個體則積極地在不同的交互作用結果中去做選擇。個體的選擇奠基於過去選擇的結果；而過去的選擇所產生的限制，會影響他們未來的機會（Odling-Smee, Laland, and Feldman 2003, 176）。

　　文化資訊存在於人類的作品、工具、作為（例如設計、烹調）、溝通的模式（例如符號、語言）、生活型態，以及以上各種的結合（例如農業包含了工具、操作以及生活型態）。用演變的概念來說，文化的運作是獲得適應資訊的捷徑，文化資訊在各種方向上都會產生

111

作用：「垂直作用（從父母）、水平作用（來自同儕）、斜交作用（來自不相關的個體）、間接作用（如來自具有影響力的個體），和**頻率依賴**（frequency-dependent）（例如受大眾影響）」（Odling-Smee, Laland, and Feldman 2003, 258-259）。

涵義與啓示

從以上的生態及利基建構概念來談，我們可以找到對於創造力智慧以及信賴的涵義及啓示。創造力、智慧以及信賴是文化模式，它們受到所在情境及環境的影響，因爲它們是個人與環境互動及互相改變的結果。它們短時間看來是具依賴性的，那是因爲影響它們的特徵－影響因素關係隨時都在變動。但是全球化已經逐漸介入了地域性及其所處環境之間的關係，更精確的說，全球化已經影響了本地因素的空間及時間軸度。

Pongpaiboon（2004）曾經詳細記載一個泰國南方的本土文化，可以作爲一個例子。在泰國南方有一種文化現象稱爲 *tahna*，這個概念在馬來語中稱爲 *tanda*，或在原始的 Pali-Sanskrit 語中稱爲 *suntan*，或是在一般泰語中稱爲 *subdan*。總之，「這概念表示個人與其社區文化、自然的力量及在特定環境下的權力基礎緊密結合後所產生的功能文化資本」（頁 10）。

tahna 是一個整體的世界觀，其中包含了生產與消費系統中的信念、信仰、傳奇、儀式，以及本土化的語言。而這個生產與消費並非僅指有形的商品，而是指「一種對於如何去進行權利及義務（知道正

確的權利與義務）以及社會規範的知識灌輸，還有對於多個層面上的價值、美學、藝術系統的產出與享用，並且包含了具體以及靈性的知識」（Pongpaiboon 2004, 96）。*tahna* 透過「動作、管理及智慧的運用來產生功能，並表現在行爲、思想以及具體或抽象的過程當中。這些功能經過某個群體在一段時間內不斷地重複執行之後，會被選擇出來當作傳統，且變成該團體中經常從事的行爲，甚至成爲一種系統或傳統」（頁63）。智慧在以上的描述當中代表著「一種眞實的信念，並且可以被有建設性地使用」，以及「經過累積的專業經驗」（頁68、86）。一個不具有眞實性的信念是一個被誤導的想法，即一個錯誤的信念。

以上描述的例子能夠彰顯Craft所提到的文化情境以及文化歷程，上述觀點不但能夠協助我們找到創造力，還包括智慧及信賴。智慧是 *tahna* 中的一個核心概念，而具有智慧行動在人們決策過程中是重要的，這與 Claxton 最佳動機解決方案的說法不謀而合。而且我們可以看到 Gardner 所提到有關信賴的一些特質，也可能可以被看做是智慧在一個文化中的社會表現。

Odling-Smee、Laland 和 Feldman（2003）承繼 Durham（1991）的著述，認爲行爲的趨向和動機的傾向，既是經過演化（初始價值），且深受社會中所傳遞文化價值（次級價值）的影響。這個次級價值即是來自於眾人的經驗與社會歷史 —— 也就是教育學者所稱的**前置學習**（prior learning）或**先備經驗**（prior experience）。這些價值，例如經驗法則、常人見解、約定俗成以及道德原則等，都是由 Boyd 和 Richerson（1985）所提到的**正向頻率依賴**（positive-frequency dependency）所決定，也就是我們常說的服從大眾。當個人服從時，就

112

表示他們對於文化資訊的調適是傾向那些大多數人的文化資訊，甚至有可能是傾向接納那些在上位者或有魅力領導人的文化見解〔Boyd和 Richerson 稱此為**間接偏好**（indirect bias）〕。間接偏好可以用兩種方式來解釋：(1)仁慈善良，也就是來自 Gardner 所稱的值得信賴者所具備的特質，或是 Claxton 所看見，在本土情境實踐智慧中產生的最佳解決動機矛盾的方法；(2)內在保護方式，也就是會採取有權勢之人的興趣為偏好，而非遵循群體中可以選擇的自由。以上兩者都可以說是個體適應的過程，但是我們需要一些更細膩的解釋來了解其中的作用。

文化經濟學家 E. L. Jones（2006）認為在文化理論成分中加入經濟面向的解釋有助於對其了解，也主張了解市場機制對於了解一個文化是很重要的。他認為經濟是對於人類行為種類——選擇——的分析，其分析方法是文化中立的，而且可被廣泛應用。他定義市場為「不僅是商品與服務、買賣和交易之處，[而是]遍指在互有來往的人們之間的任何一種信念跟想法，甚至行為的競爭」（頁 49）。這實質上是一個生態學的定義：著重在個體及其所在環境間的**交互作用**（transactions）的特性與特質。他為之前所提到的特徵—影響因素關係之中所定義的**利基**（niche）提供了另一個佐證。

E. L. Jones（2006）對於市場機制及過程做出了以下幾點說明：

- 市場歷程受習俗的影響，雖然習俗有可能跟著經濟變化而改變，但心理素質的沿革性會限制經濟活動的範圍。
- 年輕人可能比老年人更容易改變，因為老年人可能有較長的時間來內化一些既定的價值觀，但年輕人也有可能有一段銘印過程，他們有可能受到一些宣傳效果的影響，使得他們後來發現自己被

113

一些過去灌輸的標準、原則所羈絆。

- 文化價值會隨著時間或機會而改變，也許過去曾被認為無法想像的行為，有可能在後來，甚至很快地變成新的標準。

- 沒有兩個世代的文化會是相同的，這可能是因為歷史會對不同的世代產生不同、劇烈的銘印事件。

- 如果我們用比較長遠的眼光來看，任何一個有關社會的假設都可能產生變化。

- 儘管有種力量驅使文化產生改變，但並非社會上每一種價值觀都會同時改變。

上述的變動性會產生一些張力，而且不僅僅是在新舊之間存在而已，Pongpaiboon（2004）對泰國南方的 *tahna* 的研究初衷在於他希望能夠至少保留一些他認為非常有價值的文化系統中的一些元素，然而後來他也發現這些都很快被全球化所取代。E. L. Jones（2006, 48）稱這個過程為文化融合過程，這過程是來自於鮮少會面的符號及行為間從未出現過的衝突。Jones 的預測並不樂觀。他預見先前不再被實踐的文化特徵將成為文化殘餘物。他舉地方的方言為例來說明在各種語言模式的市場競爭尚未興盛時，方言仍然能夠持續，但當人們的行動性增加時，以及在大眾傳播的影響下，很多方言很快的消失了。在1980 年代，我曾經在英國中南部研究過方言，眾所皆知的威塞克斯方言（Hardy's Wessex）便在這一區域的北方。我與語言歷史家 Malcolm Jones 一起合作研究某些方言字句的存活，有可能是它們生態和環境景觀特徵影響的結果。當人們持續在他們本土環境中使用這些語言時，語言就會因為有用途而繼續存在。我們當時不但找到了從二十

以及十九世紀、甚至更早之前所留下的使用痕跡，並且透過 Thomas Hardy、Richard Jefferies 還有其他人的著作，錄到了能夠講英國北威塞克斯（north Wessex）方言的中年或老年人的聲音（M. Jones & Dillon 1987）。如今這些方言都已經絕跡了，那些我們訪談的人的孩子或孫子的語言，聽起來就像任何其他英國南方二、三十歲的年輕人，他們的語言不具有區域特性。

同樣的全球化歷程也同時影響了 Gardner 所提到的二十世紀初、中期美國信賴的改變。生態學中我們會處理到**互利共生**（mutualistic interactions）的問題，也就是當我們幫助他人時，同時我們自己也受利。三代以上同堂大家庭有可能是這樣的情況，因為互助互益可以多種形式來表現。在近年有一個反向的影響是，過去個體所應該肩負的惠贈情況（例如父母從子女所獲得的長期資助），其重要性有可能降低，因為社會已經擔負起類似的功能（Odling-Smee, Laland, and Feldman 2003, 359-363）。當社會扛起了過去個人和家庭所擔負的特徵－影響因素關係時，就如同 Gardner 曾經觀察過的，過去對個人的信賴也將轉移到社會組織上。

在不同世代中，人們不斷地建構以及重建他們環境中的重要因素，當時間過去時，「人們帶走了所處環境的一部分」（Odling-Smee, Laland, and Feldman 2003, 367），而留下了其他部分，因此他們不斷地改變其景觀環境，就如同許多的方言跟少數民族的語言，或對社會中流砥柱的信賴（Gardner），以及將智慧當作是世界觀的一部分（Claxton），這些都有可能因為特徵－影響因素關係的改變而改變。

所有正式教育內的成分，例如機構、課程、教學法，或政策及實

踐方式，這些都是想法與行為的市場競爭的產物。因此這些都是符合利基建構理論的一部分，而且對於文化模式的複雜度有所貢獻。例如，「終身教育」或「學習改變」都是陳舊的說法，但是在簡單字眼後面可能隱藏著重要的關切，就如同創造力、智慧及信賴一般，因為要教導它們很簡單，但要真正做到很難。因為要找到有意義的情境以及找到真正能夠改變的生活技能，或是提出跨領域概念，例如公民的權益與義務。教育這些事情表示人們要能夠有智慧且具創意地建構利基，甚至要去了解是什麼構成了一個有智慧或有創意的利基，又是什麼扮演著利基管理者的角色。這些都遵循著教育環境中人們所建立的經驗、存在和實踐的原則。由此可看出教育環境是人們的經驗表現及實踐所造成的，且教育環境會因為人和資源而不斷改變。如果可以找到教育環境是如何被維持及發展的模式和過程，我們就可以為某種教育成果提出改進方案。

利基的建構是來自演化及生態理論，而這兩者都將關係當作是系統，所以可以總結如下。第一，系統可以從巨觀到微觀，其中大系統中含有許多子系統。第二，任何在子系統中的改變將會影響其所處的大系統，且反之亦然。第三，利基可以被視為小區域的系統，而連結到它們所處的大系統，因此有關本土性的大小、一般性、特殊性或影響因素的課題就變得很重要了。例如，在歐洲及美國的課程發展歷史中可以找到許多例子，它們早期在本地的實踐看起來很成功，但是當擴大實踐時情況則不如預期。在利基建構的概念中，我們可以說這是因為它們早期的實踐是受到了當地特殊情況，以及與當地情境相連結的因素影響。所以假設有一種可以放諸四海皆準的情境，可被應用到任何地方來產生相同結果的想法是一種錯誤；適應是來自於內部的動

力調適，因此地方分權會是比較好的作法，這樣不論是 Claxton 所談的智慧，或是 Gardner 所談的信賴，就可能在本土或地區性的環境中發展。當然，不論是在智慧或信賴上都有具一般性的原則，但利基的建構必須要在這些一般原則能夠被調適到本土的環境才可行。

另外一個有關系統的特徵是它們的相互連結性。這再次提出了一般性及特殊性的問題。我最近在高等教育、成人教育以及專業發展的研究是建議跨領域的作法（Dillon 2006）。跨領域作為一個新興的作為，事實上是充滿挑戰的，一方面我們必須要面對許多複雜、多面向因素的挑戰（例如氣候變遷、基本教義派、全球化），但是這些問題無法從任何一個單一專業的角度來看，也不能僅被當作抽象事物來思考。另一方面，課程則是圍繞著專業來建構，它們不但不易改變，而且它們的主導者通常會積極地為它們所處的利基來辯護。我們可以舉一個跨領域的教育例子來說明，例如 Sternberg 和 Lubart（1999）所發現的三種智力：能夠判別誰的想法是值得追求的分析能力、能夠不受傳統想法限制並以新的方式來看待問題的綜合能力，以及發現新的想法並能夠說服他人實踐的能力。然而，要能夠進行跨領域的工作就需要整個教育組織的介入，而非僅僅是師生的互動。因此在此建議重新集中化（recentralization）。

Reggio Emilia 系統可以提供我們針對文化生態原則來重新集中化的教育系統的想像。Reggio Emilia 是義大利北部的一個小鎮，在此以生態方法來建構幼兒教育，是 1960 年代的先驅，且繼續不斷地發展改善，如今已成為一國際知名的教育系統。在這個方法中，人們與其環境的互動關係採取**關係建構**（relational architectures）及**關係教學**（relational pedagogies）的型態。重點在於找出空間可被運用的方

式、各種物體之間不同的關聯，還有綜合它們之間所能提供的經驗。所有的空間形狀及視野，都是被其中所進行的關係所定義，孩童可以進駐於空間中，並且不斷地改建這空間，不管是想像的還是真實的。於是在這些空間中，孩童與他人的交互作用便與環境共同決定他們學習的品質。學習是情境式的、不斷適應的、區域性的，而且建構在環境與孩童間不斷的對話中（Ceppi and Zini 1998）。

將以上的概念再延伸，我們可以看見教育利基存在於各種的學習資源中（人與環境、組織與虛擬），這些學習資源包括了學校、家庭、圖書館、工作地點、社區、成人教育中心、科學或藝術博物館、電視以及公共服務等——任何學習可以發生的地方。因此我們可以想像，個人可以建構與家人、社區、關係網絡或學習專家所共同建構的學習旅程。最近在一群英國教育機構所進行的腦力激盪中，探索了一些奠基於文化生態原則所建議的組織方法。我們提出的想像為，從管理性的學習到互相建構性的學習，並且將學習與社區的生活型態及關懷重新整合（Green et al. 2005）——這可能是產生創造力、智慧和信賴的豐沃土壤。

116

結論

在此針對 Gardner、Claxton 和 Craft 的論述所提出的回應中，我使用了文化生態方法來看待人類系統中的某些特質，並且由此提出對於教育及教學法的一些應用。我並未在此使用完整的生物理論來看待文化〔可以從 Plotkin（2003）的出版中找到一個令人信服且豐富的寫

作〕，原因是僅用適應學說無法對於各式各樣的人類行爲提出細緻的解釋。因此我加進了一些市場理論到我的生態學說裡。這樣的作法可能可以對於文化系統中進行改變的角色有所判斷，並且對其教育的成果有些預期。

在我們針對一個系統提出介入方法時，對於在地狀況保有敏銳度是非常重要的。能夠將全球化生活裡的一般性與當地的本土性互相融合是非常重要的。而且教育體系並非獨立於人類行爲系統之外，因此許多在地的關懷遲早會在人類系統的其他部分展現。例如在歐盟中，許多跨國政策使得人群遷移，貨物及服務都享有極大的活動自由，但我們仍然需要去認可及稱頌的，不只是不同的會員國，而且是不同區域的特殊之處。當人們從一個地方到另外一個地方時，他們不僅僅是去工作或度假，而是逐漸去經歷各種地方的獨特之處，去認識當地的建築、方言、傳統食物或作物，並且學習當地的生活型態以及歷史沿革。文化遺產對於各個地方的經濟都有重大的貢獻，它們並非已凋亡的利基，而可能是透過當地居民，甚至是來到這裡的遊客，逐漸適應並產生新的種類及特徵。

創造力、智慧和信賴可能可以被視爲類型相似的文化利基，它們反映出當地不同的時間、空間，以及組織和商業活動中的特出處、微妙處以及微小的個別差異。爲創造力、智慧和信賴設計教育利基時，必須要考慮到在當地所可能產生的結果及影響。當學習者對於自己以及環境的理解產生轉變時，有可能將自己及他種意義互相連結。Beach（1999）稱這樣的結果爲**必然的轉變**（consequential transitions）：其中概念、想法、信念都被有意識地提出，並深思熟慮過。經過內化後，這些內涵將轉換成個人所擁有的心理工具（Kozulin 1998）。必

然的轉變通常包含了既存的傳統、產生挑戰並且逐漸形成新的連結，一個學習環境必須要具備能夠促進這些轉變的因素，教育介入才有可能造成必然的轉變。也就是說，環境中的特徵—影響因素關係能夠**支持**（affords）這樣的行為跟結果。所以支持的概念（Gibson 1979）就將教育介入以及工具連結起來。只有在這樣的情況下，創造力、智慧和信賴才有可能變成當地人們與環境間互動之下的結果。以上這些可以被視爲適應中的文化模式，也因此它們能夠對於知識經濟及社會融合產生重要的貢獻。

參考文獻

Beach, K. 1999. Consequential transitions: A sociocultural expedition beyond transfer in education. *Review of Research in Education* 24:101–39.

Bock, W. J. 1980. The definition and recognition of biological adaptation. *American Zoologist* 20:217–27.

Boyd, R., and P. J. Richerson. 1985. *Culture and the evolutionary process*. Chicago: University of Chicago Press.

Boyden, S. 1987. *Western civilization in biological perspective: Patterns in biohistory*. Oxford, UK: Clarendon Press.

Bronfenbrenner, U. 1977. The ecology of human development in retrospect and prospect. In *Ecological factors in human development*, ed. H. McGurk, 277–86. Amsterdam: North-Holland.

Ceppi, G., and M. Zini. 1998. *Children, spaces, relations: Metaproject for an environment for young children*. Reggio Emilia, Italy: Commune di Reggio Emilia and Ministero della Pubblica Istruzion.

Dillon, P. 2006. Creativity, integrativism and a pedagogy of connection. *Thinking Skills and Creativity* 1:69–83.

Durham, W. H. 1991. *Coevolution: Genes, culture, and human diversity*. Stanford, CA: Stanford University Press.

Gibson, J. J. 1979. *The ecological approach to visual perception*. Hillsdale, NJ: Lawrence Erlbaum.

Green, H., K. Facer, T. Rudd, P. Dillon, and P. Humphreys. 2005. *Personalisation and digital technologies*. http://www.futurelab.org.uk/resources/documents/opening_education/Personalisation_report.pdf.

Jones, E. L. 2006. *Cultures merging: A historical and economic critique of culture*. Princeton, NJ: Princeton University Press.

Jones, M., and P. Dillon. 1987. *Dialect in Wiltshire and its historical, topographical and natural science contexts*. Trowbridge, England: Wiltshire County Council.

Kozulin, A. 1998. *Psychological tools: A sociocultural approach to education*. Cambridge, MA: Harvard University Press.

Odling-Smee, F. J., K. Laland, and M. W. Feldman. 2003. *Niche construction: The neglected process in evolution*. Princeton, NJ: Princeton University Press.

Plotkin, H. 2003. *The imagined world made real: Towards a natural science of culture*. New Brunswick, NJ: Rutgers University Press.

Pongpaiboon, S. 2004. *Southern Thai cultural structures and dynamics vis-à-vis development*. Bangkok: Thailand Research Fund.

Sternberg, R. J., and T. I. Lubart. 1999. The concept of creativity: Prospects and paradigms. In *Handbook of creativity*, ed. R. J. Sternberg, 3–15. Cambridge, UK: Cambridge University Press.

Stevenson, J. 2004. Developing technological knowledge. *International Journal of Technology and Design Education* 14:5–19.

Vanderstraeten, R. 2002. Dewey's transactional constructivism. *Journal of Philosophy of Education* 36:233–46.

10.智慧的創造力與創造的智慧

Hans Henrik Knoop 著
林偉文 譯

由 Anna Craft、Guy Claxton 和 Howard Gardner 所寫的標靶論文，討論了他們所謂「以市場經濟所餵養的西方個人主義為基礎，透過一特殊的投入（engagement）模式，將其周邊的價值都染上了個人主義色彩」（參見本書第9頁）。這個模式提出了關於**對文化多樣性的威脅**（threats to cultural diversity; Craft）、**對智慧與社會性的威脅**（threats to wisdom / sociality; Claxton），以及**對社會與文化權威信任的威脅**（threats to trust in social and cultural authorities; Gardner）。同意這些作者的觀點，且將這些問題視為強烈相互關聯是有益的，甚至是必需的；接下來我將提供一些評論、想法與觀點。

首先，我不僅認為上述問題之間強烈相關，並且認為它們在某些部分導自於相同的來源。更甚者，我在某種程度上將它們視為穿著不同外衣的相同問題。也就是，「人們忽略了平衡生物、心理、文化與社會系統的分化（differentiating）／多元（diversity）與統整（integrating）／統一（unity）之必要性」。當代紛擾的問題如：衰敗的生態、壓力、憂鬱，以及瑕疵的教育控制系統所引發的不信任、作弊、無效率看起來是根植於此一普遍性的失敗，這些在 Craft、Claxton 和 Gardner 的論點中或多或少都有提到。

第二，我相信我們需要銳利地關注能夠發展創造力、智慧以及信賴的脈絡，以了解事態會否發生、如何發生，尤其在面對現今全球性動亂的當下。舉例來說，從社會層次來看，尤其在經歷了兩個十分成功的世紀後，我們清楚地看見，在權力的緊縮與累積之下，自由市場與民主政治中「自由」的競爭力量，現在已經威脅甚至衰退到不自由的另一端（譯註 1）。在這個可稱為「贏者全拿」（winner-take-all）經濟的社會極端化效應下，人民根本無法實踐根據自己選擇與想法自由進行買賣的理想。相同地，極端集中政治權力也無法實現讓人民感到自己具有政治影響力的真正民主。更甚者，主流的經濟與政治力量常常合而為一，使得公民真正的挑戰更加成形。從更加寬廣的科學脈絡來看，這些社會挑戰似乎不難了解。我們可以從過去已經發現生物與文化如何加速其成長趨勢的結果來看這些社會挑戰。這些特有的趨勢在解釋科學突破與技術飛快進步上已經花了很長的時間——更甭提要透過相對來說緩慢且僵化的民主方法來管理社會與專業有多困難了（Chaisson 2001; Knoop 2004, 2005; Kurzweil 1999, 2005）。

有了這樣的了解，民主公民將會焦慮地看著他們的領導人尋求再保證。他們知道他們最不需要的是一個貪污的領導者。然而，現今政府高層貪污幾乎出現在我們每天的報導裡，因此無怪乎許多人會漸漸失去對權威的信任，包含那些受人尊重的權威（與 Gardner 有關）。令人震驚地，2002 年世界經濟論壇（World Economic Forum）宣布了一份「全球信任調查」（*Global Survey on Trust*），來自四十七個國

譯註 1 意指隨著市場經濟與民主政治所帶來的權力集中與累積，這些強調自由的體制，反而衰退至不自由的境地，就如接下來作者所提到之種種現象。

家的 36,000 位受試者（統計上代表了六大洲的 14 億人），有三分之二不相信他們的民主機構。後續每半年進行一次追蹤調查，而最新的資料顯示，「對於政府、企業以及全球機構的信任持續地下降」（GlobeScan 2005, n.p.）。同樣地，我認為了解文化多元性的議題也是重要的（與 Craft 有關），我們需要有一個**超越文化**（supracultural）的倫理個體，以及正向運用社會整合力量的政治理想做為多元創造力的基礎，而不是阻礙它──雖然「阻礙」經常發生。並且由於缺少統整性，智慧的問題（與 Claxton 有關），明顯地與下列兩者有關：一是需要「相信別人」以做為有責任地對待他人的先決條件[譯註2]，另一則是需要平衡文化多元性（個人主義是文化多元性的極端）且逐漸地統整我們的多極化社會世界（multipolarized social world）。

總而言之，經濟與政治已是史無前例的全球化力量中之一部分，如果我們不正視它，那麼人類邁向本書中所討論的多元、智慧與信任議題的機會是很小的。在本章中，我提供了一些反思以導引信任與教育。我從三個有關生活中個人如何互動以整合相互利益的例子開始。

第一個例子有關在樂團中演奏音樂。當在樂團中演奏的時候，明顯地，個別的演奏者偶爾會全然地獨自融入知覺的狀態，也就是Csikszentmihalyi（1990）所說的**心流**（flow）[譯註3]。也很清楚地，個別演奏者的行動會影響其他的演奏者，因此，在樂團中演奏時，就需要設法投資（抑制）某些自由度，以產生集體的功能。當一個樂團

121

譯註2　人與人間的信任是有責任地彼此對待之基礎，若人際間沒有信任，則無法
　　　　產生有責任的行為。
譯註3　心流（flow）經驗，意指人們在挑戰與技能平衡時經驗到一種全神貫注，
　　　　樂在其中的忘我經驗。

表現得好，有些事情就會發生，亦即音樂「整體」（whole）的出現
——樂團的音樂（big-M）——此時，注意力首先要被導引。從定義
上來說，這首交響樂將發生在個別演奏者集中注意力在樂譜與自己的
演奏上，如果這樣的現象發生了，就會感到**集體的心流**（collective
flow）（雖然這是個人所經驗到的）。因此相對於整體，即使較少的
投資也能獲得非常高層次的存在與美感的報償（Lyhne 2005）。

　　另一個例子與亂丟垃圾有關。有些人可能發現選擇不要亂丟垃
圾，比起直接丟垃圾在地上更耗成本；我們更進一步來看，使用垃圾
桶的投資明顯地比獲得一個可生存且乾淨的世界還要少。然而，相對
於音樂家能夠立即欣賞為了偉大交響樂而演奏的潛力，人們可能很難
立即看到一個不亂丟垃圾的偉大社會。然而這很諷刺，因為當音樂家
停止演奏時，音樂的整體是物理地以及現象地瞬間「消失」，而社會
卻或多或少地每天都直覺地存在。當然，重要的是對很多人來說，社
會（偉大的社會及存在的意義場域）很難被直覺地界定出清楚的整
體。更進一步來說，音樂有明確的目標，並且有支持達到目標的演奏
法則和能夠立即滿足（這些都能提供心流經驗），而社會並不容易提
供這些特質。英國前首相柴契爾夫人（Margaret Thatcher）的名言說
道：「沒有所謂的社會，只有個人與家庭」，這至少比我所想的看起
來更接近直覺的知覺。

　　第三個例子，實際上幾乎是第一和第二個例子的綜合概括，是關
於人類對秩序的需求。根據**正向心理學**（positive psychology）領域的
整理（Csikszentmihalyi 1993; Knoop 2006; Seligman 2002），人類基
本上需要三種類型的秩序，三種類型的複雜性和諧。第一，身體（包
含心智）透過它所曾學習的而形塑，需要有秩序：良好的健康狀況與

充分的正向情緒。第二，意識需要充分地有秩序以使注意力聚焦，達到投入的深度喜悅與心流。第三，因為自我（self）不容易尋求更高的生命意義，因此個人需要透過成為有意義社群或有意義計畫中的一部分，以經驗存在的秩序。儘管以上三種需要都是對個人有利，但它們整合的效果也無疑地對他人有益。

　　明顯地，這些例子都是互相關聯的，因為它們都與個人及其周遭環境有親密的關係。然而，它們也清楚地指出人們為何必須要能整合更大的整體（wholes），以及能夠觀察他自己的行動對於這些更大的 122 整體所產生的影響，以界定後者的領域。根據這些背景，我希望分享一些關於創造力、智慧與教育的想法以回應 Craft、 Claxton 和 Gardner 的文章。

關於創造力的想法

　　大致說來，文獻中多數創造力的主題聚焦於**歷程**（processes）、**產品**（products）、**個人**（persons）（尤其是非常有創意之個人的特質、長處、特徵）、**壓力**（pressures）（促進或抑制）以及這些因素的組合（Knoop 2006; Murray 1938; Runco 2004）。似乎相當有共識地認為，創造力是一種能夠創造具有適應性之新想法及行為的能力，也就是某些新事物能夠在相關的脈絡發揮功能，或受到他人的肯定（Peterson and Seligman 2004, 110），包含界定、解決、掌握、因應問題的能力（Runco 2004）。而且，學者們也同意，創造力區分為不會改變人類文化的**小c**（little-c）和能夠改變人類文化的**大C**（big-C）

（大C與小c有時也被認為是兩個漸變過程的極端），雖然這些不同類型創造力之間的明確關係仍然未被完全了解（參見 Feldman 1980）。進一步來說，關於基因因素在創造力所扮演的角色，以及創造力和其他個人美德如勇氣、正直、公平、樂觀、寬容、領導與靈性之間的關係，我們所知的仍然不夠（Peterson and Seligman 2004, 123）。這些基本了解襯托出 Craft、Claxton 和 Gardner 所討論之複雜議題的迫切性與困難度，但是，就如這三位作者所示，想要更理解創造力與智慧的模糊性，一直不是件容易的任務。

我認為採取更寬廣且抽象的定義是有建設性的，因此，接下來我簡短地呈現創造力與智慧的架構，相信有助於進一步討論 Craft 提出之文化多元性、Claxton 提出之**非自我中心動機場域**^{（譯註4）}（allocentric motivational field）的心理社會理想，以及 Gardner 討論之需要某種形式對權威之強韌的基本信任^{（譯註5）}，我假定的**創造力**（creativity）定義，以和諧的方式融入了歷程、產品、個人與壓力的創造力觀點。更進一步，它可被施加於任何內容而不會產生負向的化約主義效果：

> 創造力可被定義為透過在持續促進或抑制創造力的環境中自主性主體的工作，使得某些歷程與產品可以被帶入這個世界。（引自 Knoop 2006）

譯註4　指關心他人的利益，而非自己的利益。

譯註5　詳見第四章。

　　當然，使用如此廣泛的定義，創造力的特殊以及區辨性的面向可能被忽略，但我認為這並不會發生。我的希望並不是取代上述創造力的特殊面向，而是強化，將它們定錨於更深的概念層次，這個定義的模式如圖 10.1。

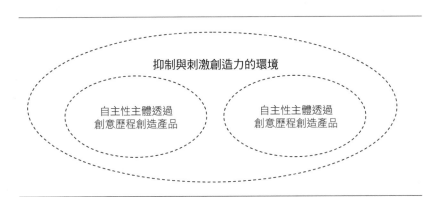

圖 10.1　創造力的基本成分

資料來源：Knoop 2006.

　　自主性主體（autonomous agent）的概念包含了任何具有內在驅力與目標的系統，並且可以回應周遭環境。自主性主體可以在任何層次被發現，從分子（Kauffman 1996）到宇宙（宇宙顯然地透過局部複雜性的成長無限地擴張、創造了它自己；Chaisson 2001）。對人類來說，他們的文化（大 C）存在於這些極端的中間（人類的身體比量子大許多倍，而宇宙又比人類身體大許多倍）。根據 Kauffman（2000），一個自主性主體能夠指涉任何「能夠至少表現出類似熱力運作循環（thermodynamic work cycle）的自我再生系統」（頁 4），這個自主性主體可能小至分子層級，大至生物圈，「十分具有生產性

——且基本上，總是具有創造性的」（頁 135）。

　　至於人類的創造力，我的定義包含了問題的界定（創意觀察）、問題解決（反應、創造歷程），以及創新（前瞻、創造歷程）——與小 c 和大 C 均有關聯。此外，如果只有一個定義可被用來解釋由不同個體的貢獻所互動而成之超越其總和的整體，任何物理的、現象學的以及社會的現象都可被此一定義掌握；更進一步深究，似乎很少有普遍性的創造力標準是以下列兩種基本類型的歷程來界定：成長歷程（growth processes）（由簡單變複雜）與平衡歷程（balancing processes）（根據偏好的狀態或方向；Knoop 2005; Senge 1990）。這兩個歷程在和諧的成長中相互關聯，看來必須有：(1)一個不斷透過新穎和多元成分分化的系統，被一個統整的力量整合（Csikszentmihalyi 1993, 1996; Knoop 2005）；(2)生存的有機體在其可永續生存之周遭環境中，有創意地適應並且最佳化自己的生存機會；(3)周遭環境透過選擇的壓力刺激與持續這樣的成長。依據我上述的定義，我們可以形成第二個更狹義的創造力定義：

> 　　人類創造力統合了多元的要素，以進行有效的調整，使能避免個體內在、個體與個體及其與環境間的不和諧。（引自 Knoop 2006）

　　雖然此一定義可能看起來像是「套套邏輯」（tautological），也就是長期來說，創造力是人類生活成長與平衡的縮影，有很多現今的問題，從壓力到氣候變遷，是失衡的明顯警訊，甚至是危險，這些問題的與日俱增顯示了我們所謂的**人類創造力**（human creativity），似

乎更應該被稱為**人類的破壞力**（human destructiveness）。當然，從定義上來說，創造力總是隱含著破壞某些既定的秩序，但我竊思我們是否應該考量一個能夠解釋有益或有害類型的創造力定義，以智慧地守護我們的未來。雖然，審查制度常常成為自由社會的對立，但是誠如Popper（1971）所說：「鮮為人深知的是包容的弔詭：無限制的包容必然導致包容的消失，如果我們擴充無限制的包容甚至於到無法包容，如果我們還沒有準備抵禦一個容忍的社會受到無法包容的攻擊，那麼包容將使得包容被摧毀，以及對它們自己的包容^{（譯註6）}」（頁265）。也許Popper的觀點不只能夠運用在社會的包容，也包括了文化的包容以及創造力。如果這是一個例子，問題就變成什麼樣的創造力應該被包容，甚至更加符應本書的觀點，也就是什麼樣的創造力足夠有智慧地被包容。我不企圖在這裡深究可能的答案，但我確實覺得這是值得思考的。

　　採取這樣廣泛的創造力定義，顯然不能保證它有更多的社會責任或是較少犬儒主義（自私）。我仍然相信它將會提供一個更佳的架構以了解個人的利益與更大整體的利益實不可分——一如當今熱門的「環境運動」問題。當我們使用**環境**（environment）這個概念時，便已經誤導了個人與環境是分離的，然而人與環境是彼此的一個部分。更進一步來說，整合創造力與智慧的主要阻礙之一，可能是在概念上我們將兩者視為基本上分離的兩種人類美德。我建議將它們視為是互補的，如此**創造力被視為是高等智慧**（creativity as advanced wisdom），而**智慧也被視為是進階的創造力**（wisdom as advanced crea-

---

譯註6　意指無限制的包容，將使人類社會出現人們自身無法接受的混亂。

tivity），此一觀點在 Craft 和 Claxton 的文章也考慮到，我將在接下來的章節中詳述此一取向。

關於智慧的想法

對創造力而言，智慧的複雜性是我們能否對其加以定義的一大挑戰。Claxton 清楚地描述了這件任務所涵蓋的範疇，我並不自認為能夠簡化此事。但是 Claxton 的取向是朝著更具體，甚至是事件導向的方向發展；而我則傾向於另一個方向：朝向一個更一般性的概念去發展。我的取向並非只是為了抽象而抽象，而是因為我常常發現，如果抽象的概念能夠被充分且良好地了解，導出能被廣泛運用的一般性原則，那麼抽象的概念其實更加的實際。我特別意指 Gardner（1999）「教育的**深度理解**（deep understanding）」這個概念，在其中，深度（包含抽象）理解將使得知識與技能被更良好地運用；亦指 Kahneman（2003）對直覺與推理之認知系統的區分。但我應該再提出幾個指出抽象概念且具實際利益的例子：William of Occam 有名的**剃刀原則**（譯註7）（razor principle；以愛因斯坦的精神來說，意指理論應該盡可能簡單，但不是簡化）、達爾文簡單的生物進化原理、Niklas Luhmann（譯註8）導引社會初級領域的二元編碼，以及日常生活中人際互

譯註 7　[url=http://en.wikipedia.org/wiki/Occam%27s_razor]（Occam's Razor）是在批判性思維中一項有力的工具。簡單地說，對某種現象或事物的不同解釋中，假使其他條件或情況相同，那最簡單的，亦即最少假設的一項，就是最好的解釋。

動的簡單指導原則。在這些例子中，看來都確切地表徵了一般性或抽象法則的高遷移力，使得這些原則如此實用。

從我上述的兩個定義來看，我們都生而為小 c 的創造者。但這個定義也意涵了我們也是生而為小 w（small-w）的智慧，假設智慧至少被定義為考慮周遭事物永續的程度。首先，人類適應所憑藉的學習與創造力不僅透過更大世界的操作與選擇，同時也明顯地透過激素與認知的調整（accommodation），因此，「智慧地」屈服於它。第二，當我們本能地依賴我們可以生存的環境，促使我們去保護並且避免傷害它——或者以演化的詞彙來說，當我們忽視了環境，則複製基因（genes）（生孩子）或迷因（memes）（透過教養、教學維持傳統）將不會有太大意義，因為這意涵著無論基因或迷因，在適應未來上都有很高的風險。

因此小 w 的智慧概念，可以被廣泛地運用如小 c 的創造力；特別是這包含了(1)生物性決定的道德傾向，人們將會對他們基因上的親戚以及其他人分享**互惠的利他**（reciprocal altruism）；(2)最佳化生存條件（包含健康環境的各個面向）的人類普遍驅力[譯註9]；(3)學習的本有樂趣（潛在地導向更偉大的智慧）——甚至在開始想到這些樂趣之前；(4)個人文化中道德常規的培育。圖 10.2 描述了其對社會責任與智慧的廣大潛力。

這個智慧的概念並不妥協於個人的需求，恰恰相反地，它透過潛在地高度經濟的方式支持個人，人們很多時候經由很小的投資，就可

譯註8　德國社會學家。

譯註9　意指人類追求最佳生存條件的動力。

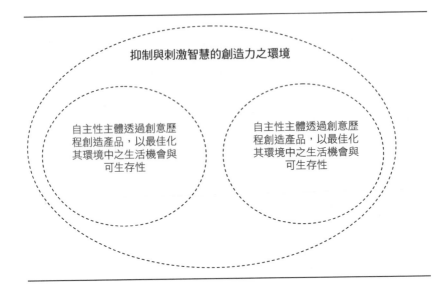

抑制與刺激智慧的創造力之環境

自主性主體透過創意歷程創造產品，以最佳化其環境中之生活機會與可生存性

自主性主體透過創意歷程創造產品，以最佳化其環境中之生活機會與可生存性

圖 10.2　智慧的創造力與創造的智慧之基本元素

資料來源：Knoop 2006.

以獲得巨大的獎賞，就像我們在一開始所提到的三個例子。然而這兒存在著兩個關鍵的智慧前提以興盛更大整體的利益：**更大的整體能夠被認知**（the larger whole can be recognized），以及**個人明白其行動的效果**（the effects of individual actions are convincingly clear to the individual）。本章一開始的例子顯示了「音樂、亂丟垃圾以及快樂」的經驗，都指出人們必須認知到有一個更大整體的優先性與其確實存在。更甚者，在這三個例子中，更大的整體（交響樂、生態和更高層的社會存在秩序）都是可以被認知以及可能產生影響的。

126　　　　然而，人類與更大的生物、社會與文化整體的互動迄今還是局部的。在自然界，數千年來，某一群體的肥肉，可能是另一群體的毒藥。在文化上，某一特殊想法的成功，可能總是壓抑了其他的想法；

在社會裡，一如自然界，生存的掙扎不斷地上演勝敗關係。換句話說，任憑似乎有很多演化上的雙贏遊戲（Wright 2000），人類的歷史也有零和遊戲（zero-sum gaming）之長期且顯著的紀錄，這常常意涵著極端的罪惡與社會排斥。我認為人類最迫切的兩個問題可能是：我們如何能夠創造出一組關於宇宙、生活以及人類的智慧之基本假設，以統整人類對抗凌駕一切的敵人：如何延續地球上人類的生命？我們可以如何創造全球共享的未來願景，以促進並鼓勵豐富的人類多元性與創造力？

　　最近，關於描述穆罕默德（Muhammad）的丹麥漫畫所引發的騷亂，就是一個例子。顯示了我們如何嚴重地缺乏對於世界以及我們在其中定位的最起碼之必要共享智慧與願景。因此，我可能不完全接受 Craft 對「創造力普世化概念」的恐懼，雖然全球性主導的單向策略很可能產生絕望與戰爭，然而，這是因為在多元文化的世界中缺少一個足以自保的共享參考架構與願景。的確，我對這個觀點有些樂觀，因為我們都生物性地和文化地被良好設計，以能在共享的假設理想上抵抗這些威脅——我們不應忘記，到現在為止，有很大部分的人類戰爭導向於傷害其他人類。

　　或許，在資訊科技的支援下，我們可以看到一個宣告人類智慧的新希望。Yahoo!「網路問答」[譯註10] 就是一個如何聚集「去中心化智慧」的例子！任何人都可以在網路上提出問題，然後從其他人那裡得到答案。物理學家史蒂芬·霍金（Stephen Hawking 2006）最近在深思人類的命運後，在網路上問了下列問題：「在一個政治、社會與環

127

譯註 10　類似「奇摩知識」，人們可以在網路上問問題，由其他網友提供答案。

境混沌的世界上，人類族群如何繼續生存下一個一百年？」（n.p.）

霍金其後在香港的演講中說道，人類族群能否生存，憑藉於他們在宇宙中找到另一個「家」的能力，因為已經有越來越多的危機與災難將重創地球。所以，如果人們能夠避免在下一個一百年殺害自己，他建議，人們應該要有能夠不需地球支援卻能持續維生的太空居所（Jesdanun 2006）。後來，《中國日報》（China Daily）訪問霍金關於環境的問題，他透過電腦合成的聲音回答，他「十分擔心全球暖化」，而且他擔心地球「可能會像金星一樣，在攝氏250度與降下含有硫酸液體的雨中滅亡」（"Hawking: I Like Chinese Culture" 2006, ¶4）。當我在寫本章的時候，Yahoo!「網路問答」的計數器顯示，霍金的問題已經有23,681篇的註冊回應，他計畫與 Yahoo!合作分析這些回應，並且找出最好的回應。

像 Wikipedia、Amazon、Google、MSN 還有世界上很多新型服務的網站，繼續提供更多服務以開發集體智慧——基於人類集體合作有時將比個人或機器更容易找到資訊的基本假設。在另一個例子中，如果地球被證明是宇宙中唯一適合生命演化的地方，那麼毀滅其生命，根據宇宙論者 Martin Rees（2003）的說法，宇宙的未來將只是綠色或是灰暗。這大概是人們對集體合作能想像到的最好、最迷人以及最有意義的觀點了（譯註11）。

譯註11 意指人類必需透過集體合作，以維繫宇宙中生命的生存與演化，避免使宇宙成為只有綠色或灰暗。

教育中的創造力與智慧

數學家羅素（Bertrand Russell）曾說，這個世界最大的問題就是傻子與狂熱者總是對他們自己如此確信，而智者卻充滿疑惑。假設羅素真的這麼說，我懷疑如果他還有多一些時間的話，他最後是否真的會抱持這樣的信念。雖然很多人都了解他的觀點，但進一步想，疑惑可能是無知也可能是智慧的表徵。我想羅素的觀點可能可以從現在文化關於黑白的爭論中獲得一些支持（譯註 12）——顯然地，生活當中很多事物並不是非黑即白，支持獨斷的文化將導致麻木。的確，人生中很多最棒、最有樂趣、最有冒險性的時刻，充滿了懷疑或其他形式的不確定性。很少人會關心一場勝負已定的足球賽，其他比賽也一樣。如果一個人被保證在一天中不會遇到任何意外的驚奇，相信那將是那個人一生中最無聊的一天。這個世界基本上就是不確定的。人們在學習與創造時所做的，就是企圖運用不確定性做為混沌的素材，以產生新的發現與發明，因此能夠適應且最佳（雖然並不完全）地掌握他們自己的情境與尊嚴。就像其他哺乳動物，人類甚至在這樣做時，經驗到樂趣（譯註 13）。特別是教育，如果無法容忍不確定，將嚴重損傷教學的品質，以及更擴大地損傷生活品質。舉例來說，當教學的時候，最重要的成果——學習者的知識與技能——無法被任何趨近完全正確

128

譯註 12 意指世間事物存在著許多不確定性，不是非黑即白。

譯註 13 意指人們運用本身能力以克服不確定的挑戰時而得到樂趣。

的事物所預測，因此，任何課程的成功，依靠的是幾乎完全在我們無法看見的萬兆次同時發生的神經歷程中。這些例子正可說明樂趣的重要與創造性的模糊。然而，在智慧性前瞻與行動的另一個極端，也同樣地重要，如果沒有一些穩定性，有機體或生態系統會很難維持。綜而言之，當考量如何透過教育的過程帶入創造力與智慧時，我們所選的方式必須要重視這兩個美德彼此間密切的關係。

在這個脈絡中，我提供兩個簡短的適於教育者的計畫。第一個是表 10.1 所示的特定架構，顯示某些特定的美德能夠被用來促進目標美德──創造力與智慧。

表 10.1 增進創造的智慧與智慧的創造力之美德

		目標美德：智慧（w-W）	
		小 w 智慧，與較可預測、較有導向性的發展有關	大 W 智慧，與較不可預測與無法導向的演化有關
目標美德：創造力（c-C）	較短期、歷程導向、形成性、內在動機與直覺基礎的創造力（小 c）	增進之美德，如：好奇、投入	增進之美德，如：敏感、覺察、仁慈
	較長期、結果導向、總結性、外在動機與反思基礎的創造力（大 C）	增進之美德，如：高層目標、社會承諾	增進之美德，如：勇氣、復原力、社會責任

每一個增進的美德，也都可以適用於其他象限。但重要的是，每一個象限都有其主要的增進美德，這個架構的主要意義是，良好教學的基本心理品質──學生是敏感的、覺察的、有復原力的、投入的、

129

專心於有意義的活動。在這些活動中，他們負起了某種層次的責任——能夠引發學生長期或短期的創造力，以及關於可預測或不可預測事件的智慧。我發現後者的區分特別重要，尤其當科學顯示這個世界是十分地不確定，而且**無方向**（undirected），但同時，我們基本上也企圖將生物、文化與社會的生存與成長導向抵抗這些不確定性。更甚者，很諷刺地，我們可能知道當我們的確能夠毀滅地球未來的生命時，我們能否維繫地球是十分不確定的。讓我們期待莫非定律（廣義地說，在任何情況下，事情只會越來越糟，如果你給它們機會的話）並不普遍地適用(譯註14)。

當然，所有表10.1中的增進性美德，它們本身也是完整的美德，猶如正向心理學所呈現的一般（Peterson and Seligman 2004）。的確，它們與四個象限都有些相關，我仍然認為將它們放入這個架構是有幫助的，如此能夠呈現有哪些美德在我們每天的生活中間接地貢獻創造力與智慧。換句話說，根據促進學生生活的美德所創造的優質教學方法，基本上增進了喜樂與有意義的生活（Csikszentmihalyi 1993; Seligman 2002）。人們也許都期待更高的創造力與智慧。創造力與智慧的連續向度應該透過連結這些美德來加強，因此使得智慧的創造力與創造的智慧更接近。在我的理解，這些假設還未被廣泛檢驗，但我的丹麥研究同仁最近發展了一個網路工具（Danish University of Education n.d.）來評估學校的快樂與幸福感，我們計畫用這個工具來檢驗

譯註14 意指人們如果持續破壞生存的環境，最後將導致地球未來生命的毀滅，但人們是否能夠停止這樣負向的發展，維繫地球未來的生命，卻也充滿不確定性。如果是這樣，我們只能期待莫非定律不適用於人類未來的命運，意即事情不會越來越糟。

這些假設。

第二個計畫，我邀請教師透過下列微型課程（minicurriculum），或者某些組合的學科研究與開放式活動以調查令人好奇的概念，例如最佳化生存機會的普遍驅力，以及創造力與智慧的相互依存。我建議在含有下列條件的氛圍下來進行：

- **生物、社會與文化的包容性**：在其中，教師與學生被了解與被教導做為環境「中」的一個個體，而不是環境「上」的個體。

- **對於學生有能力之貢獻的期待**：間接地展現對於學生天分與特色的肯定（過去是除了學生的天分與特色之外，沒有什麼是可以被肯定的）（譯註 15）。

- **特殊的代間關係**：過去的世代在避免人類悲劇上是明顯地失敗的。創造力與智慧的迫切與引力，被導向於真誠地邀請學生立即投入某種智慧的創造力。

130　　下列是微型課程的主要內容：

1. 用充分的演講、個別閱讀以及團體討論來檢視直接與間接證據，以探究最佳化生活機會的普遍傾向（包含人類創造力）。

   ◆ **學生自己經驗到的利他主義**：例如被幫助和幫助他人的美好感受、關懷弱勢、福利捐的利益、真愛等等。

   ◆ **生物上的利他主義**：包含親屬選擇、相互利他、不利條件原理（handicap principle）、聲譽原則（reputation-principle）以及社會趨勢之非零和演化。

譯註 15 讓學生的天分與特色能夠在更多元的活動與場域中展現而被肯定，而不是如過去只在與天分和特色直接相關的學業表現中肯定學生。

◆**心理學所發現的利他主義**：顯示當人們被他人而不是自己肯定、當他們有些創意而不只是模仿、當他們有長期的目標而不只是短期的目標、當他們感到自己是某個更大事物中的一個重要部分等等時，會感覺比較好。

◆**社會與文化科學所發現的利他主義**：顯示全世界的人們如何在某些特定的條件中表現出不自私的行為（例如志工）。

2. 基於由上述演講、閱讀與討論所獲得的領悟，學生透過專題研究與充分的討論以產生導向下列問題之深度、豐富且個人的答案：

◆什麼可被稱為創造的智慧與智慧的創造力 —— 及其相反，如：守舊的智慧、不智慧的創造力與不智慧的順從。影響決定同意上述觀點的困難是什麼？

◆如果要在學校、家庭、社區、工作場所或全世界帶入智慧的創造力與創造的智慧，可以怎麼做？

◆一個人如何選擇、實踐他在這些議題上所採取的立場，而這些選擇與行動又能使其創造力與智慧持續成長？有很多社會力量會抑制或激發個人信念的改變，可以做什麼使得人們能夠更開放地改變他們的信念，而且不會失去他們的地位、朋友等等。

◆什麼樣的社會與文化會支持或不支持智慧的創造力與創造的智慧？而據以上所述，什麼樣的社會與文化被認為能夠容忍或不能夠容忍如 Popper（1971）的觀點。

當然，這些都是相當困難的主題，介紹時不應草率。在教育中最

需要被關注的是習得無助，這不只令人絕望，而且會因為感到缺少影響力而產生無責任感。就像所有人一樣，學生應該要被保護以免於受到無法掌握之事的傷害。然而，顯而易見的，有多少的孩子透過當今的媒體目擊一切，他們往往可能需要與人認真且真誠地討論這些議題，而不只是被保護不要去碰觸這一切。明顯地，每一個老師與家長在每一個情境中所做的決定，都不可避免地要面對關於人類智慧與創造力之長處與弱點的挑戰。而且當接受到這些挑戰時，不可避免地要選擇是否要投入行動。

因此，我們要為 Anna Craft、Guy Claxton 和 Howard Gardner 的精神，以及他們試著更了解教育中智慧與創造力的企圖喝采。我仍然堅信人類具創造力的與智慧的未來，將透過視創造力與智慧為相互依賴的美德而圓滿實現。如果智慧沒有創造力，預測那會是一個很枯燥的未來。但如果創造力沒有智慧，我們將很難預測會有什麼未來，我們兩者都需要，並且相信我們能夠擁有它們。

參考文獻

Chaisson, E. 2001. *Cosmic evolution: The rise of complexity in nature.* Cambridge, MA: Harvard University Press.

Csikszentmihalyi, M. 1990. *Flow: The psychology of optimal experience.* New York: Harper & Row.

———. 1993. *The evolving self.* New York: HarperCollins.

———. 1996. *Creativity: Flow and the psychology of discovery and invention.* New York: HarperCollins.

Danish University of Education. n.d. *GodSkole* [GoodSchool]. https://www.god skole.dk/.

Feldman, D. 1980. *Beyond universals in cognitive development.* Norwood, NJ: Ablex.

Gardner, H. 1999. *The disciplined mind: What all students should understand.* New York: Simon & Schuster.

GlobeScan. 2005. *Trust in governments, corporations and global institutions continues to decline.* http://www.globescan.com/news_archives/WEF_trust2005.html.

Hawking, S. 2006. *How can the human race survive the next hundred years?* http://answers.yahoo.com/question/index;_ylt=AlvNa7eHedXIZsScobHvQJ0jzK IX?qid=20060704195516AAnrdOD.

Hawking: I like Chinese culture, women. 2006. *China Daily,* June 21. http://www.chi nadaily.com.cn/china/2006-06/21/content_622829.htm.

Jesdanun, A. 2006. Seeking answers from the cosmic consciousness. *Boston Globe,* July 8. http://www.boston.com/ae/media/articles/2006/07/08/seeking_answers_from _the_cosmic_consciousness/.

Kahneman, D. 2003. A perspective on judgment and choice: Mapping bounded rationality. *American Psychologist* 58:697–720.

Kauffman, S. A. 1996. Self replication: Even peptides do it. *Nature* 382:496–97.

———. 2000. *Investigations.* Oxford, UK: Oxford University Press.

Knoop, H. H. 2004. På tærsklen til det virtuelle liv—psykologiske og pædagogiske aspekter af den digitale teknologi [On the threshold of virtual life—psychological and pedagogical aspects of digital technology]. *Pædagogisk Psykologisk Rådgivning* 41:280–308.

———. 2005. Kompleksitet: Voksende orden ingen helt forstår [Complexity: Growing order nobody quite understands]. *Kognition & Pædagogik* 15:6–24.

———. 2006. Kreativitet [Creativity]. *Dansk Pædagogisk Tidsskrift* 1:1–10.

Kurzweil, R. 1999. *The age of spiritual machines.* London: Orion Business Books.

———. 2005. *The singularity is near: When humans transcend biology.* New York: Viking.

Lyhne, J. 2005. Kollektivt flow: Et interview med musikeren Peter Bastian [Collective flow: An interview with the musician Peter Bastian]. In *Et nyt læringslandskab: Flow, intelligens og det gode læringsmiljø* [A new landscape of learning: Flow, intelligence and the good learning environment], H. H. Knoop and J. Lyhne, 165–87. Copenhagen: Dansk Psykologisk Forlag.

Murray, H. A. 1938. *Explorations in personality.* New York: Oxford University Press.

Peterson, C., and M. E. P. Seligman. 2004. *Character strengths and virtues: A handbook and classification.* Washington, DC: American Psychological Association and Oxford University Press.

Popper, K. R. 1971. *The open society and its enemies.* Princeton, NJ: Princeton University Press.

Rees, M. 2003. *Our final hour: How terror, error, and environmental disaster threaten humankind's future in this century—on Earth and beyond.* New York: Basic Books.

Runco, M. A. 2004. Creativity. *Annual Review of Psychology* 55:657–87.

Seligman, M. E. P. 2002. *Authentic happiness.* New York: Free Press.

Senge, P. M. 1990. *The fifth discipline: The art and practice of the learning organization.* London: Century Business.

World Economic Forum. 2002. *Global survey on trust.* Geneva, Switzerland: World Economic Forum.

Wright, R. 2000. *Nonzero: The logic of human destiny.* New York: Pantheon Books.

11.創造力與智慧

Christopher Bannerman 著
林偉文 譯

　　這個回應是集中於由 Anna Craft、Guy Claxton 和 Howard Gardner
的三篇標靶論文所引發的張力。我使用**張力**（tensions）這個字，意
味著他們在章節中所提出問題的豐富性，並且肯定他們導引一個在演
進中領域的改變與移動中所具有的地位。在我和六位藝術家一起工作
的過程中，也發現了這樣的張力，這六位藝術家來自於英國米道賽克
斯大學（Middlesex University）的表演藝術創作研究中心（Centre for
Research into Creation in the Performing Arts, ResCen）（原註1）。表演藝
術創作研究中心的運作肯定了藝術家作爲知識持有者、專家實踐者以
及藝術家之意見的特殊地位，它吸引我們聚焦於教育中的創造力相關
爭議，或許不明顯地，也引入討論智慧作爲藝術家實踐的一個面向。
對智慧的興趣可能起源於這個事實——每一個藝術家都累積數十年的
經驗，他們都已臻於感受到能反映他們當前藝術的實踐，以及它是怎
麼演變和發展的。他們的工作持續面對來自專業機構和製作人的要
求，而且他們常被像是英格蘭藝術委員會（Arts Council England）的
團體提供資金贊助。藝術家並不是被隨機選擇的，他們每一個人都有
動機去申請成爲中心的一部分，在那裡他們能夠獨立地和共同地在實
務上參與討論藝術實踐和其反思。這些研究發現應該被視爲立即和情

境化的，特別是當藝術家透過自我選擇的歷程所參與的。最近，藝術家們投入於撰寫《探索未知》（*Navigating the Unknown*; Bannerman, Sofaer, and Watt 2006）一書，在這個章節中，有些觀察是取自這本書中的材料。

134 　　表演藝術創作研究中心的工作也是基於藝術實踐，亦即存在和運作於真實世界的藝術實踐。**真實世界**（real world）可以被視為是一個很有問題的名詞，但如同 Robson（2002）所說，它仍然有用且清楚地指出我們考慮應用的環境和動態社會情境。我接受這個事實，這三篇標靶論文都植基於真實世界的基礎和每一個與它有關的主題，如：混亂的實際教學、經營企業、運作學校或在複雜、多樣和全球化世界中做決定。我將透過我的經驗、表演藝術創作研究中心充滿活力的辯論所形塑的鏡頭，檢驗 Craft、Claxton 和 Gardner 所激起的張力。

創造力：一個抽象名詞

　　第一個張力是由**創造力**（creativity）這個名詞自己所形成，雖然 Claxton 認為這是個抽象的名詞，對我而言，似乎許多現今教育上的爭論忽略了這個事實，並且促發了「創造力是自發、直覺性頓悟」之觀點──一個孩童和藝術家共有的特質。表演藝術創作研究中心的經驗告訴我們：「這是真的！」直覺性頓悟是藝術家工作的重要特徵，但這需要建立在以積累豐富知識為基礎的熟練且專業的投入。儘管這些由藝術家的工作中所呈現的清晰證據是事實，但那些對創造力的讚

美通常只談到不可思議、傳奇化的觀點而忽略工藝、技術、知識和專門技術。在 Philip Pullman（2003b）的愛細思演講（Isis Speech）可以找到一個例子，演講中，他推銷一個夜釣（fishing at night）的寫作點子。他認為這個點子是個不需要合理性的活動，這可能是為什麼這篇文章只用了一個知識和技巧的參考書目的原因。這個演講後來被複製為《衛報》（The Guardian）中的一篇文章，作為寫給英國教育與技能部部長（British Secretary of State at the Department for Education and Skills）的一封公開信（Pullman 2003a）。或許他的說法表明了他覺得現今的學校遺失了對創造力的努力，但這作為解釋藝術的實踐是不完整的(譯註1)。

如果我們從表演藝術創作研究中心六個藝術家的發現歸納，我們將會看到，這些討論否定了藝術家的實踐是在專業領域的架構之中進行的事實——即使他們的作品挑戰了其專業領域的邊界或存在。我們太常提倡創造力以至於缺乏凸顯有意義的脈絡。根據我的觀察，一個學科架構（disciplinary framework）為創造力和直覺性頓悟提供廣大的視界和意義，而創造力和直覺性頓悟是藉由藝術家所累積的知識與經驗而活化和傳達，使其能夠達到有意義的表現形式(原註2)。

領域知識中的直覺，舞動於潛意識和意識的互動中。這並不是減少直覺性頓悟在表演藝術創作研究中心藝術家工作的重要性，他們全部都提到了它的影響力。但它只是策略調色盤中的一部分；有意識的 135

譯註1　作者意指Pullman過度強調領悟在創造歷程的重要，而忽略了專業、知識、技能在創造歷程中的重要性，如「夜釣」的例子，並未援引其他專業文獻，有專業知識的基礎，但仍可是一個很有創意的寫作點子。

心智、知識、工藝和技巧，必須有意識地投入且同時保持潛意識的覺察、保留直覺發生的空間。這對於將創造力視為理想化、抽象、自發性會產生不利的影響，因為它清楚地存在於自發的潛意識和專業意識的交互中介作用中。創造力實現的意義是在專業藝術家回應直覺的作品中體現出來。如同之前提到，這個觀點起源於表演藝術創作研究中心六個藝術家的工作，因此，這表示**情境的理解**（situated understanding）^{（譯註2）}可能或可能無法應用於其他的脈絡中。但是所有的證據顯示，創造力在藝術家的工作是導源於直覺和意識兩者間的相互影響。將焦點放在知識和技術與自發性頓悟的連結可能並不時興，但它可以對創造性頓悟和過程提供更多的穩定基礎。

個人和創造力

這個分享概念引領我來到第二個張力；它是由個人主義的對話所引起，Craft 指出個人主義是基於為達成經濟發展而引發創新的西方價值。個人主義在表現藝術中的創造力實踐裡同樣也是關鍵特徵，事實上，創意藝術家的名字是一種商標，在藝術市場中產生價值。但是與表演藝術創作研究中心藝術家的工作顯示，這個關於藝術實踐的「事實」可能並不是完整的圖像，因為藝術家在創作時幾乎總是需要與他人一起工作。的確，即使是對大部分獨自完成工作的藝術家，像是作曲家 Errollyn Wallen 和表演藝術家 Richard Layzell 也是如此。

譯註2　意指人類的理解根植於知識被應用的情境中。

Wallen無法完成作曲除非她能看見表演者將曲子演奏出來；Layzell在他的創作中結合了個人調查，以及與長官、各類合作者、尤其是創作社群中的成員數小時的討論。

事實上，許多表演藝術的創作依賴於表演者。了解表演的人們知道，實際上表演工作者和創作者共同擁有創作，至少共享了所有權。在表演藝術的創造中，和他人的合作是重要的，事實與藝術家是孤單、被誤解、獨坐閣樓的才子之觀點並不一致，這些觀點似乎影響許多關於創造力的討論。上述刻板印象可被視爲落伍，但在我的觀點，它卻仍被保留且強而有力地影響創造力的討論，儘管那些藝術家已公開承認合作貢獻的重要。不只表演藝術創作研究中心的藝術家和他人有深入合作，在許多的案子，爲了要創作，他們試著開始一種團隊的創造力。集體創造的投入程度在過程中有所不同，在最初發展想法時，團體的投入最大，但工作中每個人的創造參與是成功所不可或缺的。創造參與的轉變程度，也包含了角色的轉移，意味著每個人對其他人和創造過程必須是敏感且同理的。

表演藝術創作研究中心的藝術家很熟練於這些互動，他們之所以成功地作爲一個創造者，依憑於他們的溝通、激勵、回應和領導團體的能力。這個團隊導向似乎在許多現今的創造力討論仍付之闕如，然而，小組的創造工作可能成爲一個可以在教育和工作場所運用的模型。聚焦於合作創造過程可能改變創造力在教育的基本思維，因爲它現在大部分被做爲促進達成經濟發展的手段。英國貿工部主管科學與創新的政務次長盛博理勳爵（Lord Sainsbury of Turville, Parliamentary Under Secretary of State for Science and Innovation）於2005年10月，在創意經濟研討會的演講中清楚述明，他說：「創意經濟是歐洲經濟

136

快速成長的一部分；面對全球經濟挑戰，在歐洲的我們需要找尋我們的力量。他們將越來越倚重我們的才能、我們創新的能力，以及我們將創造力轉變為全球人都想要購買之產品和服務的能力」（Sainsbury 2005, ¶4）。這個創造力觀點是朝向增加消費者選擇，與個人化自我認同運動中的一部分。這個運動似乎無法抵抗，雖然我們經常提醒社會凝聚和高度發展人際技巧之工作場所的必要。

　　將高度個人主義的創新者和小組的集體心智放在一起似乎不太可能，但是明顯的矛盾存在於表演藝術的藝術實踐本質；在專業的表演藝術世界可以做更多努力來肯定這樣的整合，但是偏重個人創造力和成就的教育系統並不會鼓勵這樣的發展。與他人的互動是發展和活化藝術家智慧的核心。有句格言這麼說：「我如何知道我是怎麼思考的，除非我聽到我說了些什麼？」有時，組織理論學家 Karl Weick（1995）的說法是可信的，藝術家經常發現，其關鍵發展是透過和其他人工作而受到激勵。當他們參與合作去創造藝術作品時需要同理心，成功地與觀眾溝通是他們重要的能力——對當代社會做出反應和挑戰的能力。藝術家對他人的洞察力和與觀眾的關係對表演者的工作設計同樣重要。這個同理心被認為是讓他們工作發展和成功超過數十年的理由。單單同理心和洞察是不夠的，身為藝術家必須有知識和技巧來使用它們，以使創造者和表演者之間的合作關係可以更豐富和複雜。一個有關這類交流和同理性洞察力的關鍵例子，可以在 *The Suchness of Heni and Eddie* 中看到，這是一部由 Rosemary Lee 編舞，有關於表演工作的紀錄影片。

137

創造力和接近性

六個表演藝術創作研究中心的藝術家已經透過與他人密切的工作發展出人際互動技巧，這個工作也許是發展洞察力的關鍵和展開智慧行動的能力。值得注意的是，在三篇標靶論文中，智慧的例子聚焦在「交流」（exchange），凸顯直接的人與人接觸，而且人類似乎被制約爲敏感於親密接近的社會互動。機械化、都市化和數位化提供遠距離的溝通，以及能夠直接對話卻又保持匿名，但有趣地，接近原則——尤其是和眼睛接觸有關——正影響著市中心的規劃。交通工程師 Hans Monderman 在荷蘭倡導**共享空間**（shared space）的哲學（參見 *Shared Space: Room for Everyone* 2005）。減少號誌和油漆的使用、爲汽車提供路線，還有其他交通控制的傳統方法，這些方法迫使行人、腳踏車騎士和駕駛者間建立眼神接觸，這些可以改變人類的行爲，並導引更有責任和反應的道路使用及減少意外。這可能可以想像爲創造力和智慧並行之路，但這些都是人類「交流」的事件，如同標靶論文指出，它顯示「接近」是鑰匙。這確切意味著在這個世界上，永遠無法完全依賴電子郵件和簡訊，我們不應該忽視潛在逐漸失能的人類互動。駕駛者在前進中感到沒有障礙或限制而加速通過街道，也許是對「個人」的隱喻，一如一個人孤獨地在電腦前，在寬頻高速公路下加速而忘記其他人的福祉。

爲了提供傳達溝通或運用更多遠距溝通的基礎，一個用來減輕如

此潛在影響的策略，是透過在教育上兼重團體與個人的發展（譯註3）。表演藝術創作研究中心的經驗建議，表演藝術的藝術家精鍊和發展他們的能力，以在其職涯歷程中與人溝通。這個溝通技巧內化於他們的專業實踐，以及連結知識和技藝，使他們能夠發展創意作品並呈現給觀眾──他們賴以維生的行動。承認藝術家的知識和技藝是很重要的，不僅是因為這正確地反映他們的實踐，同時也是認可他們專業技能的地位。這個認可營救他們遠離被放逐於空想的、或甚至是幼稚的業餘領域範圍，避免落入先前提到由浪漫的創造力觀點所支持的傾向（譯註4）。

無可計數的價值

138

當然，如同 Gardner 指出，現今不只是藝術家的專業地位被低估，這個問題也帶領我們來到第三個張力：在績效責任和評鑑之間的張力。這個討論是相關的，因為它是用來決定事物的價值，尤其是像創造力和智慧這種較難量化的事情。**績效責任**（accountability）和**評鑑**（evaluation）所代表的過程容易混淆，即使有證據來區隔這兩個字。「績效責任」不只是算帳（account），它意指透過測量試圖建立價值，或單純地計算。這也許是達成公共生活透明化的部分企求，或者至少在公共開銷、表達意見、以證據為基礎的決定時能夠有所依

譯註3　作者在此所指的可能是華人十分強調的「群育」。
譯註4　意指創造只需直覺性頓悟，不需專業知識與技能。

憑；但是過程應該和評鑑區別，評鑑包含質的判斷，就如其字根**價值**（value）所意涵的。試圖簡單地透過計算以了解某些事物的價值，常取代了賦予評鑑價值之整體有意義的討論。我們時常只是試圖處理由**金錢所象徵的價值**（value for money），這使我們簡化地回到了計數或計算的模式。我們勉強將評鑑和價值作連結，可能導致我們很難討論評鑑所代表的是誰的價值，然而這卻使我們迴避了共享或集體價值的議題，使得專業判斷無法彰顯，抑制了找出所謂的社會信任，且暗中破壞創造力和智慧的發展。

確認價值所賦予評鑑的意義可能是有問題的，但是將這個問題彰顯以了解決定某項事物的價值時，不可避免地涉及價值的討論；假定一切都可以用金錢或統計術語來界定價值，只是在逃避這個議題。這在更加多元的社會中必須是關鍵的議題，表演藝術創作研究中心的經驗建議，結合創造力與智慧的藝術實踐，對於確認、論辯並發展出更有意義的集體共識是有效的方法。

創造力和智慧

最後一個張力是標靶論文的核心之一：創造力和智慧的張力。在某些方面，這重述了早期個人和集體的主題，因為我們可以發現個人主義的創造力是由精良的技藝與智慧交流後的揉合。尤其在極度個人主義似乎是日常生活的慣例時，智慧的調和效果是很關鍵的。舉例來說，一個發展中的術語：**免費出名**（gratuitous fame），它透過像是稱為「實境電視」的工具，增加個人狂熱，使人因為自己而更出名，

139
更準確地說，或許因為表演諷刺自己而更有名。在這個方式下被引發的過度個人主義，或許在密集居住的行星裡是無法維持的。Craft 提到的生態學模型證明了，我們和我們的環境是互相依賴的，承認這個事實可能是恢復同體意識和共享價值的第一步。如此做可能引導不同的方式以了解我們自己和我們的世界，因此，我們可以看到相互關係和相互聯繫，而不是固定、分離的實體。

看到互相聯繫而不是分離，可能同樣促使鼓勵智慧發展的條件，或至少這個條件認同、肯定和重視智慧的發展。如同我之前的討論，團體焦點可能提供培養創造力和智慧的機會。然而在團體裡的角色並不固定；有些人在我們的脈絡中是有創造力的或聰明的，但當他身處其他脈絡時，則可能又不是這麼有創造力或聰明的。這個模型可能結合西方強調個人思考和表達，與人們認為東方較注重的集體意識。James Surowiecki 所著《群眾的智慧》（*The Wisdom of Crowds*; 2004）認為，若個人不覺得受限於需要遵守或認同自己是團體的一部分，群眾或團體決定會比個人決定正確。或許這個原則可以延伸，並且我們可以視團體為一種工具，透過團體以促進及包含個體之間的動態連結，激勵創造力和智慧，同時也加強集體感和協商社會架構。

然而，我並不認為肯定集體創造過程的價值會否定團體中個體的重要性，或單獨創造工作的重要性。同樣的，Pullman 提出這個觀點並且是有根據的，儘管他早期的看法過度浪漫地傾向於強調個別藝術家。在《衛報》（*Guardian*）的新聞標題，他詳述他參與了肯定藝術在教育中地位之事件，他提到「所有被討論的和陳列在研討會的藝術都是表演藝術、合作的、詮釋的藝術。這些藝術強調了團隊合作的價值和達到公開表演的高峰，以及立即的了解和認同，這是非常棒的；

但是也有其他藝術的種類，它們是私人、隱密、個人的，且需要許多時間延展它們的效果。這種形式的藝術是神秘的影子；它們的產出是無法預期的；他們在不斷失敗的可能性中完成它們」（Pullman 2003a, ¶3）。

我再次擔憂過度個人主義的取向，但是它在肯定創造力透過多種方式被發現上是重要的——表演藝術創作研究中心藝術家屢次提醒我——而且要注意到對某些人而言，個體和個人的歷程是一種方式。然而，Pullman（2003a）因為二元化了「表演藝術、合作的、詮釋的藝術」和「私人、隱密、個人的藝術」（¶3），也處於增加混淆的危險中。簡言之，他比較了表演和創造（可能在書寫的領域），而不是比較表演工作的創造和藝術書寫工作的創造；這逐漸削弱了他有關創作本質的觀點，和顯示出他並不熟悉團體創造過程。表演藝術創作研究中心的藝術家都曾談論過在他們創作中私人、隱密和個人的部分，而且張力會在需要時出現在創造藝術的社會脈絡中，最重要的是，即使當他們感到不穩定、不明確或沒靈感時，表演者也需要相信他們是充分掌握過程的。

Pullman（2003a）令人困惑的比較，不幸地和其他在教育的傾向一致，亦即將自我表達和創造力混為一談。在這個前提下，他將藝術中創造和詮釋的投入作清楚區別是有用的。這個區分也是重要的，尤其是因為表演藝術的創意貢獻通常來自於那些看起來害羞或退縮的人，和那些明顯自我表達的表演是不同的。Pullman 不但是教師也是作家，他正確提醒我們，那些涉及認同、活化、鼓勵在學校、學院、大學中發展創造力的工作者，必須能夠在多種形式——活潑和明顯，或隱密和個人——中辨識創造的工作場所。這麼做需要教師、導師或

140

領導者的洞察力和智慧，以及對那些我們可能難以盡述之創造力促進者的重要性。他們必須發展一種對創造力投入有敏銳度的「氣壓計」（barometer）——其創造可能表現在多種管道，或有時突然發生卻無法解釋。Pullman 同樣提醒我們，神秘通常是創造過程的本質。表演藝術創作研究中心的藝術家在教育和社群中與廣泛多樣的團體一起工作，並指出個人經歷了一個意外釋放創造能力的現象，它似乎事前完全隱藏，但透過接觸新的情境或領域時，突然迸發。

促進創造投入同樣是很複雜的事實，因爲它可以是多種形式，這些形式通常是在不同創造歷程的階段活化，和可能包含幾乎相對的傾向：可能需要「發散」的階段，以達蒐集參考資訊和連結；反之，「聚斂」階段需要選擇和精鍊，像是把它們統整在一起（come together）以產生最後的形式。每個階段所需的創造能力可能成爲個人的挑戰，然而，這也可能使個人和其他人的創造能力更容易配合。「氣壓計」必須對兩種投入的類型更敏感，尤其是關於創造貢獻的規模。它或許是許多西方藝術家在 1960 年代形成的經驗，那時人們正尋求社會不均衡狀態的根本解決方法。在任一個例子中，我發現現今的趨勢在探索根本的藝術陳述，重新定義了領域，甚至是世代的觀點。這和之前世代使用的術語「**進步**」（progressive）不同，進步意指其基礎是適當的且可以支持未來的發展。我透過回到我們的字彙來註解**進步**（progressive）這個詞，並且是在藝術的脈絡中，我認爲這樣是有用的。

我們都承認某些偉大藝術家的開創性貢獻，科學也有些類似的狀況，Kuhn（1962）指出：這個革命性的概念**典範轉移**（paradigm shift），是當舊有「常態」的科學典範被移除。然而，我想要舉例說

明在這個脈絡下小小的、增加的創造貢獻，和討論**常態**（normal）這 141
個名詞。現今很容易將「遞增」忽略為較沒有價值的，但 J. S. Bach
說明了由「時間推移」所提供的益處。許多同時代的人視為有能力的
工匠，在著名典範裡工作，但我們現在知道，某些人達到了某種形式
的最高峰。這對我來說是超越「常態」，使我想知道，是否現今我們
通常過度期待那些能夠重新定義他人作品者的創造力，是否這些創造
發生導因於團體創作，或是因為個人被導引、發現至適當的脈絡而激
起創意火花。我們必須肯定一個能使有意義的創意發生的領域架構。

這些創造力展現的多元管道，無論是個人的、集體的，或採取各
式各樣形式展現的，都會挑戰最敏感的氣壓計，並且需要「創造力方
程式」的關鍵部分——能夠洞燭機先的發現與培育創造力。肯定創造
行動的潛能和投入就如同事物本身一樣重要。我們需要以開啟心門，
以使創造投入能夠被激發、促進與導引。這個過程的神秘避開了化約
論和公式化策略，並且挑戰學校、學院、大學以及工作場所，允許和
包含創造力與智慧的展現。

這三篇標靶論文激起我提出有關創造、智慧、辨認和評價事物能
力等問題的回應。這是需要及時廣泛進行的論辯，我們需要新的領悟
和對當前社會改變和環境問題的集體意志，我們需要創造力去想像新
的典範和解決辦法，我們需要智慧來採取有效的行動。時間將會告訴
我們是否成功達到這些目標。要感謝 Craft、Claxton 和 Gardner 提出
這些迫切的議題。

原 註

1. 進一步資料見 www.resecen.net。
2. 參見 ResCen（2003）及 Bannerman、Sofaer 和 Watt（2006）有更多的討論。

參考文獻

Bannerman, C., J. Sofaer, and J. Watt. 2006. *Navigating the unknown: The creative process in contemporary performing arts.* London: Middlesex University Press and ResCen.

Kuhn, T. E. 1962. *The structure of scientific revolutions.* Chicago: University of Chicago Press.

Pullman, P. 2003a. All around you is silence. *The Guardian*, June 5. http://books .guardian.co.uk/news/articles/0,970760,00.html.

————. 2003b. *Isis speech.* http://www.philip-pullman.com/pages/content/index .asp?PageID=66.

ResCen. 2003. *Seminar: Intuition and the artist.* http://www.mdx.ac.uk/rescen/archive/ intuition03.html.

Robson, C. 2002. *Real world research: A resource for social scientists and practitioner-researchers,* 2nd ed. Oxford, UK: Blackwell.

Sainsbury, D. (Lord Sainsbury of Turville). 2005. *Creative economy conference.* http://www.dti.gov.uk/ministers/speeches/sainsbury071005.html.

Shared space: Room for everyone: A new vision for public spaces. 2005. Groningen, Netherlands: Keuning Instituut. http://www.shared-space.org/files/18445/SharedSpace_ Eng.pdf.

Surowiecki, J. 2004. *The wisdom of crowds: Why the many are smarter than the few and how collective wisdom shapes business, economies, societies and nations.* London: Little, Brown.

Weick, K. 1995. *Sensemaking in organizations.* Thousand Oaks, CA: SAGE.

12.我們兒童的教育基礎
──領袖性

Robert J. Sternberg 著
袁汝儀 譯

　　問題：什麼事情比迷失還更糟糕？答案：迷失了還不自知。目前
美國對教育測驗的迷戀，是基於一項嚴重的誤解：教育的目的是知識
及其瑣碎的運用。這種誤解所衍生的問題是：大部分學生所學到的是
無用的知識，是滿腦子無用而且未充分整合的事實。讓我們看看三個
日常生活中的例子：第一，一張一百分的手寫駕照考卷，其意義何
在？得到一百分並不保證車開得好，甚至不保證會開車。第二，一個
不能說話的人，卻可能在詞彙、文法、拼字考試甚至閱讀測驗上，獲
得一百分。第三，任何修過教育課程的人都知道，教育學教授不見得
是個優秀的或甚至好的老師。

　　Pink（2005）曾指出，我們將不再生存於訊息（information）時
代，即便過去我們可能曾經生存於訊息的時代。現在最重要的，是協
助人們做決定的廣泛性概念了解（broad conceptual understanding）。
在本章中，對於學生需要什麼樣的學校教育，我的主張與許多學校及
教師的主張幾乎是完全相反的。我認為其難題在於，教師們總以為只
要他們在教，學生就在學。其實大部分時候學生並未在學，或者並未
學到他們需要知道的。以我自己為例，我在心理學界已近三十年，除

了心理學概論那樣的課，從未參加過任何選擇題式的測驗。

那麼我們的教學是為了什麼呢？我主張我們應該為了領袖性（leadership）[譯註1]而教。許多人一聽到領袖性，就想到總統、執行長、州長、市長以及創意界的超級明星。這一類鉅型領袖性（macro-leadership）對社會來說當然很重要，但這種領袖性並不是我們社會裡最主要的領袖性所在；最重要的領袖性是微型領袖性（microleader-ship），就是那些做為教室領導者的教師、做為家庭領導者的父母、專案小組或者會議的領導者、在社區或者教堂裡擔任領袖角色的人所展現的。我們要如何發展相關的技能（skills）來讓人在這種情況中，做出最好的判斷呢？任何組織若欲成功地發揮其功能，領袖性是極為重要的一環，因此，研究領袖性的學者們試圖找出會導引出成功領袖性的事物。

在這一章裡，我將討論一個簡稱WICS的領袖性模式（model），它是 wisdom、intelligence 和 creativity 三項素質融合的縮寫。WICS融合了之前許多別的老模式的內涵，比如特質的（trait）、情境的（situational）、行為的（behavioral）、應變的（contingency）與轉型的（transformational）模式。

譯註1　leadership 一字在此文中是指「領袖的素質」，不是「領袖」本身，故翻譯為「領袖性」。

WICS 的本質

WICS 試圖顯示成功的領袖性，是智慧（wisdom）、智能（intelligence）與創造力（creativity）的融合（synthesis）。如果做得對的話，學校教育能讓這三種素質獲得發展，而且聯合運作。這樣的學校教育就不只是教「事實」了。

1968 年，當我修習心理學概論的時候，這門課仍全力投入於事實的記憶。但記下心理學的事實，真的是學習此一領域最重要的工作嗎？今天，在二十一世紀的早期，同樣是心理學概論，此門課的用書內容比起早期來只有少許重疊。不管心理學的「核心」是什麼，那個「核心」必然超越了早期書中的那些事實——重點是心理學家怎麼思考，以及他們怎麼做。就像在任何其他領域一樣，心理學家創造理念、分析理念、將理念付諸行動、質問這些理念與行動能否謀公眾之福利——不論其對人類真是福利，還是災難。這些知能很重要，但並不能靠傳統的標準化測驗來衡量。惡名昭彰的領袖也許曾經做過、或者在這類事實性測驗中獲得高分，但他們絕無智慧。現在，讓我們簡短地思考 WICS。

根據 WICS 模式，所謂成功智能（successful intelligence），是當事者能透過平衡地運用分析力、創造力與實用的能力，經由適應、形塑並選擇環境，來達成個人（在個人的文化社會脈絡中）的生命目標（Sternberg 1997）。在這些能力的底層，有一些基本的執行歷程（executive processes），或後設成分（metacomponents; Sternberg

1985）：承認難題的存在、定義並再定義此難題、為解決難題而動用資源、在心中再現難題、形成解決難題的策略、持續監督難題解決的過程，並在難題已被解決之後評估解決的方式。當一個人面對的，是一個具有熟悉的形象但相當抽象的難題（如智力測驗的題目）時，其所應用的是分析智能（analytical intelligence）。當一個人應用此過程於相對新奇的任務或情境時，其所應用的是創造智能（creative intelligence）。當一個人為了適應、形塑並選擇環境，應用此過程於日常難題時，其所應用的是實用智能（practical intelligence）。一個領袖需要創造智能來開發新理念、分析智能來確定這是否為好的理念，以及實用智能來實現這個理念並說服他人接受。

　　創造力是用來形成難題、解決難題，以生產相對新奇且品質好的解決方案（Sternberg and Lubart 1995）。創造力需要創造智能來開發理念，但它也需要其他如知識、從事新奇思考的欲望、能容忍模糊狀態的性格、願做合理冒險的傾向、克服障礙的意願、自發且任務導向的動機，以及一個支持創意的環境（Sternberg and Lubart 1995）。在創造力的背後，再說一次，有著形上的成分。一個人需要創造智能去認識及尋找好難題，然後不斷地將難題定義、再定義，直到難題可以用一種適合產生新奇解決方式的角度看待之。有創造力的人，將其資源投入於那些值得解決的難題上，因此是成功的難題尋找者。好的領袖認識、碰觸那些需要他（她）們來解決的難題，其餘的難題，則交出去讓別人來解決或者忽略它們。比較起來，有智能的人是好的難題解決者，但他（她）們不見得會將其資源投入於每件值得解決的難題上。不只創造智能如此，分析智能以及實用智能對創造力來說也很重要。分析智能決定解決難題的方案是否夠好，而實用智能則執行這項

方案並說服他人，說這方案是好的，大家應該接受。追根究底，領袖性的真正創造力，在於解決重要的難題，而不只是所有的難題。

智慧是應用智能、創造力與知識，透過平衡自身內省的（intrapersonal）、他人人際的（interpersonal）以及公眾超我的（extrapersonal）長短期利益，而且能融合各種價值觀，以適應、形塑並選擇周遭的環境因素（Sternberg 1998a）。由此可知，智慧與智能、創造力兩者都有關聯，因為智能與創造力都不只服務一己，而且是服務他人以及公眾的利益。就像智能與創造力，在智慧的底層也有形上的成分。一個人必須首先發現有難題（例如：不公義）存在，必須將難題以尊重多元見解的方式定義之（對話性思考，dialogical thinking），接著，當著手去解決此難題時，一個人必須量度所有關係人的需要，以及手上的資源。

智能、智慧與創造力三者是相輔相成的。一個有智能的人，可能 ¹⁴⁶既無智慧又缺乏創造力。而具有智能、可以從事開發並執行政策的人，其政策也可能既無智慧又缺乏創造力。人類文明的故事裡，充滿了這種案例。一個有創造力的人，必須同時具有某種程度的智能，但並不需要搭配智慧。一個有智慧的人，必須同時擁有智能及創造力，因為智慧要靠智能與創造力來形成解決難題的方案。WICS 主張，最佳的領袖，展現了智能、創造力以及智慧所有的素質。WICS 也主張，這三項是可以視為技能來加以培養的。

這項理論認為，領袖性主要在於一個人如何形塑、製造及執行其決定（Sternberg 2003, 2004; Sternberg and Vroom 2002）。根據這個模式，領袖性是智慧、智能與創造力的融匯。其基本的理念是：若想做一個高效能的領導者，就必須讓三者共同發生作用（synthesized）。

領袖並非「天生」。在 WICS 的架構中，我們可以談領袖**特質**（traits; Zaccaro, Kemp, and Bader 2004），但更恰當地說，這些特質必須用彈性的、動態的，而不是僵化的、停滯的眼光來看待它們。從某種程度來說，智慧、智能與創造力是一種在型態上可以產生變化的發展性專長（modifiable forms of developing expertise; Sternberg 1998b, 1999b），它們都是領袖在決策中可以決定採用或不採用的。環境強力地決定了大部分天賦潛能被運用的程度（Grigorenko and Sternberg 2001; Sternberg and Grigorenko 1997, 2001），但差勁的領袖性很少是來自失敗的基因，而是來自差勁的決策。一個天賦佳的人，可能因潛能未獲發揮而不得其利；一個天賦不足的人，卻可能決定充分發揮其潛能，並深受其益。

領袖性需要技能與傾向（也就是態度）。**技能**（skills）是指發展中的專長，視你執行某些領袖功能的情況而定。**傾向**（dispositions）也是指發展中的專長，但視你如何思考這些功能而定。傾向與技能是一樣重要的。一個人需要創造性的技能與傾向，來為領袖性、智能技能與傾向開發新而好的想法，從而決定這些想法的良窳並執行之，以說服他人接受這些想法、智慧相關的技能及傾向，以便評估其對他人、機構乃至個人的長短期衝擊。下面將依序針對創造力、智能以及智慧進行討論，因為，通常想法的開發第一，接下來是對想法的好壞做分析，再接下來——理想上——應用想法以圖人類共通的好。

創造力

　　創造力是指開發想法與產品所需的技能與傾向，而此想法與產品是：(1)相對新奇的；(2)高品質的；(3)適合於眼前任務的。創造力對領袖性很重要，因為一個人要靠創造力才能開發出足以讓他人願意追隨的想法。一個缺乏創造力的領袖，可能讓他人願意順從其想法，但這種想法可能是劣質而且陳腐的。

147

匯合技能與傾向的領袖性

　　創造力的匯合模式（confluence model; Sternberg and Lubart 1995, 1996）指出，有創造力的人會顯示下列這些不同的特徵（characteristics），它們不代表天分，而大部分是代表決策以及決策的方式（Sternberg 2000a）。換句話說，人們大致上是自己決定要有創造力的，對於領袖性，他們表現出一種創造的態度。

- **難題再定義**。有創造力的領袖在定義一個難題時，不會與他人相同。他們會精確地判斷難題的本質，最重要的，他們會不惜違逆一般的習慣，將難題定義得與眾不同（Sternberg 2002a; Sternberg and Lubart 1995）。

- **難題分析**。他們願意分析所找到的解決方案是不是最好的。

- **願意主動推銷解決方案**。他們意識到，創造性的想法並不理所當然，相反的，創造想法的人必須決定親自行銷這個想法，並決定

投入力量去做。

- **能意識到知識對創造性思考的助力與阻力**。他們知道知識對於創造性思考可以是阻礙但也可以是助力（參見 Frensch and Sternberg 1989; Sternberg 1985）。沒有這種認識的話，領袖有時會變得固著，受管見之害，以致他們的專長反而成為領袖性的阻力而非助力。

- **願意做合理的冒險**。有創造力的領袖知道，他們必須做出合理而冒險的決定，這可能引致成功，偶爾也可能導致失敗（Lubart and Sternberg 1995）。

- **願意克服障礙**。他們願意克服任何逆勢操作者必然會面對的障礙，當接受某種典範者與反對同一典範者面對面時，這種障礙就發生了（Kuhn 1970; Sternberg and Lubart 1995）。

- **相信自己能達成任務**。這種信念有時被稱為**自我效能**（self-efficacy; Bandura 1996）。有創造力的領袖相信自己能把事做好。

- **願意忍受模稜兩可**。他們知道在確知自己所做是對是錯之前、在確定想要的結果發生前，不確定期會很長。

- **能為內在動力驅使去做的事，尋找外在獎勵**。有創造力的領袖所做的事，幾乎都是由內驅動的（Amabile 1983, 1996）。他們會為自己本來就喜歡去做的事，尋找能帶來外在獎勵的環境。

148

- **具有持續成長的欲望，不願停滯**。有創造力的領袖，其領袖性不會陷於模式。他們的領袖性會隨著專長的累積而演進。他們向經驗學習，不讓教訓擦肩而過。

有創造力的領袖性種類

有創造力的領袖性，可以有幾個不同的樣貌（Sternberg 1999a; Sternberg, Kaufman, and Pretz 2003）。有些會接受現行的做法，有些不接受；有些則會整合不同的現行做法。下面這些種類裡，哪些比較能被接受，要看領袖與其情況的互動而定。

- **重現**（replication）。這種領袖企圖顯示，一個領域或一個組織正處於正確的時空中。這種領袖認為組織的現況恰當，因此他企圖維持現狀而不是改變現狀。

- **重新定義**（redefinition）。這種領袖企圖顯示，一個領域或一個組織正處於正確的時空中，但其正確的理由，並非他人或前任領袖所認定的。再定義者常說，他們為他人的想法找到較佳的理由，因此是掠人之美。

- **加速前進**（forward incrementation）。這種領袖企圖領導一個領域或者組織朝著現有的方向前進，大多數這類的領袖性，是加速前進的。這種領袖性是繼承已然成功的想法，並朝前推進，其宣言是在延續中求進步。在加速前進中的創造力，大概是所有創造力中最容易被肯定並且被感謝的一種。因為它延伸已有的理念，因此被認為具有創造性；也因為它不威脅這些理念的前提，它就不會被當作無用或甚至有害而排斥之。

- **進階加速前進**（advance forward incrementation）。這種領袖企圖領導一個領域、組織或者生產線，朝著現有的方向前進，但其幅度超越他人準備好的程度。這種領袖以超過跟隨者期待的速度，

推動他們的跟隨者。在企圖執行的當下，進階加速前進通常不成功，因為跟隨者並沒有準備好要去領袖想帶領大家去的地方，或者有顯著數目的人不願意前進至特定的地步，此時，他們形成組織，有時可能是反對勢力來源。

- **改方向**（redirection）。這種領袖企圖改變一個領域或者組織的既定方向。改向領袖要成功，就需要把他們的領袖性風格及力量與周遭的環境條件配合（Sternberg and Vroom 2002），否則他們的好意就會煙消雲散。

149

- **再建構／改方向**（reconstruction/redirection）。這種領袖企圖領導一個領域、組織或者生產線，朝著它曾經有過的方向前進（過往的再建構），以使它從現在這個點，朝著與從前不同的方向前進。

- **啓動新方向**（reinitiation）。這種領袖企圖領導一個領域、組織或者生產線，朝一個不同的方向，從前所未有的起點出發前進。這種領袖帶領跟隨者，從一個新起點朝向一個新方向前進。

- **整合**（synthesis）。這種領袖將兩個之前被認爲是互不相干或者互相對立的想法，加以整合。過去被視爲相異的想法，現在被視爲是相關且可被合而爲一的。整合是科學界獲得進展的一項關鍵方式，整合表示對現有的不同典範既不接受、也不排拒，而是合併。

（成功）智能

智能對領袖性來說，應該具有重要性，但有多重要呢？的確，如果一個領袖的傳統智能高過他（她）的跟隨者太多，領袖可能無法與跟隨者連結，而無法有效地領導（Williams and Sternberg 1988）。以此章而言，智能強調的是成功智能的理論（Sternberg 1997, 1999c, 2002b），而不只是傳統那種窄化的意義，視智能爲一種普遍的因素（如 Demetriou 2002; Jensen 1998, 2002; Spearman 1927；參見 Sternberg 2000b 的論文；Sternberg and Grigorenko 2002），或者把智能視爲 IQ（Binet and Simon 1905; Kaufman 2000; Wechsler 1939）。**成功智能**（successful intelligence）的部分定義是，以個人對成功的概念及其社會經濟環境而言，生命成功所需的技能與傾向（Sternberg 1997）。這項理論中有兩個面向與本章的討論特別有關：學院智能與實用智能（academic and practical intelligence; 參見 Neisser 1979）。

智能應該會有技能的面向，這一點應該很明白，但是傾向的面向呢？這主要需從運用傾向的決策來說。許多領袖深知不可任意發揮傾向，但他們還是這麼做了。他們的心智告訴他們該做的事，但是他們的動機——對權力、名聲、金錢、性或其他——引領他們朝另一個方向前行。領袖失敗的原因，通常不是因爲他們不夠聰明，而是他們選擇不使用他們的智能。

學院智能

學院智能（academic intelligence）是指那混合了記憶、分析的技能與傾向，是傳統理念中的智能——就是被用來回憶、辨認、分析、衡量、判斷資訊的那些技能與傾向。

這些技能與傾向對領袖性來說有其重要性，因為領袖需要能取得與其決策有關的資訊（記憶），並分析、衡量由他人或自己提出的不同行動程序（分析）。但是，一個好的分析師並不一定是個好的領袖。

在美國及世界上大部分的學校，極度地強調學院智能的量測與發展。這種策略的問題是，學院智能價值最高的時刻，大概是孩子們還在學時。當他們成熟並被放在領袖的位置上時，學院智能還是會有作用，但不再那麼重要了。即使在學術性的學院中，學院智能的重要性，也只限於那些與學校類似的事業，如評閱論文以及審查研究計畫。在學院裡更重要的，是開發卓越想法所需的創造性技能、執行想法所需要的實用技能，以及思考如何在世間製造正面改變的智慧。

將智能與領袖性連結起來的文獻中，其對學院智能（IQ）長期專注的重視，也很不幸。真的，如上所述，近來的理論家常強調智能的其他面向，如情緒智能（emotional intelligence）（如：Caruso, Mayer, and Salovey 2002; Goleman 1998a, 1998b）或多元智能（Gardner 1995）。在本章中，強調的是實用智能（Hedlund et al. 2003; Sternberg et al. 2000; Sternberg and Hedlund 2002），它和情緒智能之間是略有差異的。實用智能與情緒智能互相重疊，兩者都牽涉理解與管理自

己、他人、任務。實用智能是成功智能的一部分，是領袖性的一個核心成分，故在此特加注意。

實用智能

實用智能（practical intelligence）是指運用由經驗中獲得的知識，來解決日常問題，以便有目的地適應、改造、選擇環境。這就牽涉改變自己來適合環境（適應）、改變環境來適合自己（改造），或找一個適合自己在其中工作的環境（選擇）。這種技能是用來管理自己、他人以及任務。

不同的智能技能混合體，會產生不同種類的領袖性。不同的領袖展現不同的記憶技能、分析技能與實用技能。一個記憶技能特別強於其他技能的領袖，可能儲備可供差遣的大量資訊，但無法有效地運用之。一個分析技能與記憶技能均強的領袖，可能可以有效地取得並分析資訊，但無法說服他人接受他（她）的分析。一個記憶、分析以及實用技能都很好的領袖，是最有可能有效地影響他人的領袖。當然，有的領袖是實用技能強過記憶技能（Sternberg 1997; Sternberg et al. 2000）；用傳統的語言來說，他們精明但不聰明，可能可以有效地讓人們跟隨他們，但可能只是領著人們穿過園中小徑。

一個實用技能的重要部分是**默會知識**（tacit knowledge），即 151 處理日常生活狀況的程序性（procedural）知識，基本上，學校或其他機構不會正式地傳授這種知識。在一項有關三層次軍事領袖性的研究中發現，默會知識的分數與將領擔任目前職位的月數長短無關（Hedlund et al. 2003），這被解釋為：在被升遷之前，成功的將領花在崗

位上的時間，少於較不成功的領袖。但後續研究發現，默會知識的分數確實與官階的高低有關，這顯示，高階將領比低階將領展現更高的默會知識（Hedlund et al. 2003）。

智慧

一個領袖可能展現了上述所有的技能與傾向，卻仍缺少一項可能是最重要、最罕見的領袖素質：智慧。按照之前一份有關智慧之平衡理論（Sternberg 1998a, 2003）的說法，一個被認為有智慧的領袖，他（她）會使用成功的智能、創造力，以及以價值觀念節制的知識，去(1)追求公眾的福祉，(2)透過平衡內省的（自身的）、人際的（他人的）以及超我的（組織的／機構的／精神的）利益，(3)經過短期與長期，(4)以適應、改造及選擇環境。大體來說，智慧就是為公眾之福祉而運用個人的智能、創造力與經驗的決定。

有智慧的領袖，不會忽略或只照顧自身的利益，而是會技巧地平衡各種利益，包括自身的利益、跟隨者的利益，以及所負責組織的利益。他們同時也會注意連結（align）自身團體組織的利益與他人團體組織的利益，因為大家都不是活在真空中。有智慧的領袖理解，眼前看來有利的程序性行動，長期來說未必如此。

那些不甚成功的領袖，可能是由於他們忽略了這個或那個團體的利益。比如說，尼克森（Richard Nixon）與柯林頓（Bill Clinton）在他們各自的掩飾行動中，不但未能求他們所領導的國家的利益，也未能求其個人的利益，因為他們的掩飾，演變成拖累他們各自內閣的醜

聞，他們因此無法達成原欲達成的正向成果。佛洛伊德（Freud）曾是心理學與神經心理學的偉大領袖，但他堅持要求跟隨者（門徒）必須完全接受他所設下的心理分析系統，導致他不但失去了這些門徒，而且也失去他們可能給他的持續支持。佛洛伊德是一位他人人際利益（interpersonal interests）的專家，但用在自身上，並不如此。拿破崙（Napoleon）忘記了對他的國家可能有利的公眾超我利益（extrapersonal interests），他對俄羅斯的侵略，看起來與其說是出於法蘭西帝國的需要，不如說是出自他個人的自傲（hubris），此一災難式的行動，不但摧毀了他高明軍事領袖的聲譽，同時鋪下了日後衰亡的道路。

領袖的智能與創造力可能有多元的展現，但並不保證其智能與創造力是有智慧的。實際上，不管在什麼階層，只有少數領袖是特別有智慧的，但這極少數有智慧的領袖——納爾遜・曼德拉（Nelson Mandela）、馬丁・路德・金恩二世（Martin Luther King Jr.）、甘地（Gandhi）、溫斯頓・邱吉爾（Winston Churchill）、泰瑞莎修女（Mother Teresa）——在其所領導的人們心中，留下不可磨滅的痕跡，甚至可能也將在歷史上留下痕跡。值得重申的是，有智慧的領袖也是有魅力的領袖，但有魅力的領袖並不一定有智慧，正如歷史上希特勒（Hitler）、史達林（Stalin）及許多其他的魅力領袖所展示的。

不成功的領袖，其思想常顯示出某種標準錯誤。讓我們想想看其中的五項錯誤（Sternberg 2002a, 2002b），第一項，**不實際的樂觀之誤**（unrealistic-optimism fallacy），發生在以為自己是如此聰明、有效以致任何事都做得成的領袖身上。第二項，**自我中心之誤**（egocentrism fallacy），發生在開始以為自己才是一切而不是賴其領導的人們

152

的成功領袖。第三項，**全知之誤**（omniscience fallacy），發生在自以為知道一切而忘記自己的知識極限的領袖。第四項，**全能之誤**（omnipotence fallacy），發生在自以為強大無敵而可以為所欲為的領袖。第五項，**無錯之誤**（invulnerability fallacy），發生在當領袖自以為如此聰明而不可能被抓到時，即使被抓到，他們也自以為可以因為自己所塑造的自我形象而避免被懲罰。

相關的作法

在此處所描述的觀點，與其他行為科學家的觀點相類似，其中最值得一提的，也許是與 Gardner、Csikszentmihalyi 和 Damon（2002）的「善事方案」（GoodWork Project）的相似處。這些研究者以不同於此處的方式提問：智慧、智能與創造力三者的交會。更明確地說，研究者問：是什麼驅使非常有創造力的高智能者去做了善事——在工作中運用了智慧（exercise wisdom in their work）。計畫研究者特別研究了兩種行業——基因學與新聞學。這兩個領域，因為各自的特色，都有讓成員抄捷徑的壓力。在基因學，這個領域進步的速度極快，領袖的地位很難維持。譬如最近發生的南韓黃禹錫（Woo Suk Hwang）案，可見誘因之大。基因學的科學家，有潛力享受像搖滾歌手一樣的名人地位，而黃禹錫就是屈服於這種壓力之下。他和他的同事不但假造資料，而且假造實驗以取得名譽、光彩及錢財回報。不管他們擁有什麼樣的創造力與智能，都被不智地導引於製造做善事的表象，而事後的事實剛好相反。類似的案例，也可見於《紐約時報》（*The New*

York Times）的 Jayson Blair 及 Judith Miller 案。在強大的工作壓力下，記者們常發現自己會爲了獨家報導而抄捷徑：Jayson Blair 是捏造故事，Judith Miller 則顯然是誤報^{（譯註2）}。Gardner、Csikszentmihalyi 及 Damon 指出任何專業中的聰慧人士，可有五種方法以聚焦於做善事：創造新的機構、擴大既有機構的功能、重組既有機構的成員、再肯定既有機構的價值體系，和個人表態。

一個達成善事的方法，是透過 Gardner 在本書的標靶論文中所謂**社會值得信賴者**（societal trustees）的存在。公司、基金會與大學都有信賴委員會來監督其運作，並處理社會責任的難題，而誰是社會可以信賴的對象呢？政客以他們被放在特定位置上的信賴程度來說，失敗得一塌糊塗。眾議員 98%的代換率，顯示美國社會的民主鑲板確實是越來越薄了──選區重新劃分並不是爲了民主的維護，而是爲了維護統治階級的特權。目前，一個自我擴權超過任何前任者的行政部門，使問題更複雜難解；同一時間，許多阿諛者在國會中坐視這一切，他們對維護己身權力的興趣，多於民主傳統的恢復。Gardner 在本書中所描述的 Gardner 和 Benjamin 的研究報告指出，信賴（trusteeship）已變得日漸地方化。這很可能是由於老百姓放棄了那些位居中央的當權者。

另一個相關的觀點是 Claxton 的，他在本書的標靶論文中問，是

譯註 2　Jayson Blair 與 Judith Miller 都是二十一世紀初美國新聞界的醜聞主角。Blair 案發時是《紐約時報》的記者，他被控於在學時及正式工作期間，屢犯剽竊及捏造報導內容之問題，被揭發後，他聲稱《紐約時報》對他進行種族歧視。Miller 獲頒普立茲新聞獎時也是《紐約時報》記者，她被控選擇性地負面報導有關回教世界之消息，過度呼應小布希政府之主戰立場，期間並因於報導中揭露 CIA 臥底探員的身分，而被起訴入獄。

153

否可以將智慧視爲一種進階的創造力（advanced creativity）。Claxton 合理地指出，智慧是存於（inheres）生活中眞實而且特定的行動，並非一個人可擁有至某種程度的某種抽象特質（abstract trait）。他進一步指出，智慧總是牽涉到與他人的互動——人不可能因爲解決了一個與人類事務無關的問題，而被視爲有智慧；同時他也很具洞見地指出，智慧牽涉衝突與僵局，如果一個問題很容易就解決了，我們就不會認爲那是一個足以挑戰我們的智慧的問題。

　　Claxton 又很精準地指出，純靠研究智慧，並不能保證一個人會智慧地行動。人們能知道什麼事是有智慧的，但卻做了其他的事。柯林頓（Bill Clinton）作爲一名律師，知道就他與陸文斯基（Monica Lewinsky）的關係向庭上說謊是不智的，但他還是這麼做了。Andrew Fastow、Kenneth Lay 與 Jeffrey Skilling 都是極有智能與創造力的人，他們必然知道他們在安隆（Enron）的所作所爲是錯的，但他們也還是這麼做了。小布希（George W. Bush）和他的團隊，以欺騙、製造煙霧、鏡面反射的混合手法競選，將焦點放在與老百姓生活無關的事務上（例如同性戀婚姻、焚燒國旗等），掩蓋那些像窮人變得更窮、對親密的大企業大量輸送利益等重要的難題。他們知道不對，但還是這麼做了。Claxton 的討論顯示，智慧必須被獨立地研究，因爲有智能、受過高等教育、飽學之士的技能，常不爲公益而是爲了私利，甚至是爲了赤裸而譏諷性的目的。

154　　針對智慧思考（wise thinking），Claxton 點出的幾個關鍵性面向，包括道德品質、中立的評判，以及同理的能力。最後那一項素質顯示，某種情緒智能是具有重要性的。但像 Karl Rove（譯註3）這樣的人顯示，情緒智能可以被用在壞的目的上——不是爲了幫助人，而是

爲了操縱他們。再一次，智慧不僅關乎個人擁有的素質，而且是如何在日常生活中實行的問題。對 Claxton 來說，創造力是智慧所必要的但並不是充分的條件，Rove 就是許多有創造力但沒有智慧的案例之一。我們需要發展的創造力，會讓人用在有智慧的目的上——也就是 Gardner、Csikszentmihalyi 及 Damon 所說的「善事」。

Claxton 與 Gardner 兩人，對如何培養行動智慧（wisdom in action）有同樣的興趣。培養（cultivation），也是 Craft 標靶論文的主要焦點，她認爲智慧就是做適當的、深思熟慮的、以豐富資料支撐的、導致合理行動程序的判斷。有智慧的人，總會考慮他們的行動所可能導致的後果，並讓這個考慮引導他們去決定做或不做什麼事。

Craft 指出，我們常常忽略了文化對創造力的作用。就像 Lubart（1999）說的，創造力的概念以及層次，可能因文化而不同；而且，創造力的表現也可能因跨越文化而相異。比如說 Craft 提醒，東方的價值觀重視團體，西方則重視個人（亦見 Nisbett 2003）。朝團體的規訓以及團體的期待方向社會化的人，與不那麼重視、也不受限於團體規訓的人比較，兩者在個人創造力上，可能會展現在不同的層次。

Craft（2002，本書）也認爲會影響創造力的因素，是社經地位。她指出，有些孩子會朝著忍耐、自助、堅持、掌控環境的方向社會化。政治大環境也會影響創造力，就像她所指出，在某些政治環境中，創造力被極度地壓抑，以致它只能很勉強地發揮，而且在發揮時

譯註 3　Rove 是小布希第一任總統任上的閣員，在小布希第二任末期突然辭職，據稱是因為他稍早前曾向朋友自承他自己是一名「不可知論者」（agonostic）。此說法被認為可能暗示他並不似其他共和黨員那般，相信上帝是一切知識的源頭，因此他的一切行動，可能都出於現實考量，甚至是為了操弄。

要冒很大的危險。Craft 也同意 Gardner（2004）所說，有些宗教的價值觀可能會阻礙創造力，比如，一種宗教價值觀可能會使一個信徒決定，他（她）的心智將不再開放做重大的調整。實際上，一個採取如此不智立場的人，同時也關閉了他（她）展現真正創造力的機會。

　　如果我們這些作者有一個共同的主題，那便是，學習變得有智慧、有智能、有創造力是個終身的追求，不因為學校生涯之結束而停止（參見 Claxton 1999）；還有，最大的挑戰不是學習宣示性知識（declarative knowledge；知道什麼），也不是學習程序性知識（procedural knowledge；知道如何），而是應用所學來正面地改變這個世界。

結論

　　不管是講個人的內在還是外在，一個能包含所有事實的成功領袖模範，大概不存在。WICS 模式與一些其他的模式，可能只是近乎或抓到一些比較重要的層面。它是植基於一個念頭，即成功的領袖是將智慧、智能與創造力整合起來的領袖。Gardner、Claxton 與 Craft 都以不同的語言，獲得相似的結論。

　　一個有效的領袖，需要創造性技能與產生想法的傾向、學院技能與判斷想法優劣的傾向、實用技能與實現想法並以此想法說服他人的傾向，還有以智慧為基礎的技能，以及保證此想法乃為公益、而非為領袖或其周圍的黨羽之利益的傾向。從負面的角度來說，一個缺乏創造力的領袖，將無法應付新穎而困難的情況，比如說一個新而未預期的敵意來源；一個缺乏學院智能的領袖，將無法判斷他（她）的想法

是否可行；一個缺乏實用智能的領袖，將無法有效地實施他（她）的想法；而一個不智的領袖，可能可以實施想法，但實施的卻可能是與其追隨者的利益相悖的想法。

學校教育應該開發明日的新領袖，但美國學校不智地強調生產「會走路的百科全書」，使學生悖離領袖的角色，而不是走向領袖的角色。可以說，這個錯置的重點，是我們這一代的領袖及前代領袖的失誤。「知識就是權力」，這句話是錯誤的。沒有智慧、智能與創造力的知識，是目盲且耳聾的。不幸的是，它並不是啞的。

作者後記

這篇論文的準備，是由美國陸軍研究院 MDA 903-9-K-0125 合約支持，並由天普大學成功學生實驗室（Temple University Laboratory for Student Success）管理之美國教育部教育科學院#31─1992─701 的專案補助，後者鼓勵被補助者自由表達其專業判斷。因此，本章並不一定代表美國政府的立場或政策，也不能推論本章係受到官方的認可。

有關本章內容，請聯繫：Robert J. Sternberg, Dean of Arts and Sciences, Ballou Hall, 3rd Floor, Tufts University, Medford, MA 02155. E-mail: Robert.Sternberg@tufts.edu。有關實用智能的研究，我特別倚重 Anna Cianciolo、Elena Grigorenko、Jennifer Hedlund、Joseph Horvath、Cynthia Matthew、Richard Wagner 與 Wendy Williams。關於創造力的研究，我也借重了許多人的貢獻，尤其是 Elena Grigorenko、James Kaufman、Todd Lubart 與 Jean Pretz。至於領袖故事的研究，是我與 Christopher Rate 合作完成的。

參考文獻

Amabile, T. M. 1983. *The social psychology of creativity*. New York: Springer.

———. 1996. *Creativity in context*. Boulder, CO: Westview.

Bandura, A. 1996. *Self-efficacy: The exercise of control*. New York: Freeman.

Binet, A., and T. Simon. 1905. Méthodes nouvelles pour le diagnostic du niveau intellectuel des anormaux [New methods for diagnosing the intellectual level of non normals]. *L'Année psychologique* 11:191–336.

Caruso, D. R., J. D. Mayer, and P. Salovey. 2002. Emotional intelligence and emotional leadership. In *Multiple intelligences and leadership*, ed. R. Riggio, 55–74. Mahwah, NJ: Lawrence Erlbaum.

Claxton, G. L. 1999. *Wise up: The challenge of lifelong learning*. London: Bloomsbury.

Craft, A. 2002. *Creativity in the early years: A lifewide foundation*. London: Continuum.

Demetriou, A. 2002. Tracing psychology's invisible giant and its visible guards. In *The general factor of intelligence: How general is it?*, ed. R. J. Sternberg and E. L. Grigorenko, 3–18. Mahwah, NJ: Lawrence Erlbaum.

Frensch, P. A., and R. J. Sternberg. 1989. Expertise and intelligent thinking: When is it worse to know better? In *Advances in the psychology of human intelligence*, vol. 5, ed. R. J. Sternberg, 157–88. Hillsdale, NJ: Lawrence Erlbaum.

Gardner, H. 1995. *Leading minds*. New York: Basic Books.

———. 2004. *Changing minds: The art and science of changing our own and other people's minds*. Cambridge, MA: Harvard Business School Press.

Gardner, H., M. Csikszentmihalyi, and W. Damon. 2002. *Good work: When excellence and ethics meet*. New York: Basic Books.

Goleman, D. 1998a. What makes a good leader? *Harvard Business Review* November–December: 93–102.

———. 1998b. *Working with emotional intelligence*. New York: Bantam.

Grigorenko, E. L., and R. J. Sternberg, eds. 2001. *Family environment and intellectual functioning: A life-span perspective*. Mahwah, NJ: Lawrence Erlbaum.

Hedlund, J., G. B. Forsythe, J. A. Horvath, W. M. Williams, S. Snook, and R. J. Sternberg. 2003. Identifying and assessing tacit knowledge: Understanding the practical intelligence of military leaders. *Leadership Quarterly* 14:117–40.

Jensen, A. R. 1998. *The g factor: The science of mental ability*. Westport, CT: Praeger/Greenwood.

———. 2002. Psychometric *g*: Definition and substantiation. In *General factor of intelligence: How general is it?*, ed. R. J. Sternberg and E. L. Grigorenko, 39–54. Mahwah, NJ: Lawrence Erlbaum.

Kaufman, A. S. 2000. Tests of intelligence. In *Handbook of intelligence*, ed. R. J. Sternberg, 445–76. New York: Cambridge University Press.

Kuhn, T. S. 1970. *The structure of scientific revolutions*, 2nd ed. Chicago: University of Chicago Press.

Lubart, T. I. 1999. Creativity across cultures. In *Handbook of creativity*, ed. R. J. Sternberg, 339–50. Cambridge, UK: Cambridge University Press.

Lubart, T. I., and R. J. Sternberg. 1995. An investment approach to creativity: Theory and data. In *The creative cognition approach*, ed. S. M. Smith, T. B. Ward, and R. A. Finke, 269–302. Cambridge, MA: MIT Press.

Neisser, U. 1979. The concept of intelligence. *Intelligence* 3:217–27.

Nisbett, R. E. 2003. *The geography of thought*. New York: Free Press.

Pink, D. H. 2005. *A whole new mind: Moving from the information age to the conceptual age*. New York: Riverhead Books.

Spearman, C. 1927. *The abilities of man*. London: Macmillan.

Sternberg, R. J. 1985. *Beyond IQ: A triarchic theory of human intelligence.* New York: Cambridge University Press.

──. 1997. *Successful intelligence.* New York: Plume.

──. 1998a. A balance theory of wisdom. *Review of General Psychology* 2:347–65.

──. 1998b. Abilities are forms of developing expertise. *Educational Researcher* 27:11–20.

──. 1999a. A propulsion model of types of creative contributions. *Review of General Psychology* 3:83–100.

──. 1999b. Intelligence as developing expertise. *Contemporary Educational Psychology* 24:359–75.

──. 1999c. The theory of successful intelligence. *Review of General Psychology* 3:292–316.

──. 2000a. Creativity is a decision. In *Teaching for intelligence II,* ed. A. L. Costa, 85–106. Arlington Heights, IL: Skylight Training and Publishing.

──, ed. 2000b. *Handbook of intelligence.* New York: Cambridge University Press.

──. 2002a. Creativity as a decision. *American Psychologist* 57:376.

──. 2002b. Smart people are not stupid, but they sure can be foolish: The imbalance theory of foolishness. In *Why smart people can be so stupid,* ed. R. J. Sternberg, 232–42. New Haven, CT: Yale University Press.

──. 2003. WICS: A model for leadership in organizations. *Academy of Management Learning & Education* 2:386–401.

──. 2004. WICS: A model of educational leadership. *Educational Forum* 68(2): 108–14.

Sternberg, R. J., G. B. Forsythe, J. Hedlund, J. Horvath, S. Snook, W. M. Williams, R. K. Wagner, and E. L. Grigorenko. 2000. *Practical intelligence in everyday life.* New York: Cambridge University Press.

Sternberg, R. J., and E. L. Grigorenko, eds. 1997. *Intelligence, heredity, and environment.* New York: Cambridge University Press.

──. 2001. *Environmental effects on cognitive abilities.* Mahwah, NJ: Lawrence Erlbaum.

──. 2002. *The general factor of intelligence: How general is it?* Mahwah, NJ: Lawrence Erlbaum.

Sternberg, R. J., and J. Hedlund. 2002. Practical intelligence, g, and work psychology. *Human Performance* 15:143–60.

Sternberg, R. J., J. C. Kaufman, and J. E. Pretz. 2003. A propulsion model of creative leadership. *Leadership Quarterly* 14:455–73.

Sternberg, R. J., and T. I. Lubart. 1995. *Defying the crowd: Cultivating creativity in a culture of conformity.* New York: Free Press.

──. 1996. Investing in creativity. *American Psychologist* 51:677–88.

Sternberg, R. J., and V. H. Vroom. 2002. The person versus the situation in leadership. *Leadership Quarterly* 13:301–23.

Wechsler, D. 1939. *The measurement of adult intelligence.* Baltimore: Williams & Wilkins.

Williams, W. M., and R. J. Sternberg. 1988. Group intelligence: Why some groups are better than others. *Intelligence* 12:351–77.

Zaccaro, S. J., C. Kemp, and P. Bader. 2004. Leader traits and attributes. In *The nature of leadership,* ed. J. Antonakis, A. T. Cianciolo, and R. J. Sternberg, 101–24. Thousand Oaks, CA: SAGE.

13.解放智慧的教育者
——在教育實踐中培育專業判斷

Dave Trotman 著
呂金燮 譯

我們如何判斷一位教師是否能夠啓發兒童的創造力？我們到底應
該看些什麼？我們應該針對哪些經驗？身爲一位教育領域的教師與研
究人員，因爲對想像力與創造力深感興趣，我持續對接受專業訓練課
程的實習教師提出這些問題。大部分，他們的答案都很簡短，加上長
長的沉默；比較有經驗的教師只好那麼一點點。在學校中啓發兒童的
創造力，和一般教學逆向而行，當然是一件很複雜的事，要能夠智慧
地培養，就更複雜了。事實上，我們對**教育實踐**（educational prac-
tice）和**創造力**（creativity）兩者的理解，都有長久、具爭議性以及
完備的歷史記載。創造力與智慧的重要教育價值本身，值得用任何的
研討會來討論；但是在認定兒童的學習與制定中央標準的版本時，一
般往往認爲在教育政策中，那些圍繞著全球化、環境、永續經營和社
會正義是較爲重要的議題，而文化與宗教的表現都是較次要的。

在標靶論文中，Claxton、Craft 以及 Gardner 他們提供我們對教
育實踐中創意的理解——一個重新評估的關鍵起點——呼籲我們重新
檢核許多一直以來我們視爲理所當然的內隱價值和假設。在質疑傳統
智慧和主流正統時，把每個人的觀點整合起來看，對專業知覺而言，

代表恢復了什麼是該學的、該教的、該教育的、以及眞正有創造力的，其中之神秘與情操。毫無疑問，**專業教育判斷**（professional educational judgment）——也就是教師、教育者與實務工作者在工作環境中可以適切實踐的必要條件——是核心概念。回應這其中的一些議題，以及本章的目的，我決定聚焦在專業教育判斷中，我認爲是創意教育裡對智慧這個概念相當重要的四個面向：

1. **直覺**（intuition）與**不確定性**（indeterminacy）在創造力的專業判斷中的核心地位。
2. 將**同理心**（empathy）視爲智慧專業實踐的基礎。
3. 在創意歷程與結果中，懸置預設與偏見的能力。
4. 在年輕學子的創意發展中，課程、教育實踐與專業判斷的關係。

專業判斷中的直覺與不確定性

所有教育情境中的創造力都牽涉到（正如本書作者嘗試展現的）一個認知歷程與方向的複雜網絡：情意的、美感的、社會文化的、倫理的和精神的等。在這樣的混合中，教育者必須透過參與者－學習者經驗，做出所需的判斷。在形塑專業判斷中，萃取出如此複雜的能力，是核心的專業特質。這需要對批判性反思具有某種程度的熟練與敏銳度，這是無法從專業訓練的例行形式中明文規定或條列的。和Claxton 一樣，我認爲有智慧地行事，尤其是對於年輕人創造活動中的複雜度，牽涉了一種專業實踐的**直覺**（intuition）。Moustakas

（1990, 23）認爲直覺是隱默和外顯知識的橋樑，靠著直覺，我們得以萃取線索、型態或者潛藏情境，藉以想像並描繪現實、心理狀態或者情境。Moustakas 認爲我們對直覺的練習與試驗越多，我們越能發展出探索知識所必要的高層次直觀與敏銳度。在教育實務中，這種直觀與敏銳度是我們日常判斷的重要核心。Tripp（1993）提醒我們，這些有效的「專家猜測」與「反思、闡釋、見解與智慧的相關，遠高於單純的知識獲得和預設的正確答案」（頁 124）。在創意教育的領域〔在此教育者必須發展出對參與者的創意**生命世界**（lifeworld）的個體和集體詮釋〕，發展一種「正在發生」的感覺漸形重要，而非「發生了什麼事」。如此，我們可以開始在明顯缺乏直接或簡略判準的創意事件的詮釋中，運用想像性的實驗和改變，這是 Lyotard 所謂**不確定性的判斷**（indeterminate judgment）（引自 Readings 1991, 106）。對我而言，在對年輕人的創造力和想像力的詮釋與提升上，這種直覺相當重要。創造力教育的場域所需的智慧的判斷，總是牽涉到 Claxton 所說的道德品質，我們必須能夠以更好、公認的好以及永恆的價值處理有爭議性的想法，這些都很容易掉入鑽牛角尖的陷阱，而解決這個難題的關鍵，則是透過 Claxton 所提出來的「同理心」。

160

同理心

同理心就如創造力，是許多狡猾概念中的一個，長久以來普遍被應用於教育的政策語言中（例如 Department for Education and Skills 2004）。在健康領域中創造力的應用，某種程度上比較精確。在這個

領域中極富盛名的 Rogers（1961, 1980; Rogers & Freiburg 1994）的研究中，同理心指的是無須經由判斷，而能敏覺到他人身上發生的改變、感受以及經驗；然而，對 Claxton 所思考的更深入探究，同理心的文獻指出了對專業智慧的發展很重要的方向。以 Gould（1990）為例，同理心的特質是個人能夠鑑賞一個與他不同的人的感覺之能力，Holden（1990, 72）認為同理心是一種「情感致知」的形式，個人能夠身處其境（在此指的是病人），而且能夠同時保持客觀性的抽離。其他人則認為同理心是「放棄自我並對他人開放」，具有「從他人強烈情緒離開的自由或中立性質」（Zderad 1969，引自 Yegdich 1999, 85）。Verducci〔2000；引用此領域中眾所皆知的 Noddings^{（譯註 1）}（1984）的研究〕強調同理心含有「對他人情境與情緒共鳴的認知理解的必要功能……，不僅必須關切他人的情緒，還必須能真切感受（move）到，她必須從她自己轉換到他人的觀點和情感生活」（頁89）。而將同理心視為一種專業智慧的特質，Kunyk 和 Olson（2001, 318）提出五個同理心的主要概念，可提供行動中發展智慧相當有用的起點：

- 一種人類的特質。
- 一種專業的狀態。
- 一種溝通的過程。
- 關切。
- 一種特殊的關係。

譯註 1　N. Noddings 是提出關懷教育（care education）的知名美國學者。

以本章的篇幅要仔細討論這裡的每個向度，是不太可能的。我主要的目的是提醒讀者注意同理心概念的專業實踐，超越其通常模糊或僅將其視爲該具有的好特質的天眞概念。在智慧的創意教育的探詢中，我要強調同理心的培育——如 Claxton 所說，此乃爲構成智慧**傾向之要素**（component disposition），是專業實踐中最重要的向度。

智慧的專業

在教育中任何對智慧的討論，我們也許期待看到希臘的**實踐智慧**（phronesis）概念：實踐智慧奠基在眞實且正確行動的傾向上。就如 Carr（1987）所強調，這是實踐智慧的基本要素，情境化且受情境限制，無法以明文規定公正無私的運用，「那是一種明智與審愼判斷的形式，考量在某種特定情境下何者是道德上適當的與切合的」（頁 172）。這是 Gardner 關心的領域，以「責無旁貸」（參見本書第 90 頁）的全心全意，審愼專業考量所有的相關向度。**全心全意**（mindfulness）是一個很重要的概念，相對地，討論專業責任比較容易，因爲實踐智慧需要專業技術上的發展與實踐，以此構成全心全意的形式。在這點上，Claxton（譯註2）希望讀者參考佛教的冥想練習和現象學的**擱置**（bracketing）。我也同意這是有效的方式，教師也許可以藉此發展他們在創造力與想像力的領域中，詮釋與評估複雜教育經驗的力量（Trotman 2006）。更重要的是，當我運用這些作爲我研究的工

譯註2 Claxton 是佛教弟子。

具時，我有優勢看到處於高壓課堂的教師，在理解兒童的創造力和想像力經驗時，應用類似的策略。這些教師已經發展出擺一旁或擱置的技巧，他們經常對兒童的創造過程和結果深入且徹底的滲入，藉以對兒童創造經驗，有比較全身投入、反身及反思的連結。就如Moustakas（1990）指出，這種實踐的形式牽涉自我探尋、自我對話和自我發現，是英國教師培育課程中，鮮少強調的專業特質。以下的摘要，來自有經驗的小學實務工作者的討論與日記，近乎某種個人自我探尋和專業道德責任，是詮釋創造性想像形式的審慎判斷的核心：

162

> 創造力牽涉風險，我想我們被教導的所謂的專業，如果一個單元有這樣的形式那就很安全……這不會錯到哪兒……有想像力的課程單元看來就不同，好像不一樣而且也感覺不同，教師也許會擔心他們無法完全掌控……而且如果任何一個人進來，他們也許無法立即了解課堂中正發生的學習……是專業，我們就必須理解有許多豐富的學習環境是和 Ofsted
> （譯註3）[評鑑]模式有不同的樣子。（Barry）

> 這是非常情感性的……[我們]有個展演和述說（譯註4）時間——兒童有機會説説自己或者和他們有關的事情，她帶來

譯註3　Ofsted 是英國 Office for Standards in Education 的縮寫，負責學校教育的外部評鑑，每個學校對這個評鑑都非常重視，會公布給家長知道，也影響學校的經費。這個評鑑並非每校每年均有，有的學校每年被評，有的學校三年一次，看情況而定。

譯註4　展演和述説（show and tell）是英國學校非常普遍的一種非正式活動，在這個活動中學生可以表演才藝、展示自己的作品或者訴說自己的經驗等。

母親以前的珠寶盒和手提包……其他的孩子經歷著她正在思考的事情，她站在那兒，站在同學面前談她的母親讓她感到無比的驕傲……她畫了一張畫……很神奇的時間，真的，就是和同學說，你知道……對其他學生來說是很情感性的，但那就是我們需要的，那種原初的情感，你知道的。她有機會能夠以一個孩子的方式說說和她有關的事情……我不覺得不舒服，因為我非常清楚地察覺到，這是讓她說說這類事情的絕佳機會。（Terry，在 Davina 剛失去母親的時候；Trotman 2006, 253-56）

這種同理心的實踐、判斷的懸置，以及對直覺感受察覺的敏銳度之組合，是智慧的專業標誌。在我所做的兒童想像力評估研究中，我有幸可以和這些以察覺且實踐的能力持續性地展現這些向度的教師一起工作，這些老師能夠媒介兒童內在想像的生命世界，與複雜的外在大環境的社會政治影響力（經常貧乏的都市社區最為顯著），調適自己以熱情的天真面對兒童獨特的想法、衝動和計畫，在經驗的情境中，保持協調性的「身在其中」（with-it-ness）。因此，儘管在現代化專業的模式中，專業價值不斷腐蝕，我仍保持樂觀，因為有些老師的社群已經在進行 Woods（1995）所謂的**策略性的再定義**（strategic redefinition；頁 11），在其中，他們發現可以在他們的工作中重新定義自己專業形塑價值的方式。毫無疑問的，雖然在英國和其他地方，專業的策略性再定義都變得更加困難，其在促使與保障學生的創造力和想像力的智慧的提升上，卻漸形重要。

163

專業判斷和課程實踐的關係

　　許多重要學術研究者的研究結果，在選擇性或不經意將科學研究應用到教育實踐時會被有意或無意地扭曲，Gardner 是研究結果被濫用的重要學術研究者之一。我贊同 Gardner 所提出來的，科學的社群對自己的研究如何被應用，須負起道德責任。當代神經科學的演化，在英國正如火如荼且無批判性地在教育現場展開〔在不同的標題下，例如**加速學習**（accelerated learning）、VAK（譯註 5）、**神經語言程式**（neurolinguistic programming）、**大腦運動**（braingym）、**情緒能力**（emotional competencies）〕。教育政策的規定逐漸減弱和貶抑了實踐批判性的專業判斷的能力，同時也導致了認知和行為科學領域不可置疑的權威性，這些領域是西方學習理論所擁有的優勢地位——大部分是付出了學習者經驗中的同理心、情緒和想像的代價。

　　因此，在智慧的提升創造力上，教育者面對的重大挑戰，是教育實踐、課程和參與者經驗的連結逐漸斷裂。在英國，全國性的創造力法令〔Office for Standards in Education (Ofsted) 2003〕以及專業實踐的論述（Ball 1990）中，已經清楚指出，當強調課程是構成合理知識的特定傳統的必要部分時，創造力的研究持續指出冒險、模糊、複雜和對不確定性的容忍等共同特質（例如 Craft 2005; Cropley 2001），

譯註 5　VAK 指的是 Visual Auditory Kinesthetic，用神經心理學的理論訓練記憶的感官統合法。

這表示在課程、參與者和教育實踐間的關係，與英國主流教育中不斷強調的關係是截然不同的。Pinar（1998）提醒我們，課程（curriculum）拉丁文的字根 currere（跑道上賽跑），意含課程本身的意義不是靜態的、事先預定的或規定的，而是被「無法預期、模糊、複雜、新奇、奇特、不完整」（頁 84）所促動。課程的概念必須涵括強調個體文化認同，超越文化固著化、少數化和精英化的想法，而且強調「個人性文化圖像」的創造（Willis 1990, 53）。由此，在這裡我要強調，課程和類似的概念與一般創造力特質直接相關，以及在智慧的教育實踐中，直覺、不確定性的判斷的必要性。

164

在教育的服務中

當我認為課程－實踐關係的恢復，是智慧的創意實踐發展的必要條件時，我在小學的研究讓我能夠看到一群核心的教師，我們也許可視他們為創造力教育的**值得信賴者**（trustees；Gardner 所用的詞），這些老師能夠以高度靈巧的技術運作他們的工作（完成國家策略以及外部評鑑例行的行政管理），但是，雙頭馬車下，也同時創造了空間（表面上，在某些時候），讓強烈的道德和倫理動機促動個人專業責任的發展。對兒童、他們生活與學習的情境和社群，以及外在社會公正的普世意識的同理連結，強而有力地形塑著這些動機。在這種情況下，這些教師就如 Claxton 所提出的，巧妙地處理人類的事務，解決了複雜的人類窘境，甚而，他們承擔教育事業的過重責任。然而，教育事業的概念並不暗指以苦行、卑屈或者嚴肅的態度，面對學校的傳

統、禮儀和例行事務，也非含括對外在權威實踐的不可質疑。事實上，則是完全另一回事，那是鼓勵符號創造和思想、感覺與啓示表達的事業，Claxton 引用 Tagore 的話，這是一種喜樂的服務。在《終身教育》（*Lifelong Education*）一書中，Yeaxlee（1929）也說明得相當清楚：

> 生命，是生動的、強烈的而且富創造性的，需要對經驗持續反思，以致行動爲智慧所引導，而服務則是自我表達的另一種面向。（頁28）

結論

學校創造力研究的增加，表示了一種廣而多元、同時也是複雜的現象。然而，共同的主題湧現了。除了需要接受風險、模糊不清、複雜和不確定性外，研究都指出，增加學習者對自我學習、概念的沉澱與醞釀、存有與另類行動方式的自主與控制，以及提供鼓勵探索和超越傳統界線的學習環境的重要（Craft 2005）。專業教育實踐的意涵也許只是簡單的鬆手（letting go）。實質上，Ofsted（2003, 18）在其創造力報告中也強調了這點。然而要以任何智慧做到這點，如我所描述的，需要在直覺、不確定性和同理心上非常熟練的教育判斷，而在師資培育和在職專業發展中，這些特質很少被慎重地鼓勵練習。

學校環境中有智慧地提升創造力，在於體認並能夠擱置我們的預

165

設與偏見，意識到並且明察在創造力教育的氛圍裡，我們所帶進的文化包袱和偏愛，以及將兒童想像力與富創意的生活世界，視爲創造力企業的核心中介；簡而言之，理解我們所應放手的，明察我們所**願涉入**（enter into）的。在智慧的創造力教育中，放手的必然結果是在我們對年輕人的創意行爲的詮釋性教育判斷中，直覺、不確定性和同理心的提升。這需要某種程度的自信，使我們能夠信任我們的直覺（也同時信任他人如此）是有意義的專業努力。與直覺結合發展同理心，使得智慧的教育判斷作爲合作的企業，所有的參與者（例如教師、教育者、實務工作者、兒童、學生和父母）可以開始反思、分享和表達他們對個別和集體創意表現的創意現象的詮釋，這是 Eisner（1985）所謂的「評論的藝術運用」（the artful use of critical disclosure，頁93）。教育者必須能夠改變他們實踐的方向，以自信擁抱無可預期、模糊、複雜和風險。如果在英國有個眞正的政治宣言強調學校中有意義的創造力，那就需要在教育政策的思考上重大轉變，就是嚴肅地處理專業判斷的發展與實踐，遠勝於專注於訓練的表現、法規和制度。以我的看法，重拾這類的專業判斷，對解放智慧的創意教育者而言是非常重大的一步。

參考文獻

Ball, S. J. 1990. *Politics and policy making in education.* London: Routledge.

Carr, W. 1987. What is an educational practice? *Journal of Philosophy of Education* 21:163–75.

Craft, A. 2005. *Creativity in schools: Tensions and dilemmas.* Abingdon, England: Routledge.

Cropley, A. 2001. *Creativity in education and learning: A guide for teachers and educators.* London: Kogan Page.

Department for Education and Skills. 2004. *Primary national strategy. Excellence and enjoyment: Learning and teaching in the primary years (Creating a learning culture: Conditions for learning, professional development materials).* London: Department for Education and Skills.

Eisner, E. W. 1985. *The art of educational evaluation: A personal view.* Lewes: Falmer Press.

Gould, D. 1990. Empathy: A review of the literature with suggestions for an alternative research strategy. *Journal of Advanced Nursing* 15:1167–74.

Holden, R. J. 1990. Empathy: The art of emotional knowing in holistic nursing care. *Holistic Nursing Practice* 5(1): 70–79.

Kunyk, D., and J. K. Olson. 2001. Clarification of concepts of empathy. *Journal of Advanced Nursing* 35:317–25.

Moustakas, C. 1990. *Heuristic research: Design, methodology and applications.* London: SAGE.

Noddings, N. 1984. *Caring: A feminine approach to ethics and moral education.* Berkeley: University of California Press.

Office for Standards in Education (Ofsted). 2003. *Expecting the unexpected: Developing creativity in primary and secondary schools.* London: HMI.

Pinar, W. E. 1998. *Curriculum: Toward new identities.* New York: Garland.

Readings, B. 1991. *Introducing Lyotard: Art and politics.* London: Routledge.

Rogers, C. R. 1961. *On becoming a person: A therapist's view of psychotherapy.* London: Constable.

———. 1980. *A way of being.* Boston: Houghton Mifflin.

Rogers, C., and H. J. Freiburg. 1994. *Freedom to learn,* 3rd ed. Upper Saddle River, NJ: Prentice Hall.

Tripp, D. 1993. *Critical incidents in teaching: Developing professional judgement.* London: Routledge.

Trotman, D. 2006. Interpreting imaginative lifeworlds: Phenomenological approaches in imagination and the evaluation of educational practice. *Qualitative Research* 6:245–65.

Verducci, S. 2000. A moral method? Thoughts on cultivating empathy through method acting. *Journal of Moral Education* 29:87–99.

Willis, P. 1990. *Moving culture.* London: Calouste Gulbenkian Foundation.

Woods, P. 1995. *Creative teachers in primary schools.* Buckingham, England: Open University Press.

Yeaxlee, B. A. 1929. *Lifelong education: A sketch of the range and significance of the adult education movement.* London: Cassell.

Yegdich, T. 1999. On the phenomenology of empathy in nursing: Empathy or sympathy. *Journal of Advanced Nursing* 30:83–93.

Zderad, L. 1969. Empathic nursing: Realization of a human capacity. *Nursing Clinics of North America* 4:655–62.

第三部分

融合創造力、智慧與信賴

14.結語
——善思：智慧的創造力教育

Guy Claxton、Anna Craft 和 Howard Gardner 著
呂金燮 譯

　　如果我們的目的是要引起我們所提出的創造力、智慧、信賴與教 168
育四個重要概念間關係的討論，無疑的，我們成功了。其他章節的作
者對我們標靶論文的回應皆相當深思且具有挑戰性，以我們未預見的
方式擴展並加深我們的思考。在本章結語的反思上，我們並不會詳細
地回應或爭論這些回應者的論點，而是找出在他們的回應中不斷湧現
的主題，並聚焦在我們認為最需要探究的主題上。我們希望這些省
思，反過來引發本書讀者更多的思考和對話。

　　最基本的，我們的回應者與我們都共同關切教育中詮釋與處理創
造力的方式，他們用了幾種方式讓這個主題更明晰。首先，如果創造
力只是放鬆下的偶發，那就浪費了，徒留乏味和缺乏想像力的課程；
如果它只是服藥時候的一匙糖漿，創造力將被貶低，雖然這樣的活動
也許很有樂趣，但鮮少證據，也缺乏有力理由指出這對兒童的發展有
長期的影響。事實上，所有的章節都同意這點。

　　第二，如果我們只讓學生知道創造力好玩輕鬆的一面，我們就扭
曲了創造力。有好幾個章節，以Bannerman的為例，強調真實生活中
的創造力，通常需要嚴謹努力的工作，一路伴隨著挫折或猶豫不決。 169

任何事情都不會順心如意。Bannerman 也指出成人的創造力相當依賴在所選擇擅長領域上的大量經驗，因此，如果我們讓兒童以為創造力是他們本來就有的一般能力，可以馬上在任何一個主題或方案中應用，那我們就扭曲了創造力。

第三，許多作者，包括 Knoop，提醒我們，創造力不僅是——也許甚至大部分都不是——一種獨自的活動。閣樓上孤單的藝術家與她的手稿奮鬥，是一種扭曲。創造力，無論是在藝術、科學、產品設計或者在學校，是一種集體的過程也是個別的歷程。創新（innovation）源自擁有多元觀點、共同目標以及理想，並能夠監控調整團隊歷程的小組與團隊。因此，培養年輕人的創造力，不僅需要彼此配合協調，更重要的是，要持續發展讓團隊良好運作的態度和能力。

第四，本書中已明顯浮現出來，創造力不是文化普遍性或者中性的概念。Dillon、Feldman 和 Knoop 都提出這個議題，在 Craft 的章節中有過討論。他們的章節用不同的方式提醒我們，創造力反映出一種生物的、社會的和文化的影響的組合，創造力的結果和表現滲透進他們時代、地區、歷史與社會的特殊價值觀與信念。因此，在教育中培育創造力，需要對在地獨特情境的察覺與敏銳。

我們所關心的創造力的第五個面向，帶領我們更接近智慧。很顯然的，本書中的幾位作者認為創造力是人類非常寶貴的特質，它並不侷限於繪畫、科學實驗或者新科技的設計等固定活動，它有更廣的意義，尤其在處理人類事務中。也許結果並不持久，也許沒有清楚界定的領域好讓有經驗的實務工作者評估與仲裁創意的貢獻，但是家庭生活中富想像力的行為——發現並處理青少年情緒與需求的技巧——和創造一種新的早餐麥片具同等價值。大部分作者都同意智慧主要存在

於人類複雜精巧的行為處事中，而且這類智慧通常都包含了去發現一些能夠解決衝突和降低緊張的創新可能性。

我們的第六個考量是視創造力為每日生活的基本層面：我們對創造力的需要必須能夠負責任地執行，必須能夠有某種程度的道德支撐。許多作者都憂心自我沉溺、自我中心、物質導向以及心理和物質上浪費等的創造力形式。以 Simonton 為例，他指出許多目前學校內外的創造力形式，離我們所謂的智慧甚遠。我們似乎都同意，創造力無視於道德責任或者社會或生態結果的考量是有潛在危險的。缺乏原則的創造力將導致在沒有戒心的貧窮非洲人身上測試尚未確定效果的藥物，或者不著痕跡、只在技巧上依從日內瓦協定（譯註1），創造了人類墮落的新形式。是以身為教育者，我們面臨著該如何鼓勵負責任之創造形式的問題。

170

我們似乎生活在社會評論家 Christopher Booker（1992）所謂的**獵奇成癖**（neophilia）的時代，只要是新的就是好的——新的科技、新的生活風格的選擇、新的勞工黨，而以往習慣的和傳統的則自動被烙上落伍和反對冒險的標籤。對那些無法或不想生活在創造力和改變的常態中的人，商業界充斥著可怕的警告。然而保守主義和極端主義是一樣明智的，創造力可被視為毫無價值和不重要，也可被視為明智和適切。這些論述中存有一個普遍的感覺，Haste 和其他人都已提出，我們也許尚未在保守（非常小的 c）和創造力間取得巧妙的平衡。

譯註1　日內瓦協定是美國柯林頓政府與北韓政府於 1994 年在日內瓦簽署的核子協定，協定中北韓同意停止發展核子武器計畫，換取美國、日本和南韓所提供的輕水式核子反應爐。

〔偉大的社會學家 Neil Postman 於 1971 年與人合著《教學是一種破壞活動》（*Teaching as a Subversive Activity*）——然後在十五年後，發現需要再寫另一本書來平衡這個想法，必然的，這本書叫做《教學是一種保護活動》（*Teaching as a Conserving Activity*）。〕

　　智慧的概念撞擊著本書回應者的心弦，他們試著幫我們把這些憂慮呈現出來，並且找出方法。雖然我們離明確定義智慧（wisdom）或者探究智慧的普遍方式尚有段距離，這個概念似乎提供我們以及與我們有共同關切的人，一個重新思考的起點。智慧邀請我們更深入地探究我們如何思考創造力，以及如何探究它的道德和倫理向度。如同 Gardner 在標靶論文中提出善事（good work）的概念，智慧的研究讓我們探詢「什麼是好的創造力？」這意涵著「我們如何教育出好的創造力？」雖然我們尚無清楚的答案，我們認為本書裡的思考有助於我們前進。

　　讓我們以 Dillon 的系統理論為起點，我們也許深思西方的創造力為何變成某種自我中心和個人主義的其中一個原因，在於它反映了笛卡兒（Cartesian）的人類認同觀點。自我的啟蒙感，根植於渴望和深思的世界，這世界可意識且相當個人；並且貶低了個體的內在認同〔指可具身性的大腦（embodied brain）之沉默與理智的運作〕以及外在認同（那個我們藉以生存且深深形塑我們的社會和文化世界）。

　　系統理論提醒我們人類心理反映這所有三個層次。以眼睛為例，如果不了解它的組成成分如何運作，以及這些成分如何藉由彼此的關係修正與整合，就無法理解眼睛。如果欠缺了眼睛與更大身體系統的複雜對話，眼睛也無法持續運作。因此，複雜的適應系統理論說的是由神經和生化網絡組成的內在個體，**以及**它所存在的生態和社會文化

體。我們的思維、感受和行動的現象世界，懸置於這些大與小世界之間，且持續與這系統共鳴並深受影響。我們是中間系統，持續迴響圍繞著我們的廣大系統與微小系統的階層。如果我們遺忘了自我本身即在反映這三個層次，不僅只有中間有意識的個人層次，則我們將誤解我們自己。

　　本書的幾位作者強調要探究智慧的創造力，重要的是，往上探究這些我們所依存的較大系統。最顯而易見的是，我們自己是這些人、事、物時刻變遷中共振的一部分（或者，更準確的說，是向度）。Knoop 和 Dillon 兩人都強調以智慧和創造力參與這類錯綜複雜之舞，來看這兩者的重要性。好的創造力和智慧行動出自於他們對於伴隨而來的種種情況之接受，他們能對瞬息萬變的大圖像，恰當且量身訂做地反應，而不受個人目標的唯我追求，或者手冊書上 Schon（1984）所謂的**技術理性**（technical rationality）的影響。智慧行動具有創意，在於那是一種微妙與細膩的差異，其重視並回應當下時刻史無前例的潛藏的或明顯的希望、恐懼和機會。

　　人必須感受自己為情境共振的一部分，才能夠有如此微妙、隨情況的發生、有創意的互動，而非尋求任何可能的機會予以滿足個別性的需求與計畫的集合。它們必須在系統性的察覺與心理下運作，或許從本書的作者中所匯聚出來的，便是這種心理學的可能樣貌之描述。例如，它必定也牽涉到一種對情境發出的精準、誠懇和詳實的描述。如果觀點過於從上而下，由個人的需求和信念所驅動，則許多細節將會遺失。為配合既有的類別和內容，知覺需冒著被重整與扭曲的風險。這種洞察力反而似乎需要某種耐心：一種能夠等待印象自然形成的氣質，不急於強加順序或規則於事物上。能從二度空間的頁面上看

出三度空間的「神奇之眼」（magic eye）的圖像，訣竅在於注視與等待，讓大腦自行搜尋雙眼的型態，不需仔細觀看和思考，也許如此就接近智慧了。

智慧的創造力也似乎需要具有看透表層的傾向，比他人更能覺察情境中所提供的與所限制的較廣範疇。其中一個重要的面向，如Trotman 和其他人所強調的，是同理心：一種個性上的傾向和能力，看透他人的表面，更深入他們的心理。如 Rowson 指出，Claxton 東京地下鐵故事裡的老人能夠看透醉漢攻擊性背後的壓力，以及年輕美國人急欲更富憐憫所表現出來輕率的英雄主義。老人家無惡意的胡言亂語，讓這兩個更深層的狀態顯現出來：醉漢讓自己放鬆而得到撫慰，而年輕的英雄雖然懊悔，但是能以更精進的層次深思他所目睹的慈悲，在達到高度系統性的感受力之前，他還有許多要學習。

另一個似乎和智慧的創造力有關的認知傾向，就是直覺（原註1）。實驗證據顯示，在高度複雜的環境中，要解決問題與決策，經驗性的直覺比深思熟慮更佳（Dijksterhuis 2004）。事實上，教學工作如同專業發展的過程一樣，需要直覺的實務工作者依據複雜且通常是深層經驗的判斷（Dadds 1993, 1995; Nias 1996; Woods 1990）。

意識上的推理一次僅能處理相當有限的個別事情，當複雜度超過這些限度，則必須對最需要注意的變因做前意識的選擇——因此，潛在相關的訊息必須先行清空排除。智慧往往在最佳行動仍不明確的複雜困境中運作（至少對一般的凡夫來說），在此，我們期待直覺將會特別受用與重要。

由此推斷，我們也許假設智慧的認知狀態，帶有對於情境的清楚、明確和深層的感知，能夠以其顯而易見的複雜性與衝突性，在人

類事務中與經驗的深層內在共鳴。這種共鳴不是有意識的或慎思熟慮的過程，我們無法用中間層次的語言說明。反而，如創意理論學者Martindale（1999）所提出的，我們也許需要藉助細胞組合和神經網絡的微層次語言，以掌握認知的個人潛在層次。Martindale 建議，一個普遍性、規則性的與急切的認知模組，也許會強迫神經網絡找尋局部最小的解決方式，滿足一些但不是所有情境的條件；而較緩慢、直覺性的模組也許容許較多細節與耐心，尋求較微妙、更具包容性而且更富創意的解決方式。

要以智慧鍛鑄創造力，人們也似乎需要被更深層的價值所感動，這價值反映著系統性感受力。如 Feldman 所言，感受自己是更大整體的一部分，傳統上是宗教與精神層次的問題，但是系統性的觀點也許可提供探究同樣領域的俗世方式。Knoop 提醒我們不僅要注意前面所討論的社會文化環境，也應注意我們必然在其中發現自己更廣的生態場域。他認爲與自然和物質世界連結的浩瀚感受，自然而然就能「照顧好我們的生活空間」，這渴望，是智慧的重要向度，一種面對資源浪費的態度所需要的感受，這種資源浪費的態度是短視自我中心形式的創造力的特質。在沉思的時刻，愛因斯坦（Einstein 1954）總結這種責任的寬闊感受：

> 人類是我們所謂「宇宙」的一部分，爲時間和空間所限。我們經驗我們自己、我們的思維以及感受，將人類視爲和其他東西有所區別——是我們意識的一種視覺幻象，這種幻象對我們是一種監禁，限制我們對個人的渴望和對親近之人的感情……我們所必須做的是，擁抱所有的生命，以及整

173

個自然的美，藉以拓寬我們的同情，進而從這個監禁中解放
我們自己。（頁 86）

以認知的角度來說，如 Simonton 和其他人所強調的，智慧似乎
需要我們以重新平衡的模組和寬廣的認同思考，而非發展一個全新的
機制。智慧的創造力也許需要耐心和決心；直覺和深思熟慮；柔軟、
細節、由下而上的感知以及焦點的分析；溫和的對話和嚴肅的憤思。
如愛因斯坦建議，由此延伸，這個新的平衡也許來自放鬆和拓寬自我
的感受，含括更廣的生態與文化力量以及較少的控制、較少理性思維
的形式，這似乎就從腦中蹦出，而非有意識的探究。當然，許多智慧
行動的故事都會有一種創意和信賴同在的本質，相當明確與立即——
就如運作良好的計畫一樣。

創造力、智慧與信賴：對教育的意涵

當我們開始思考這些論述對教育的意義時，我們需要記住這幾位
作者所使用的**傾向**（dispositions）之概念，或者如 Haste 所言，**能力**
（competencies）。如果我們教育之目的在於協助年輕學子發展我們
所討論的智慧的想像基礎，那我們必須超越著重傳遞知識和技巧的學
校教育模式。清楚的是，要協助年輕人邁向成為明智者，教育他們智
慧只是非常小的一步——如果他們能夠反芻一些話語，就不需要任何
步驟了。但是發展智慧的技巧或者能力仍然不足，能夠有智慧地思
考，並不保證便具有會如此做的傾向。比起我們慣常的作為，我們都

能夠以更好的方式思考和行動。

Rowson 提到甘地的第二隻草鞋的故事，說明能力和傾向間的差異。我們大部分的人可以體認故事中慈悲的動機，就如 Rowson 指出，許多人在相同的情境也許思考著丟掉第二隻草鞋會是好方法，但是當我們想到時，火車早開到幾哩外了，而丟不丟這隻鞋已經不是重點。甘地常常被擬為智慧的典範，不只因為他的創造力，也源於他對自己核心智慧價值的承諾是如此的立即與堅定。他說到做到，而且很顯然地，往往根本不需思考。

我們也許會認為慈悲為懷的動機烙印在他的心智和思考中，就在他心智的最前端。也許半意識性的，他總是自然尋求機會實踐，所以他比我們早預見到草鞋的情境所提供慈悲的機會，雖然也許更準確的說，他之所以能夠更自然地反應這些動機和反應，不是因為練習後的自動化，而是因為他已達到愛因斯坦所謂的較寬廣的認同轉變。他對陌生人是如此即時的慷慨，因為他視他們如同母親視孩子一般。他是如此全心的以此回應，因此他不再需要特別留心。

本書有些章節提到智慧的創造力的教育概念，Simonton 認為發展創造力的努力本身並不直接導致智慧，如他嘲諷地說「這種開發牙籤與迴紋針多樣用途所需要的認知技巧，僅與真正的智慧微弱地關聯。」（參見本書第 115 頁）。如果創造力要能夠具有智慧，關切的焦點必須是人，而不是小零件。教育實踐的焦點必須觀照它自身問題解決的功能性與適切性，以及它單純的獨特性。學生必須發展出思考廣大人類和生態後果，以及感恩或創造的習慣。

Rowson 很正確地強調，這種傾向不是單純教學可以達到，必須藉由鼓勵與身教。以他的觀點，教師的工作提供了適切的支持（參與

174

強化智慧創造力傾向的工作）以及在自己教學生涯中成為這些傾向的典範。Rowson 同時也認為應該鼓勵學生逐漸承擔起為自己尋求與創造更多需要智慧創造力的機會。就如 Haste 和 Knoop 建議，應該協助學生更熟悉需要智慧創造力解決的複雜的人類困境，因此當學生面對這些困境時才會較不焦慮。他們強調多多練習能夠開發複雜性、矛盾性，以及質疑預設的這類對話的重要性。

Bannerman 與表演藝術家工作的經驗，讓他也強調智慧創造力的社會與溝通方面的重要，學校的創造力應該反映在「真實生活」中的社會性與合作性的過程。他也強調工藝、經驗、直覺和努力思考的平衡，讓創意的行動開花結果，他認為教育應該提供學生這個微妙平衡的機會，以發展流體能力。Trotman 也強調發展直覺和同理心傾向的教育機會，Sternberg 的 WICS 模式提供匯合理論，涵括許多教育建議，及更多其他方面的建議。他認為二十一世紀教育的核心目標應該擺在可能成為領袖的年輕人上，使其能夠發展出好的判斷能力，他並且提出學校所應該培養的這類傾向之完整內容。

Sternberg 所強調的領袖性，是我們從這些章節中歸納出來的最後的主題，也是 Gardner 在他的標靶論文中強調的：長者的角色、值得信賴者，乃在提升人類的智慧並且保護深層的價值觀，也許這可以一掃普遍存在的在乎個人利益與不道德的創造力之熱切。值得信賴者，不論是教室裡的教師還是公眾人物，需要像甘地一樣，走路演講。他們是智慧創造力的典範，他們克制片面判斷的衝動，呈現平衡的思考方式，觀看大的方向，重要的是他們值得信賴。莎士比亞（Shakespeare）說真正的愛「發現它變樣時也從不改變」，而真正的智慧亦如是。

本書的討論拓寬了原來 Gardner 所提的**值得信賴者**（trustee），當值得信賴者個人擁有某種美德，他們最好被視爲是較大系統的一部分。一開始，個人不會就成爲值得信賴者，通常還需要以某種價值來養成，且往往因爲他們廣博的視野，在年紀非常小時就被發現了。事實上，許多文化中，未來的值得信賴者也許會從榮譽的社群、獎勵、獎學金、某些公司或組織中產生。這些有潛力的個人經常彼此接觸和討論當時的議題，記得 Margaret Mead 說的一句名言，個別的小團體如果不開始談論，則文化的發展就不會發生。萌芽中的值得信賴者能夠跨越時空以他人的觀點思考，從不確定他們一定是正確的，當謹遵文化的核心價值時，對新的潮流也很敏銳。某種程度上，值得信賴者的成功，是因爲他們反映了社會中──也許甚至是世界性──最高的可能性。但是缺乏他人的支持、尊重與引導，他們是不可能成功的。因此，時代造就值得信賴者，而值得信賴者推動時代往正面的方向邁進。

我們正處於憤世嫉俗的時代，我們的公眾人物經常讓我們失望透頂，我們得常常留意沾滿泥濘的雙腳，就像領養受虐兒童的父母，他們得不斷證明自己值得我們道德上的信任。在傳統的社會中，年長者──波里尼西亞文化所稱的**神力**（mana）──贏得社群的尊敬，他們的話語被視爲是智慧，並被遵從。他們之所以成爲英雄，是因爲他們的道德勇氣，而非他們的血肉之氣。如 Gardner（和 David Bowie）所言，英雄不再──或者非常稀有，只有肥貓和名人。雖然在公眾的生活上也許真是如此，但在我們身邊或許有如 Sternberg 所謂的**無名英雄**（micro heroes）：父母、社群的領導者以及教師。也許最重要的教育議題並非無窮盡的課程重整與考試，而是鼓勵教師（以及其他非正

式情境中,與學習相關的其他人士)承擔更多領導的角色,融合家中
176 或家庭中的善事(good work)於工作的善事中(Craft 2006)。過去
幾十年來,教育卸除了道德的立場,寧可忙於知識中,如果尚未太
遲,是教育打破沉默的時候了,而且更願意為「善」(Good)而奮
鬥。

原　註

1. 我們在這裡區別天真或衝動感覺與非正式或發展的直覺，後者需要豐富的經驗
   基礎支持。

參考文獻

Booker, C. 1992. *The neophiliacs*. London: Pimlico.

Craft, A. 2006. Changing minds about GoodWork? In *Howard Gardner under fire: The rebel psychologist faces his critics*, ed. J. A. Schaler, 217–29. Chicago: Open Court.

Dadds, M. 1993. The feeling of thinking in professional self-study. *Educational Action Research* 1:287–303.

———. 1995. *Passionate enquiry and school development: A story about teacher action research*. London: Falmer Press.

Dijksterhuis, A. 2004. Think different: The merits of unconscious thought in preference development and decision making. *Journal of Personality and Social Psychology* 87:586–98.

Einstein, A. 1954. *Ideas and opinions*. London: Souvenir Press.

Martindale, C. 1999. Biological bases of creativity. In *Handbook of creativity*, ed. R. J. Sternberg, 137–51. Cambridge, UK: Cambridge University Press.

Nias, J. 1996. Thinking about feeling. *Cambridge Journal of Education* 26:293–306.

Postman, N. 1986. *Teaching as a conserving activity*. New York: Delacorte.

Postman, N., and C. Weingartner. 1971. *Teaching as a subversive activity*. New York: Delta.

Schon, D. 1984. *The reflective practitioner: How professionals think in action*. New York: Basic Books.

Woods, P. 1990. *Teacher skills and strategies*. Basingstoke, England: Falmer Press.

索 引

（條目後係原書頁碼，檢索時請查正文側邊頁碼）

B

C

H

I

國家圖書館出版品預行編目資料

創造力、智慧與信賴：教育可以做什麼 / Anna Craft, Howard Gardner,
　Guy Claxton 主編；呂金燮等譯. -- 初版. -- 臺北市：心理，2010.08
　　面；　　公分. -- （教育願景系列；46030）
　　含索引
　　譯自：Creativity, wisdom, and trusteeship: exploring the role of
education
　　ISBN 978-986-191-374-2（平裝）

　1. 創造思考教學　2. 智慧

521.426　　　　　　　　　　　　　　　　　　　　99013480

教育願景系列 46030

創造力、智慧與信賴——教育可以做什麼

編　　者：Anna Craft, Howard Gardner, & Guy Claxton
譯　　者：呂金燮、吳毓瑩、吳麗君、林偉文、柯秋雪、徐式寬、袁汝儀、蔡敏玲
執行編輯：陳文玲
總 編 輯：林敬堯
發 行 人：洪有義
出 版 者：心理出版社股份有限公司
地　　址：台北市大安區和平東路一段 180 號 7 樓
電　　話：(02) 23671490
傳　　真：(02) 23671457
郵撥帳號：19293172　心理出版社股份有限公司
網　　址：http://www.psy.com.tw
電子信箱：psychoco@ms15.hinet.net
駐美代表：Lisa Wu（Tel: 973 546-5845）
排 版 者：辰皓國際出版製作有限公司
印 刷 者：辰皓國際出版製作有限公司
初版一刷：2010 年 8 月
Ｉ Ｓ Ｂ Ｎ：978-986-191-374-2
定　　價：新台幣 350 元